基础学科拔尖学生培养计划 2.0 研究课题成果集萃

基础学科拔尖学生培养计划 2.0 秘书组 编

南京大学出版社

图书在版编目(CIP)数据

基础学科拔尖学生培养计划 2.0 研究课题成果集萃 / 基础学科拔尖学生培养计划 2.0 秘书组编. —南京:南京大学出版社,2022.11
ISBN 978-7-305-26276-0

Ⅰ.①基… Ⅱ.①基… Ⅲ.①高等学校-基础学科-人才培养-研究成果-汇编-中国 Ⅳ.①G649.2

中国版本图书馆 CIP 数据核字(2022)第 219733 号

出版发行 南京大学出版社
社　　址 南京市汉口路 22 号　　邮　编 210093
出 版 人 金鑫荣

书　　名 基础学科拔尖学生培养计划 2.0 研究课题成果集萃
编　　者 基础学科拔尖学生培养计划 2.0 秘书组
责任编辑 高　军　　　　　　　编辑热线 025-83592123
照　　排 南京开卷文化传媒有限公司
印　　刷 广东虎彩云印刷有限公司
开　　本 787 mm×960 mm 1/16 印张 19.5 字数 350 千
版　　次 2022 年 11 月第 1 版　2022 年 11 月第 1 次印刷
ISBN　978-7-305-26276-0
定　　价 58.00 元

网　　址:http://www.njupco.com
官方微博:http://weibo.com/njupco
微信服务号:njuyuexue
销售咨询热线:(025)83594756

＊版权所有,侵权必究
＊凡购买南大版图书,如有印装质量问题,请与所购
　图书销售部门联系调换

序　言

党的二十大报告强调,要"坚持为党育人、为国育才,全面提高人才自主培养质量,着力造就拔尖创新人才,聚天下英才而用之"。基础学科是国家创新发展的源泉、先导和后盾,培养基础学科拔尖人才是高等教育强国建设的重大战略任务。

为加快基础学科拔尖人才的培养,教育部与中共中央组织部、财政部于2009年共同启动实施"基础学科拔尖学生培养试验计划",各试点高校大胆改革、勇于创新,经过十年的探索与实践,形成了一套选拔和培养拔尖学生的新机制,促进了拔尖学生的成长成才,带动了本科教育质量的整体提升。2018年,教育部与科技部、财政部、中国科学院、中国社会科学院、中国科协联合发布《关于实施基础学科拔尖学生培养计划2.0的意见》,启动实施"基础学科拔尖学生培养计划2.0"(简称"拔尖计划2.0"),在前期探索的基础上,进一步拓围、增量、提质、创新,强化使命驱动、注重大师引领、创新学习方式、促进科教融合、深化国际合作,为新时代自然科学和哲学社会科学发展播种火种,为把我国建设成为世界主要科学中心和思想高地奠定人才基础。十余年来,关于基础学科拔尖创新人才成长规律和培养模式的研究持续深入,在教育部的大力推动下,各高校积极开展课题研究,已累计立项288个课题。

为深入贯彻习近平新时代中国特色社会主义思想和党的二十大精

神,落实中办、国办下发的《关于加强基础学科人才培养的意见》文件精神,进一步总结和交流基础学科拔尖人才培养的经验,充分发挥课题研究成果的示范和辐射作用,在教育部高等教育司指导下,基础学科拔尖学生培养计划2.0秘书组组织编写《基础学科拔尖学生培养计划2.0研究课题成果集萃》。在已结项的109个课题中遴选出32个研究成果予以汇编,详细介绍拔尖人才的选拔与培养模式、成长跟踪与评价机制、拔尖人才成长规律等方面的理论和实践研究成果,希望对各高校基础学科拔尖学生培养工作起到借鉴、参考作用,为完善拔尖人才选拔与培养模式,构建中国特色、世界水平的基础学科拔尖人才培养体系提供理论参考和实践经验,为加快培养勇攀科学高峰、推动科学文化发展的拔尖创新人才贡献一份力量!

基础学科拔尖学生培养计划 2.0 秘书组
2022 年 12 月

目　录

把科研优势转化为教学优势，培养优秀创新型人才
………………………………………… 北京大学　朱守华 / 1
从"费曼物理学Ⅱ"的小班教学走向源自苏格拉底的问题驱动式互动教育
………………………………………… 清华大学　王　青 / 4
清华物理系复系以来培养的杰出人才跟踪和人才成长规律研究
………………………………………… 清华大学　朱邦芬 / 13
清华大学钱学森班十年学生培养情况调研报告 …… 清华大学　孙　沛 / 20
本科教育教学模式对创造性人才培养的影响研究
　　——以"基础学科拔尖学生培养试验计划"为例
……………………………………… 北京师范大学　黄四林 / 34
基于计算机技术的理论化学实践课的设计与实践
………………………………………… 吉林大学　郭玉鹏 / 49
吉林大学以学生为中心的拔尖创新人才培养体系的探索与实践
………………… 吉林大学　王国强　王　瑞　迟　晶 / 58
拔尖学生科研创新能力培养
　　——基于多样性与开放性的实证探索 ……… 西安交通大学　杨　森 / 65
面向拔尖学生基础研究能力的算法设计与分析课程建设
…………………………………… 哈尔滨工业大学　王宏志 / 75
"圈养"与"散养"：中国特色拔尖创新人才培养多元模式比较
………………………………………… 复旦大学　陆　一 / 82

本科学术型拔尖人才培养过程要素及作用机理
——基于上海交通大学"拔尖计划"首届毕业生的调查
　　　　　　　　…………… 上海交通大学　沈悦青　刘继安　章俊良　徐学敏 / 91
物理方向本科生研究与学术能力训练机制探索
　　　　　　　　………… 南京大学　王思慧　万建国　周惠君　王寅龙 / 105
物理学科本科导师对拔尖人才成长的影响 ……… 南京大学　吴小山 / 118
中国研究型大学"拔尖计划"学生的发展成效及学习环境
　对其的影响机制研究 …………………… 南京大学　吕林海　蔡颖蔚 / 128
拔尖学生培养教学质量评价机制研究 ………… 浙江大学　唐晓武 / 139
"计算＋X"创新人才培养的探索与实践
　　　　　　　　　　　　　　　中国科学技术大学　安　虹 / 146
生物学拔尖学生自主创新能力和科研能力的培养与训练
　　　　　　　　　　　　　　　中国科学技术大学　臧建业 / 158
华罗庚数学科技英才班代数系列课程改革和教材建设
　　　　　　　　　　　　　　　中国科学技术大学　欧阳毅 / 166
厦门大学"化学学科拔尖学生培养试验计划"学生科研能力培养探索
　　　　　　　　　　　　　　　　　　　厦门大学　朱亚先 / 172
培养化学拔尖人才的"强化实验"课程平台建设研究与实践
　　　　　　　　　　　　　　　　　　　厦门大学　任艳平 / 183
数学学科"拔尖计划"小班教学的内容与方法研究
　　　　　　　　　　　　　　　　　　　厦门大学　金贤安 / 193
书院模式的拔尖人才培养体系的建设成效
　　　　　　　　　　　　　　厦门大学生命科学学院　周大旺 / 206
非书院制与书院制有机结合的"拔尖人才"培养模式的建设成效
　　　　　　　　　　　　　　厦门大学生命科学学院　李勤喜 / 212
非数学专业拔尖学生数学分析课程的小班化教学模式研究
　　　　　　　　　　　　　　　　　　　山东大学　黄宗媛 / 221

化学专业拔尖学生科研创新能力培养
　　……… 山东大学　宋其圣　张　恒　马　莹　孙大永　胡清萍
　　　　　　　　　 贾春江　张　斌　徐政虎　王一峰　冯圣玉 / 227
基础学科（弘毅学堂计算机）拔尖人才培养创新与实践
　　………………………………………………… 武汉大学　王丽娜 / 235
生物学拔尖创新人才培养模式改革研究与实践 …… 武汉大学　谢志雄 / 241
本科生科研兴趣培养研究
　　……… 中山大学　陈　敏　姚正安　姚道新　巢　晖　张　雁 / 251
中山大学数学拔尖实验班小班教学探讨 ………… 中山大学　姚正安 / 259
强化使命驱动的基础学科拔尖学生价值塑造路径研究
　　………………………………………………… 四川大学　张红伟 / 272
中外拔尖人才创新学习行为比较研究
　　——基于中、美、新加坡三国的比较 ……… 西安交通大学　梅　红 / 280
拔尖学生社会责任领导力塑造：价值、构成及评估
　　……………………………………………… 西安交通大学　梅　红 / 293

把科研优势转化为教学优势,培养优秀创新型人才

北京大学　朱守华

作者简介

朱守华,北京大学理论物理研究所教授,主要从事理论物理和高等教育研究。主要研究方向为希格斯物理和超出标准模型的新物理理论,发表了100多篇科学研究论文。先后主持多项国家自然科学基金委科研课题的研究工作;"多措施并举,把科研优势转化为教学优势,培养优秀创新型人才"项目于2018年获国家级教学成果奖。

成果摘要

建立了包括灵活课程、科研训练与实践以及全球课堂"三位一体"的广义课程体系;将科学研究及其方法及时融入教学和人才培养环节;对实验课程的定位由"验证物理规律、培养动手能力"转变为"以实验为手段进行物理研究"。

研究课题名称

北京大学物理学院杰出人才培养的实践和机制探索

研究课题成果介绍

随着社会和经济的发展,国家人才需求的重点发生了巨大的转变。从20世纪末开始,国家对创新型人才的渴求成为共识。自2009年开始,国家实施"优秀拔尖人才培养试验计划",以探索回答"钱学森之问",这对我国高等学校培养优秀创新型拔尖人才提出了更高的要求。同时,随着经济和互联网技术

等的飞速发展,学生自主意识增强,加上社会浮躁风气的影响,同学们的发展和就业取向呈发散状的多样化,部分学生甚至厌学。随着高校人事聘任体制的改革,科学研究成果成为评价高校教师的首要因素,随之而来的是教师把主要精力和多数时间投入科研工作,而把教学和人才培养放在次要位置,使得对本科生的教育和培养相对弱化,其副作用已经显现,类似的现象在发达国家也存在。于是,一个具有良好师资和学生的研究型大学如何完成其根本使命,即本科生培养,成为一个世界性的难题。

作为中国物理学科人才培养的重镇,北京大学物理学院根据学科和学院现状,逐步对本科生教育和培养进行了巨大的改革,在包括本项目主要成员[①]在内的各方支持下,提出并实施了将科研优势转化为教学优势,培养优秀创新型人才的方案,探索出了一条解决这一世界性难题的行之有效的途径,该方案获得国家级教学成果二等奖。[②]

成果主要包括：

(1) 建立了包括灵活课程、科研训练与实践以及全球课堂"三位一体"的广义课程体系,解决了"课程设置和教学与同学们的发展取向多样化不契合"的矛盾,使同学们"由要我学转变为我要学",调动了同学们潜心学习和学术探索的积极性与主动性。经过多年的调整和改进,这一模式为同学们提供了更多的选择。其中,(可灵活选择的)课程和学士学位论文是基本要求,优秀的本科生科研训练与实践成绩是荣誉学士学位的必要条件。"全球课堂"是为了充分利用国际的优质资源。

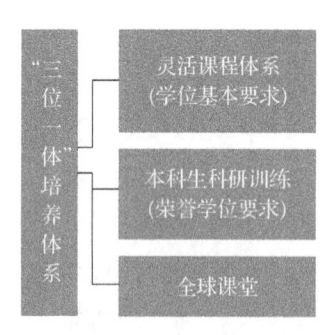

图1 "三位一体"培养体系

(2) 将科学研究及其方法及时融入教学和人才培养环节,既使教学内容与研究现状和社会需求适时匹配,又使绝大多数教师确立了教学和人才培养是第一要务、科学研究和提高学术水平是做好教学和人才培养的必要条件、教学与科研相互促进的思想,充分调动了科研优秀的教师投入教学和人才培养

---

① 项目组主要成员名单：穆良柱、朱世琳、刘富坤、刘川、胡永云、王宇钢、马伯强、刘玉鑫、马中水、谢心澄、胡晓东、张朝晖、陈晓林、田光善、欧阳颀。

② "多措施并举,把科研优势转化为教学优势,培养优秀创新型人才",刘玉鑫、朱守华、张朝晖、穆良柱、董晓华、欧阳颀、谢心澄、陈晓林,国家级教学成果奖二等奖(2018)。

工作的积极性,解决了教师在科研与教学之间精力和时间分配的矛盾。通过"小型项目研究与成果展示"、综合物理实验与创新性专题实验、研讨型小班讨论课、进入教师课题组进行科研研究、进入境外一流大学及国际重要研究机构进行科研训练与实践等措施,对同学们实施全方位综合训练,培养并明显提高了同学们发现问题和解决问题的能力以及创新性思维和创新性研究的能力,涌现出了一批具有拔尖的创新性研究能力潜质的优秀人才。

(3) 对实验课程的定位由"验证物理规律、培养动手能力"转变为"以实验为手段进行物理研究",在加强演示与展示实验、基础物理实验和近代物理实验的同时,进一步强化综合物理实验、创新平台及前沿物理专题实验,优化课程体系;加强仪器设备研制和开发,改造科研实验室设备,使之用于教学实验,不断增开新实验,以适应学生创新能力训练和实践的需要。右图是实验课程体系概览:分成 A、B 两个通道,B 通道保持从普物实验(1)(2)到近物实验(1)(2)的传统体系,满足大面积实验教学的要求。A 通道引入两次选拔—选择机制,普物实验(1)和近物实验(1)成绩优秀的同学可以分别选修这两门新设的实验课程。

本成果更系统详细的资料可以参考《北大物理教育发展报告》和《物无止境,理有恒时——北大物理名师教育谈》①。实践证明,上述措施的实施可以明显提高学生的创新能力,并且已经在国内外各兄弟高校产生深远影响。在 2018 年对北京大学物理学院进行的国际评估中,以麦克唐纳教授为组长的 15 位专家高度评价了北大物理本科教育,特别赞扬了学院提供的多样化的课程选择以及把科研融入人才培养的措施和效果,认为学院"已经是全球范围内最好的物理本科教育机构之一"(already one of the premier institutions globally for undergraduate education in physics)。

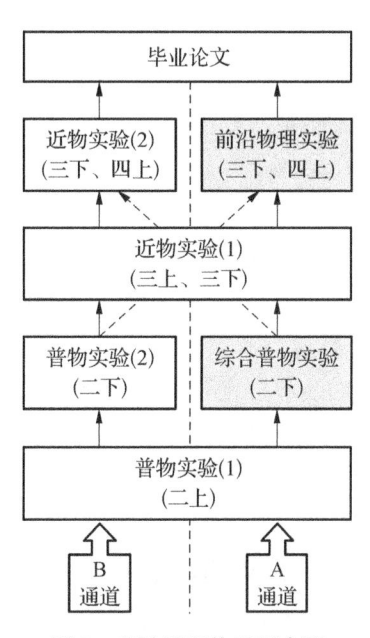

图 2 实验课程体系概念图

---

① 《北大物理教育发展报告》,郭九苓、朱守华,《大学物理》,2020 年 6 月刊,可以访问 http://dxwl.bnu.edu.cn/CN/10.16854%20/j.cnki.1000-0712.190403;《物无止境,理有恒时——北大物理名师教育谈》,郭九苓、朱守华、谢宁主编,北京大学出版社,2020 年。

从"费曼物理学Ⅱ"的小班教学走向源自苏格拉底的问题驱动式互动教育

清华大学　王　青

作者简介

王青,清华大学长聘教授,清华物理系粒子物理核物理天体物理研究所所长,清华大学高能物理研究中心主任。教育部高等学校大学物理课程教学指导委员会主任委员,教育部义务教育课程标准修订专家组成员,《物理与工程》杂志主编。国家精品在线开放课程"电动力学"负责人,北京市教学名师。主要从事量子场论和基本粒子物理研究。

成果摘要

我们课上的学生会抱怨越学越没劲吗?学生会不会问课堂上所学的东西将来真会有用吗?教学是不是只是些缺乏刺激又耗时费力、职业性的纯粹奉献和付出?本成果针对这些问题,结合作者在清华物理系针对拔尖学生专门开设的三学期费曼物理学系列课的第二门课"费曼物理学Ⅱ"中,探索发展起来的一整套源自苏格拉底的问题驱动式互动教育体系,从缘起与概况、初心与理念、探索与实践,以及成效和反思等四个方面进行梳理和介绍。

研究课题名称

"费曼物理学"小班教学方法研究

研究课题成果介绍

一、缘起与概况

2008年,作为基础学科拔尖计划1.0的前身,清华大学开始实施学堂计划并设立物理班,旨在培养国际一流的物理学家或其他学科领域的领军人物。为了改变早年清华物理系的普通物理课对物理基础好的学生吸引力不大的状况,从2008年起,仿照20世纪60年代著名物理学家费曼在加州理工学院对普通物理教学实施的大刀阔斧的改革,时任物理系主任,也是学堂计划物理班首席教授朱邦芬院士提出,为那些物理基础很好的拔尖学生开设以诺贝尔物理奖获得者费曼编著的《费曼物理学》讲义三卷本为教材的"费曼物理学"系列课程,每卷作为一门课的内容,以小班教学形式持续三个学期形成"费曼物理学"(Ⅰ)(Ⅱ)(Ⅲ),分别为80、80和64学时,替代传统的三学期的普通物理学课。这样的设计主要是为了解决拔尖人才培养中一些优秀学生对普通物理"吃不饱"的问题,尤其是在中学期间参加过全国物理竞赛、学过普通物理的学生。这是清华物理系针对拔尖学生培养的一次勇敢和大胆的尝试,因为教授费曼物理学在国内外没有经验可循。

由于费曼的这套书难度太大,连费曼本人都说该书不适合本科生,费曼讲义一般被用作教学和科研的参考书。国际上除了20世纪60年代,费曼在加州理工学院开展教学改革实验时讲过两轮因而产生这套教材外,还没有类似的课程。国内有其他少数高校选取费曼讲义部分内容开设了一学期选读课,没有像清华物理系这样系统、完整的三学期系列课程。这门系列课是国内外普通物理和大学物理的顶级课程,极具高阶性、创新性和挑战度。清华物理系先后有八位富有教学经验的老师参与了"费曼物理学"系列课的建设和教学,他们分别是:韦丹(材料物理,费曼Ⅰ)、胡剑(天体物理,费曼Ⅰ)、阮东(核物理、数学物理,费曼Ⅰ)、陈曦(凝聚态,费曼Ⅰ);王青(理论物理,费曼Ⅱ)、安宇(核物理、声学,费曼Ⅱ);徐湛(理论物理,费曼Ⅲ)、王向斌(量子信息,费曼Ⅲ)。

从2008年秋季学期到2022年秋季学期,这门系列课已经完成了完整的13轮教学,2022年秋季正在开始第15轮教学和完成第14轮教学。这门系列课14年的实践,体现了清华物理系对习近平总书记在二十大报告中提出的"全面提高人才自主培养质量,着力造就拔尖创新人才"的时代教育命题的践行。这门系列课的教学成果以"落实三位一体理念的物理拔尖人才培养两性一度课程——'费曼物理学'系列"为题荣获了2022年北京市高等教育教学成果一等奖。

本成果介绍主要聚焦这门系列课中的第二门课"费曼物理学Ⅱ"的教学改革探索。此成果的负责人在2009年春季学期主讲了首轮"费曼物理学"系列中的"费曼物理学Ⅱ"课，三年后，从2013年起直到2022年，每年春季学期都主讲一次"费曼物理学Ⅱ"。

二、初心与理念

2013年，本成果负责人从安宇教授手中接过"费曼物理学Ⅱ"课的教学。由于在2009年曾经教过一轮，时隔三年重新开始再教已经没有了初上这门课的紧张与忙乱，开始考虑如何在原来纯粹诠释费曼讲义的讲授式教学基础上改进，实质性地提高课程教学效果。初心是希望达到学生学过这门课，对物理更感兴趣的目的。为了实现它，教师没有拘泥任何已有的框框，包括国内外到处传播的各种教改模式，采用类似科学研究的方式主动试探各种可能的做法。从逐渐加入课堂讨论元素起步，根据学生的反馈和课堂的实际教学效果不断改进深化，一步步发展建立起以微课为基础的完全的翻转课堂混合式教学，形成一套以学生为中心，以培养锻炼学生应对未知问题的能力为主要目标，特别注重提问题的面向创新人才培养、源自苏格拉底的问题驱动式互动教育模式。目前谈及的混合式教学、学生中心、问题驱动的互动等都是多年实践探索的结果，不是教师开始探索时的初心，也不是教师从别人那里照搬或抄袭的。教师一开始只是抱着纯粹奉献和付出的态度启动此项探索，并未在意个人的收获，结果却收获满满：形成了教师自己对教学依据一线实践所获得的独有的认知、开阔了视野，提升了教育教学的业务水平、极大地提升了人际交流的能力。

教学实践中的不断探索让教师对拔尖人才培养的认识不断加深。拔尖人才培养的目标是要学生未来能够进行创新，而我们在课堂上经常碰到令教师头疼的问题是学生不愿意和不会提问题，这样的连提问题都不愿不会的学生，完全谈不上创新。学生能问、有兴趣问、善问是他们的基本能力，也是使命。诺贝尔物理奖得主李政道说："要创新，需学问；只学答，非学问。要创新，需学问；问愈透，创更新。"我们的学生不爱提问题是人所共知的事实，我们的传统教育教学对分析问题和解决问题关注得很多，但对发现问题和提出问题却经常回避或基本忽略。这造成了我们的学生不喜欢甚至怕提问题，通常的讨论课在学校很难有效地开展。菲尔兹奖得主丘成桐先生说:"中国学者创意不足的一个原因,乃是中国学生习惯于考试模式,喜欢做别人给予的题目,而不喜欢问自己觉得有意义的问题。其实问一个好问题,有时比解决问题更重要!"早有中国科学史上最大的谜题——李约瑟难题,近有著名的"钱学森之问",科学在中国近代没有发展的主要原因是功利目的导致不提问题或不认真对待提问题,提问题是传统中华教育系统中最大的短板,也是未来中国坐稳国际领先位置所要面临的最大挑战。在此成果中所发展出的问题驱动式互动教育模式重在弥补我们创新人才培养中的短板,以期实现习近平总书记所强调的中国教育是能够培养出大师来的论断。

三、探索与实践

一开始教师不知道如何下手探索,只是听说在课堂上加入学生之间的互动讨论,可以提升学生的兴趣。因此教师就开始认真琢磨如何在课堂里加入讨论环节。二十多年的教学经历告诉教师,我们的学生对课堂讨论是相当不积极的,以往在教学中教师不是没做过开展讨论的尝试,所有尝试最后都以失败告终。问遍系里其他曾搞过课堂讨论的教师,都回答没有系统地做过这种事,因此只好硬着头皮自己开始亲自尝试。

1. 最开始的尝试

经过 2013 年一轮课程的思考和酝酿,在 2014 年这轮课上,教师在整个学期 42 章的教学内容里,精选了自认为理解最透彻的一章做课堂讨论试验。为防止学生在课上不提问题,教师特地事先准备了一套自编的问题,并在一个月前提前向学生预告:这个特选的一章必须自己事先预习,课上不再进行例行的教师讲解,只进行讨论。到真开始那节试验课时,开场就出现了教师所预期的情况:同学一听到教师让提问题,就把头都低了下去,没人再看教师,没人提问题,僵持一段时间后,教师只好把自己准备好的问题抛出来让同学思考回答。又经过很长时间的沉寂,同学中的学霸经过了思考开始举手勉强地回答教师提出的问题。整节课的大部分时间都在可怕的寂静和等待中度过,教师的自我感觉极其不好,自认为这是一次非常失败的尝试,没有再次进行的必要。在最后放弃之前,教师为将来留了从别人那里学来的最后一手,就是在期末考试中安排一道 10 分的试题,题目是"请写下本学期这门课上一件最满意的事,和一件最不满意的事"。结果大部分同学把最满意的事都写成那次失败的试验课,认为那次课收获最大。困惑和震惊之后,教师在 2015 年的教学中就多选了几章做类似的试验课,结果和 2014 年的情况类似,同学们在课上仍不愿意提问题,回答问题也不积极,可期末考试仍旧是大多数学生认为这几次试验课最满意最有收获。教师据此反馈,下定决心不再考虑自己失败的感受,到 2016 年冒了很大的风险,一咬牙把课程 42 章的全部内容都变成讨论课,不再进行传统讲解式授课,由此形成了初步但是完全的翻转课堂。

2. 进一步的发展

在初步的完全的翻转课堂取得成功之后,后面就是持续的改进和发展。先是发现教师课堂上不再系统地讲课,学生课前自己单纯地看极难的费曼讲义有不少困难,少了课堂讲授让学生失去了一些有效理解费曼讲义的手段,教师也少了宣讲的乐趣。作为弥补和改进,教师就借助喀秋莎录屏软件,把课程录成微课,发给学生预习使用。这样原始的翻转课堂就变成了当今标准意义上的翻转课堂。后续教师又在四个方面做了实质性的大改进:

(1) 开始的课堂是老师对课程内容先进行简单的梳理,再主持讨论。考虑到教是最好的学,为了刺激学生,教师把原来自己做的工作交给了学生,即每个学生负责一章的讲解和主持讨论,前面几章先由教师示范。

(2) 费曼物理学课是小班教学,不同学期选课人数从十几到最多五十多人。当人数超过三十人时,讨论全是全班进行就显得不合时宜,要考虑分组。这些年教师努力探索了一套先分组讨论,再全班讨论的运作模式。全班讨论是在分组讨论的基础上,由各组派代表向全班汇报本组的讨论结果。此模式具有推广到多至上百人的班级教学的潜力,也确实在教师开设的其他课上对 90 多名学生的课堂实际采用。

(3) 在这样的以学生提出的问题来驱动的翻转课堂的教学中,教师开始刻意避免过多地使用信息技术平台,也不增加助教数量。目的是想检验一下,依靠教师一己手工的力量,能否把这样的教学过程完成。如果可以,在一些落后地区和条件不太好的学校,得不到信息技术和额外人力支持的个体教师也就有了采用同样教学方式的可能。几年的实践得到的结论是,靠教师手工确实可以实现这样的教学,代价是教师的付出很多,需花大量的时间做各种繁杂的统计及与学生联络的各种工作。从 2019 年起,教师与郭应寿先生领导的陌桥网合作,陌桥网为教师开发了适于问题驱动式互动教学的专门网站,用于这种类型的课程教学。信息技术的介入大大减轻了教师的工作负担,提高了课程运行的效率,同时也为2020年出现的疫情导致的线上教学打下了坚实的基础。

(4) 随着问题驱动式互动教学的深入,问题的驱动不再局限于课堂本身,而是逐渐深入作业和考试当中。"费曼物理学Ⅱ"现在的作业和考试题目全部是依据课堂讨论的问题来设计的,它们起到了大大提高课堂讨论效果的作用。

3. 教学流程

作为具体课程教学细节的展示,罗列2022年春季学期的课程教学流程如下:

(1) 开课前准备好并发布微课视频,整理发布历届学生提出的问题及其讨论记录。

(2) 开课第一周介绍课程的梗概、教学设计与安排,进行第一轮分组,指定小组长。

(3) 从第二周起每周第一次课前:学生看微课视频,做预习报告(每周一次预习下周的三章学习内容),对教师整理出的在班级微信群里发布的问题清单投票;授课学生课前发布讲课 ppt;教师要在课前依据学生提交的预习报告,整理其中所提出的问题并发布投票,课前把投票结果通知讲课的同学;教师还要在微信群和网络学堂提供本周学习内容的参考材料。

(4) 每周的每次课上主讲学生(开始几周是教师示范)简单梳理所讲一章的内容,讲解得票非最高的问题,然后主持讨论本章得票最高的那个问题,包括先分组讨论,再全班讨论。

(5) 每周课后学生给上课并主持讨论的学生打分,在微信群里继续课上未尽的讨论;看课堂讨论视频回放,整理发布课堂讨论记录、做作业;周末小组长任命下周的新组长。

(6) 第八周末重新分一次组,教师重新任命首任小组长。在第八、十六周末所有学生填写针对过去八周的学生参与讨论评分表和调查问卷。

(7) 在第四、七和十五周,学生由助教带领去演示实验室做演示实验。

(8) 从第三周起,单周周日发布前两周的作业,共七次。从第四周起双周周日在陌桥网上提交前两周的作业。

(9) 第四、七、十二、十六周由助教上习题课,讨论习题。第七和十六周的习题课还要分别为将要进行的期中、期末考试做准备。

(10) 在第八周和第十七或十八周分别进行期中和期末考试。

4. 成绩安排

课程强调过程管理，成绩总分 100 分划分为两部分：非过程分 45 分和过程分 55 分。

（1）非过程分 45 分：期中、期末考试各占 20 分，总共 40 分，同学讲课 3 分，主持讨论 2 分。

（2）过程分 55 分：平时作业 10 分，课堂讨论同学互评两次，每次 3 分共 6 分，参与评议工作 4 分，包括参与第八和十六周的同学讨论情况互评并填调查问卷各 1 分，及每周对讲课同学的评议总共 2 分。

每周（按十四周计算，因为清华大学规定上课十六周，而第一周是课程介绍和各种准备铺垫，另外一周会被节日占用）：预习报告 1 分，看微课视频 0.5 分、上课考勤 0.5 分、问题投票 0.5 分。

四、成效与反思

从本项目开始教师就注意收集学生的意见和反馈，特别设计了二十多个开放性问题，分成两个调查问卷在第八、十六周（早期是分成三个问卷分三次）分别发给学生填写，据此收集到非常多的关于课程的信息。另外还从微信群、和学生的单独微信交流，及学生自己发的微信朋友圈搜集到不少关于课程的信息。由于信息量过于巨大，在此只选 2022 年春季学期的学生部分评价罗列如下：

最喜欢对同一问题不同看法的选边站队和争论，让我了解了他人思考问题的方式，不仅在物理上而且在其他一般问题的思考上对我也有帮助。

一方面是涉及的知识面相当广泛，可以对物理有一个更加全面的认识，对未来真正系统学习知识也会有相当的帮助。另一方面是不提供标准答案，但提供大量信息甚至可能是对标准答案的反驳，思维不受限制，可以自由去对本质有一个自己的认识并在讨论过程中进行完善。

最喜欢的是内容没有明确的限制，充满自由。这样能打开视野，同时接触针锋相对的观点，对客观认识一件事物很有帮助。

非常满意的地方是，"费曼Ⅱ"让我感受到我的纯粹的奋斗、激情和梦想被点燃。我没有接受过物理竞赛的正规训练，在高二时从零基础花了 4 周时间自学和做程书，在复赛中考了江苏省第 80 名。虽然没有系统接触过大学电磁学的内容,选择"费曼Ⅱ"是希望寻找自己在理论物理上的潜能。费曼课堂的快速、高难度带给我挑战的快乐,不会像常规的物理课那样让我昏昏欲睡。我不希望自己在刷物理题中变得浮躁,想找到纯粹的研究物理的感觉。"费曼Ⅱ"给我带来了难忘的体验。

本课程以问题为驱动,自己或同学提出的问题需要充分交流和思考,如果对某一问题轻易放过了,它就有可能出现在考试中。这大概警示我对发现的问题,尤其是那些第一反应认为显然的/缺少价值的/根本无法解释的问题要给予充分时间和精力思考,它们很有价值,最起码短期地看可以提高成绩,或许许多伟大发现就是基于仔细思考的习惯的。

我自己讲的第二十八章,开始备课的时候发现难度超出我的预期,然后自己看了一些书后成功解决了自己的困惑和同学的疑问,虽然有些问题(涉及量子电动力学的)还不能很好回答,但是这是我本学期收获最大的一节课。

一节更比六节强,这门课所带给你的知识远远高于介绍的,坚持下来很有帮助。

能打开格局,比纯推公式多了更多的物理图像(并且有很多大佬的大腿可以抱)。

天赋潜能碰撞的摇滚乐,未知世界执着的先行者。如果你愿意挑战、热爱物理,请选择"费曼Ⅱ"。

神课,不上白来清华物理系了。

这种以学生提出的问题为驱动的互动式的教学虽然旨在使学生对物理更感兴趣,提升他们应对未知问题的能力,但在一次次与中国最优秀青年学生的思想冲撞当中,面对面质疑、争论和交流,一轮轮的历练,使得任课教师的思维能力、与人交流的能力、控制和主持能力有了极大的提升。现在教师已经不像刚开始时那样,害怕回答不出学生的问题,而是像当年的苏格拉底那样,和他的门徒们一起直面那些未知的问题,通过不断提问质疑,促进讨论和思考的深入,大家一起在不断讨论中超越自己原来的认知,实现思想上的升华。现在的课堂某种意义上就是当年苏格拉底和他的门徒们讨论现场的再现。

此种教学模式不仅在"费曼物理学Ⅱ"上成功实施,从2018年起被进一步应用到本科生理论物理课"电动力学"上,从2021年起被应用到了研究生公共课"量子场论"上。目前已经促成一种贯穿本科和研究生创新人才培养的新教学模式在物理专业的场论系列课上的系统实现。这个场论系列课囊括物理学中场论的经典现象学课"费曼物理学Ⅱ"、场论的经典理论课"电动力学"，和场论的量子理论课"量子场论"。

此模式已经通过发表论文、做报告、上示范课，与国内外同行交流。河南师范大学的同行在"电动力学"示范课后，在自己学校的"量子力学"课上开展实验，出版了教材《翻转课堂模式下量子力学教学探索》；北京部分大学教师及一批中小学的校长和特级教师成立了"红领巾未来教育科研小分队"，在中小学开展"提问题"的研究。

在"费曼物理学Ⅱ"上进行的探索虽然有了实质性的进展，仍然还有很多值得进一步深入开展的探究工作：

（1）需要细化小组的作用，要结合国际上关于团队学习的理论和实践，调整规则和评估方法，促进小组每一位同学都在学习和讨论过程中最大化地受到刺激和激发。

（2）我们的实践虽然显示大班讨论是完全可行的，可在实施效果上显著弱于小班讨论。我们需要深入研究线下大班讨论的具体组织模式。

（3）需要发展能够对学生提问题能力进行有效评估的方法和手段。

综上，作为清华物理系小班教学的"费曼物理学"系列课中的一部分，"费曼物理学Ⅱ"在已经过去的14轮教学中，以让学生对物理更感兴趣为初心，通过不断探索，逐步发展出了一整套源自苏格拉底的问题驱动式的互动教育体系，取得了令人满意的效果。

清华物理系复系以来培养的杰出人才跟踪和人才成长规律研究

清华大学　朱邦芬

作者简介

朱邦芬,清华大学物理系教授,中国科学院院士,英国物理学会会士。曾任中科院半导体所研究员,清华物理系主任、理学院院长,教育部物理教指委主任,中国物理学会副理事长,《中国物理快报》主编。现任清华学堂物理班首席教授,香港求是科技基金会顾问。与黄昆确立了半导体超晶格光学声子的"黄朱模型",曾获国家自然科学奖二等奖2项。

成果摘要

清华物理系在人才培育方面有着优良的传统和辉煌的成就。在叶企孙先生教学思想指导下,老清华物理系培养出王淦昌、彭桓武、钱三强等 10 位"两弹一星"元勋,以杨振宁、李政道、林家翘、钱伟长等为代表的一大批杰出科学家。1952 年院系调整后,清华物理系中断,直到 1982 年才得以复系。本项目对复系后 30 多年的人才培育进行总结,力求在杰出人才的成长规律探索上得到有价值的认识,从而为"拔尖计划""强基计划",为我国培育世界级的科学大师提供借鉴。通过对清华物理系杰出人才成长规律的研究分析,我们认识到,培育杰出的科学人才应该:① 同时强化学生的数学、物理基础;② 创建良好的环境,为学生营造一个不急功近利的良好的局部环境,建立一个崇尚科学、勤奋求学,有独立精神、自由思想和学术意识的"社区";③ 鼓励学生发挥主动性,对一流人才应"松绑""放养"而不是"圈养",学生的主动性基于科学志趣和使命感;④ 开展本科生的科研训练(Seminar);⑤ 提供多次选择的自由;⑥ 广揽名师给学生最好的课堂教育;⑦ 国外交流培养,拓展学生国际视野。

研究课题名称

清华物理系复系以来培养的杰出人才跟踪和人才成长规律研究

研究课题成果介绍

一、项目研究的目的和意义

学校的首要任务是人才培养,国内外一流大学无不重视杰出人才的培养。判断一流大学最重要的依据是看她所培养的学生毕业后的成就以及一流人才成材率。培育世界一流人才是清华大学物理系一以贯之的使命。清华物理系在人才培养方面有着优良的传统和辉煌的成就,在物理系奠基人、"培养大师的大师"叶企孙先生教育思想指导下,老清华物理系培养出了王淦昌、彭桓武、钱三强、王大珩、赵九章等 10 位"两弹一星"元勋,以杨振宁、李政道、林家翘、钱伟长等为代表的一大批杰出科学家。1952 年院系调整后,清华物理系中断,直到 1982 年才得以复系。复系以后,清华物理系培养了约 4000 名学生。为了探索基础学科杰出人才培养之道,在清华大学校领导的大力支持和指引下,1998 年清华物理系成立基础科学班,2009 年又成立清华学堂物理班,全系师生同心协力,在人才培养方面做了大量的探索,取得了许多突出成绩。本项目对复系后 30 多年的人才培育进行总结,力求在基础科学杰出人才成长规律的探索上得到有价值的认识,从而为"拔尖计划""强基计划",为我国培育世界级的科学大师提供借鉴。

二、研究成果的主要内容和重要观点或对策建议

清华物理系复系后以全系之力办基础科学班 20 年、清华学堂物理班 10 年,已逐步在学术思想、学术观点上形成一些有自己特色的认识,并在此基础上进行了大量的实践。

(1)一流的基础研究人才,最重要的是其创造性。一流人才的创造性主要不是在课堂上教出来的,学校和教师培育创造力强的优秀人才的关键,在于要为这些人提供一个良好的环境,营造肥沃的"土壤"和良好的学术氛围,使得一流创新人才容易"冒出来"。

（2）一个有益于基础科学人才脱颖而出的学校环境，主要包含以下 6 个要素：

① 优秀学生荟萃；

② 追求真理和献身科学的学术氛围，师生对所研究的学术问题有强烈兴趣；

③ 良师指导下的个性化教学以至一对一的培养模式；

④ 学生拥有自主学习知识和创造知识的空间，有充足的时间思考以形成自己的知识体系，养成自动研究的习惯；

⑤ 国际化的视野；

⑥ 学生安心学习研究和教师安心教学研究的软硬件条件。

（3）对一流拔尖学生不要"圈养"，应该"放养"。区别于传统的因材施教那种对优秀学生"多教一点，早教一点，教难一点"的做法，学堂物理班的因材施教是，越优秀的学生，给予越多的自主空间，让他们充分发挥自己的主动性，主动学习、主动研究。学生学习、研究的主动性至关重要，主动性的增强一是提高学生的科学兴趣，二是增强学生的使命感。

这些认识都是对我们梳理的叶企孙先生成功的育人思想的发扬和补充，是针对清华物理系这批其他学校难得的优秀学生的育人之道，也是本项目学术思想上的特色。

通过对清华物理系杰出人才成长规律的研究分析，我们认识到，培育杰出的科学人才，应该：

（1）**同时强化学生的数学、物理基础**　学生良好的数理基础是他们攀登科学和技术高峰的基础，也为他们提供了向物理、数学、其他基础学科以及众多高科技领域进一步发展的多种可能性。

（2）**创建良好的环境**　为学生营造一个不急功近利的良好的局部环境，建立一个崇尚科学、勤奋求学，有独立精神、自由思想的学术"社区"。

（3）**鼓励学生发挥主动性**　对一流人才应"松绑""放养"而不是"圈养"，这里学生的主动性是关键，而学生学习和研究的主动性，来自科学志趣和使命感。兴趣是根本，加强使命感的教育很有必要，还要引导学生选择一个有潜力的合适的将来的研究领域，有利于持续发展。

（4）**开展本科生的科研训练(Seminar)**　旨在使学生在研究中掌握"渗透式"学习方式，体会科学研究，发现自己感兴趣的领域，培育学生探索与创新的精神和能力。

(5) **提供多次选择的自由**　在 Seminar 训练中,学生可以根据自己的志趣自由选择/调换研究方向和导师,认知不同的学科领域,体验不同的学术氛围。

　　(6) **广揽名师给学生最好的课堂教育**　延请老一辈名师和杰出的中青年教师上课,学生不但从中学到知识、学到思考方法,而且能够在前辈学者的言传身教下树立正确的人生观和世界观。

　　(7) **国外交流培养开阔学生国际视野**　鼓励、协助、资助学生参加国内外的各种学术交流活动,以及高年级学生自主进行国际交流、参加国际会议、出国研修,出国研修要到国际一流的学校或实验室,而且不只学习科学主题,也要学习其科学品位、风格、素质、传统。

　　(8) **学生的成人应先于成才,重于成才**　我们应重视通识教育对学生全人格培养的作用,通识教育关键要解决做人的问题。通专融合可以使学生在做人方面,在科学精神、科学素养,包括学术诚信等方面有明显的提升。

三、研究方法和特色

　　通过对复系后培养出的学生的全面跟踪,结合复系后的几个阶段的特点,研究杰出人才的成长规律。

　　(1) 老清华物理系在杰出人才培养方面有非常值得借鉴的经验,我们在以前梳理叶企孙先生教学思想的基础上,再次进行了总结,即**"要学生个个有自动研究的能力","只授学生以基本知识,理论与实验并重,重质不重量"**。我们搜集和追踪了复系后大量本科毕业生的信息后发现,经过基础科学班 20 年培养学生、清华学堂物理班 10 年教改,已有许多优秀学生脱颖而出,涌现出一批国际上引人注目的学术新星,如 2002 年以后毕业的学生中,获得 The New Horizons in Physics Prize(The Breakthrough Prize Foundation)的祁晓亮、陈谐,获得美国 Sloan Research Fellows 的祁晓亮、陈谐、许岑珂、亓磊、马登科、沈悦、陈汐、甄博、巨龙、廉骉、周鑫等都已经成为国际学术界年轻一代的领军人物,刘明、何恺明等人的研究成果在业界产生重大的影响。据不完全统计(截至 2016 年),1998 年以后入学的学生,已有 40 位左右本科毕业生在国外世界排名前 100 位的大学任教,包括斯坦福大学 2 人,麻省理工学院 1 人,哈佛大学 1 人,加州理工学院 2 人,加州大学伯克利分校 1 人,普林斯顿大学 1 人,哥伦比亚大学 1 人;已有 20 位本科毕业生荣获中组部青年千人计划资助,3 位获长江学者特聘教授,5 人获得国家基金委杰出青年基金资助。全面跟踪这样的毕业生的成长轨迹对人才成长规律的研究极具说服力。

（2）清华物理系复系后，以全系之力办基础科学班20年、清华学堂物理班10年，已逐步在学术思想、学术观点上形成一些有自己特色的共识。这些都是对叶企孙教育思想的发扬和补充，是针对清华物理系这批其他学校难得的优秀学生的育人之道，也是本项目学术思想上的特色。因此研究中要充分发掘、总结基础科学班20年、清华学堂物理班10年的人才培养经验，要依据翔实的数据通过科学的分析得出结论。

（3）资料收集和数据采集以课题组成员为骨干，动员系里的十几位教师成立了两个研究工作小组。第一工作小组对复系以来毕业的学生进行全面调查，形成《复系以来毕业生基本情况一览表》，包含姓名、出生年月日、性别、学号、毕业中学、入学途径、清华班级、大学成绩、毕业去向等基本内容，这是所有分析、研究的数据基础。在此基础上形成对培养的杰出人才的跟踪，建立各阶段杰出人才的资料库。第二工作小组主要负责在全面调查的数据基础上，结合复系后的几个阶段的特点，研究总结杰出人才的成长规律。两个工作小组均结合物理系"基科班20年/学堂班10年庆典"的活动开展资料收集和数据采集工作，归纳总结。

四、研究成果提供形式（期刊论文10篇，研究报告1份，研究文集1本，数据资料2套）

表1 研究成果信息表

序号	成果名称	成果形式	作　者	出版社及出版时间或发表刊物及刊物年期
1	清华物理系本科人才培养理念与实践	核心期刊论文	王亚愚	《物理与工程》2018年第5期,3—4页
2	从基础科学班到清华学堂物理班——朱邦芬院士在清华大学基科班20年·学堂班10年庆典大会上的讲话	核心期刊论文	朱邦芬	《物理与工程》2018年第5期,5—11页
3	清华学堂物理班十年成长路	核心期刊论文	李师群 朱邦芬	《物理与工程》2018年第6期,3—14页

续表

序号	成果名称	成果形式	作者	出版社及出版时间或发表刊物及刊物年期
4	继承叶企孙先生教学理念培养世界一流杰出科学研究人才——纪念叶企孙先生120周年诞辰	期刊论文	朱邦芬	《现代物理知识》2018年第3期,16—20页
5	"费曼物理学"10年教学小结	核心期刊论文	阮东 王青 徐湛	《物理与工程》2018年第6期,15—17页
6	关于中外人才培养的几点思考	核心期刊论文	葛惟昆	《物理与工程》2019年第1期,3—4页
7	清华大学基础科学班20年发展概要	核心期刊论文	阮东	《物理与工程》2020年第1期,3—9页
8	基础科学班20年的探索与实践	核心期刊论文	阮东 尚仁成 熊家炯 吴念乐	《物理与工程》2020年第1期,10—18页
9	科研训练是大学本科人才培养的重要环节	核心期刊论文	李师群	《物理与工程》2020年第1期,19—22页
10	清华学堂物理系叶企孙班"科研实践基地"简介	核心期刊论文	葛惟昆	《物理与工程》2020年第1期,23—25页
11	拔尖人才培养的理念与实践——清华大学基础科学班办学总结	研究报告	阮东 尚仁成 熊家炯	—
12	清华大学物理系基科班20年/学堂班10年庆典文集	研究文集	阮东等	—
13	清华物理系复系以来毕业本科生基本情况一览表	数据资料	李师群等	—
14	对话朱邦芬:一个理性的理想主义者	访谈	黄婧	《水木清华》2021年第2期,6—15页

五、成果的学术价值、应用价值，以及社会影响

  本项目的研究成果已成为《清华学堂人才培养计划》的重要资料，直接指导清华学堂物理班教学的进一步发展实施，对"拔尖计划 2.0"基地建设工作有一定推进作用。研究成果中的基础学科拔尖人才成长的规律，将为培养学术思想活跃、国际视野开阔、发展潜力巨大的基础学科领域未来学术领军人才提供一定的理论依据和参考。2018 年 12 月 10 日曾在教育部"《基础学科拔尖学生培养试验计划》实施十年总结交流暨 2.0 工作研讨会"上作大会研究课题汇报。在 2020 年 12 月 18 日教育部召开的"拔尖计划 2.0"基地建设工作推进会上，项目负责人朱邦芬受邀作了题为《对拔尖计划 2.0 的几点思考》的大会报告，发挥了项目研究成果的辐射作用。朱邦芬、李师群等教授还多次到兄弟院校交流清华物理系人的经验，取得较好的效果。

  本项目的研究虽然是立足于清华物理系的人才培养情况，研究总结杰出的拔尖人才的成长规律，但实际涉及教育的方方面面，特别是教育思想理念。项目实施过程中，我们结合教育思想进行了更广泛、更深层次的探讨。项目负责人朱邦芬多次受邀在大、中教育系统和科学院系统演讲、座谈交流，受到各方欢迎，有广泛积极的社会效益和影响。

  在一流创新人才成长规律的认识方面，我们感到还有一些需深入研究的问题，如进一步研究如何通专融合、贯彻清华"三位一体"（价值塑造、能力培养、知识传授）的理念等。

清华大学钱学森班十年学生培养情况调研报告

清华大学　孙　沛

作者简介

孙沛，清华大学社科学院心理学系副教授，博士生导师，清华大学脑与智能实验室特别研究员，*Frontiers in Psychology*、*Brain Informatics* 杂志编委，主要研究方向为脑与认知、心理健康、创新人才选拔与培养等方面，在国际学术刊物 *Nature Neuroscience*、*Neuron*、*American Psychologist* 等发表论文十多篇，出版专著《清华大学钱学森班教育与培养实践十周年：理念、过程及成效》《中国积极心理学测评手册》。

成果摘要

为了更好地了解清华大学钱学森班学生群体的培养与成长情况，我们以钱学森班成立以来10年间招收和培养的2009级到2019级共300余名学生为对象，通过自编问卷，围绕钱学森班提出的五维测评体系，即内生动力、开放性、坚毅力、智慧和领导力展开调研。结果显示，钱学森班学生整体内部动机得分较高，主动性人格整体水平较高；整体在开放性、尽责性、宜人性维度上得分较高；整体在想象力维度上得分较高，但随年级增长略微呈现倒"U"型；抗逆力水平整体较高；在分析能力、系统化能力、批判性思维的信心、求知欲维度方面得分较高；总体领导力实践得分较高。此外，学生越乐观、越自信、心理资本越高，论文发表数量越多。

研究课题名称

基础学科拔尖人才选拔与培养的心理学模型初探：清华大学钱学森力学

班纵向追踪研究

研究课题成果介绍

一、引言

进入21世纪以来，随着互联网、人工智能、量子信息、基因编辑、脑科学等学科领域的全面兴起和迅速发展，新一轮科学技术革命正在发生，并牵动着全球经济、军事、文化等方方面面。科学技术的创新与进步密切关系着每一个国家在国际舞台中的站位与前途命运、深刻影响着社会的发展进步与安全稳定、切实关乎人们的工作生活和幸福安康。而科技创新关键在人才，人才是创新的第一资源。目前看来，"我国人才发展体制机制还不完善，激发人才创新创造活力的激励机制还不健全，顶尖人才和团队比较缺乏"（习近平，2018）。创新人才缺乏，究其根源在于教育。早在2005年，钱学森先生在见到时任国务院总理温家宝时就忧心忡忡地说道："现在中国没有完全发展起来，一个重要原因是没有一所大学能够按照培养科学技术发明创造人才的模式去办学，没有自己独特的创新的东西，老是'冒'不出杰出人才。"（李斌，2005）那么，"培养科学技术发明创造人才的模式"具体是什么样的模式呢？以回答"钱学森之问"、为国家培养科技创新人才为使命的清华大学钱学森班（以下简称"钱学森班"），从2009年成立时起就开始反思传统教育模式的弊病，在教育实践中寻找钱学森先生提到的这种"培养科学技术发明创造人才的模式"。通过十年的尝试与探索，钱学森班逐渐摸索出了一套独特的人才选拔和培养体系，即多维测评体系和"CRC"培养模式。

钱学森班2009年秋季开始招收第一届学生，通过各种途径每届招生30名左右，到2019级共招收300余名学生。其中毕业生180名左右，在读本科生120余名。通过对传统教育教学理念、做法的深刻反思，钱学森班从招生环节开始就秉承钱学森先生的教育理念，看重学生的创造潜力而非考试成绩。十年间，尝试了多种招生途径，包括高考、校内二次招生、钱学森创新挑战营（以下简称"挑战营"或"工科营"）、转专业、学科竞赛等多种路径，对学生的内生动力、开放性、坚毅力、智慧、领导力进行全方位测评，希望挑选出具有创造潜力，适合钱学森班培养理念和模式的学生。

钱学森班注重建立以学生为主体的教育模式，围绕学生需求设立导师制、精简课程体系、实施小班授课、设立引导学生对科学研究从感性认识到自主深入研究的阶梯式 CRC 培养模式,利用各种资源为学生寻找科研方向,提供科学研究机会和平台,试图让学生从被动学习向主动学习、从知识堆砌到深度学习、从研究跟随者向独立研究负责人逐渐转变,培养学生的综合素质、激发学生的创造潜力。

十年来,钱学森班持续摸索,不断调整招生和培养方案,注重学生的五维素质,目前已经积累了一定的经验,并取得初步成效。为了更好地了解钱学森班学生群体的培养与成长情况,我们针对钱学森班成立以来 10 年间招收和培养的 2009 级到 2019 级共 300 余名(2019 级目前通过学科竞赛已经招收 13 名新生)学生为对象,围绕钱学森班提出的五维测评体系(即内生动力、开放性、坚毅力、智慧、领导力)以及身心健康和所处环境展开调研。

二、调查对象

本次调研通过网络问卷形式进行,问卷通过问卷星平台邀请钱学森班 2009 级到 2019 级所有同学进行填写。平台从 2019 年 2 月 1 日开始开放,截止到 2019 年 4 月 18 日,问卷填写情况如图 1—A 所示,其中 2010 级、2015 级、2017 级、2018 级有效问卷回收超过该级学生总人数的半数,总共收回问卷 150 份,接近总体人数一半。

从问卷填写时间、答题逻辑、连续相同选项作答等几个方面对回收的问卷进行质量分析,答题质量基本良好,最终删除 1 份无效问卷,保留 149 份有效问卷。本次填写问卷群体性别比例如图 1—B 所示,男性占到总体人数的 85%。年龄分布如图 1—C,年龄最大为 29 岁,最小年龄为 16 岁。由于最早的一届为 2009 年入学,因此群体整体年龄偏年轻。因为基本都是"90 后""00 后",所以为独生子女的学生较多,占到问卷回收总数的 87%(图 1—D)。由于年龄偏小,因此共青团员比例最大,占到 74%,中共党员(含预备党员)人数占 17%,群众占比最小为 9%,无民主党派人士(图 1—E)。目前大部分学生还在上学,占到 93%,工作的人数只有 7%(图 1—F)。

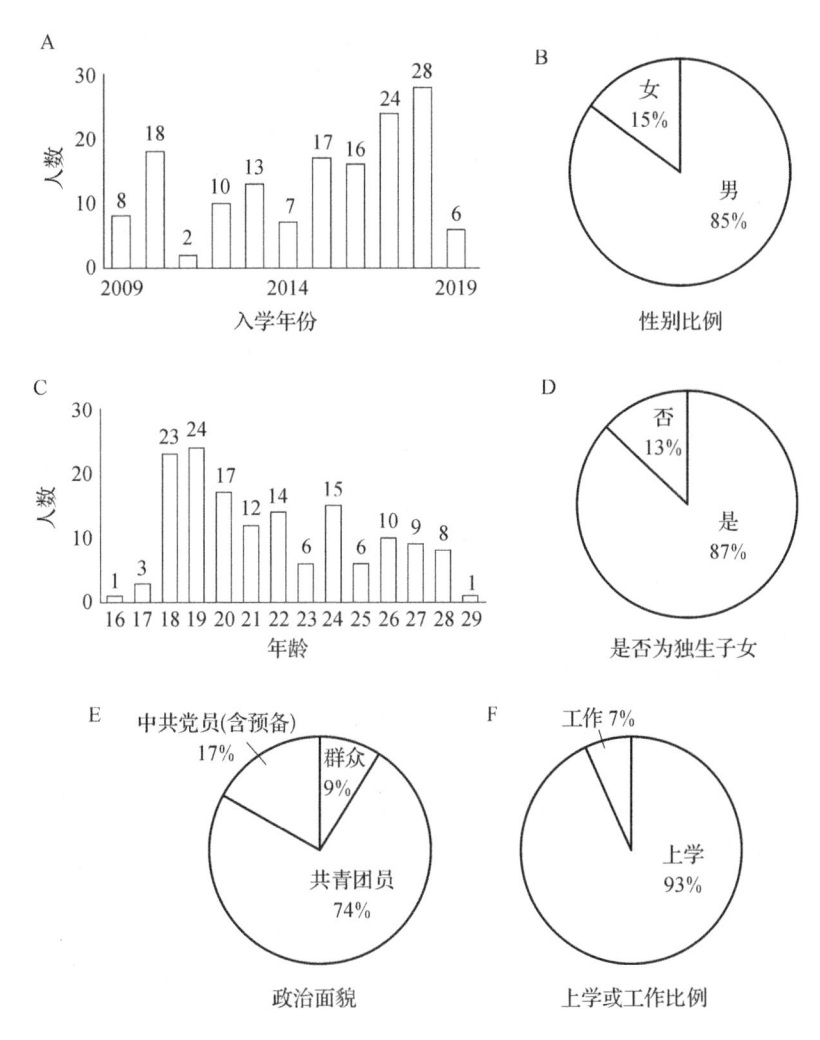

图 1 本次调研样本整体情况

三、调研结果

本次调研围绕钱学森班提出的五维测评体系，即内生动力、开放性、坚毅力、智慧、领导力，查找能够测量以上几个素质的国内外量表，或者自编问卷，形成一个综合问卷，作为本次调研的测量工具。例如，通过内外部动机、主动性人格、福流来测量内生动力这一指标；利用人格、想象力来测量开放性；测量抗逆力、坚毅来反映坚毅力；通过批判性思维、成长型思维来测量智慧这一维度；用对领导力的测量来反映个体的领导力水平。此外，本次调研还测量了心理健康和身体健康、学生所处的支持性环境等若干指标，包括生活满意度、积极消极情绪、认知情绪调节、自尊、自信乐观、时间观念、美德优势、抑郁水平、睡眠、体育锻炼、环境支持，全面测量了钱学森班学生的五维素质和心理身体健康、受支持水平。这里我们主要报告五维素质相关的研究结果，其他结果详见书籍。

（一）五维素质

1. 内生动力

（1）内外部动机。

面对同样的事情，不同的人会产生不同的目标和取向。有些人总能带着内心的喜爱、充足的兴趣面对并投入其中；相比之下，有些人更容易受到外部激励的影响。工作动机是指"一系列激发与工作绩效相关的行为，并决定这些行为的形式、方向、强度和持续时间的内部与外部力量"（张剑 et al.，2010），常常被分为内部动机和外部动机两种。内部动机强的人，从事某项工作的原因主要在于活动本身，他们觉得工作有趣、令人好奇、具有挑战性，感到满足和享受；外部动机强的人，更加看重活动之外的某种目的，比如金钱、预期中的奖赏、被人关注或者认可（Teresa M. Amabile et al.，1994）。内部动机强的个体具有更高的创造力、更强的自我控制能力、更优秀的学业成绩，更少地受到外界评价的影响，拥有较低的焦虑情绪（池丽萍和辛自强，2006；卢小君和张国梁，2007；张剑 et al.，2010；Kimberiy A. Noels et al.，2001；Teresa M. Amabile et al.，1994）。因此在人才选拔和培养方面，动机的测量至关重要。

本次调研选用 Amabile 和 Hill 等人编制的工作动机量表（Work Preference Inventory，WPI），结果显示：钱学森班学生整体内部动机得分较高；外部动机得分相对较低。其中 2018 级在内部动机的"享受"和"挑战"两个因子上的得分都最高，2019 级紧跟其后。

（2）主动性人格。

主动性人格最早由 Bateman（1993）提出，认为主动性人格是指相对不受情境力量的约束，可以采取行动主动影响环境的稳定人格特质；具备主动性人格的人，总是积极寻求机会，表现出主动性，采取行动并坚持不懈，直到实现他们的期望。研究表明，主动性人格对工作绩效、领导能力、创业、职业生涯成功有着积极影响（刘密 et al.，2007）；主动性人格与创新行为有着积极正向关系

(张振刚 et al.，2014)。因此，不难看出，主动性人格对于创新人才、科研人才来说，是可贵且重要的人格特质，因此有必要纳入创新人才的选拔和培养中。

Bateman(1993)编制了主动性人格问卷(Proactive Personality Scale)，中文版本由商佳音和甘怡群(2009)翻译并修订，在大学生群体中施测取得了良好的信效度。本研究选用了商佳音和甘怡群中文修订版本进行测量，结果显示：钱学森班学生的主动性人格整体水平较高，尤其是2018级、2017级和2009级。

2. 开放性

(1) 大五人格——开放性。

一系列研究表明，成年人的人格具有高度稳定性(Block，1981；Costa 和 McCrae，1992；McCrae 和 Costa Jr.，1990)，人格特征对于创新人才的选拔和培养非常重要。一般常用大五问卷(Big Five Inventory，BFI)对人格五维度进行测量，问卷分为完整版与简版。王孟成、戴晓阳，et al.(2010a，2010b)，王孟成 et al.(2011)编制了134个条目的中文版大五人格问卷及40个条目的简版，在中国大学生中测试，都具有良好的信效度。

本研究选用了44道题目的中文版大五人格量表，结果显示钱学森班学生整体在开放性、尽责性、宜人性维度上得分较高。其中在开放性上2018级得分最高，2014级最低；外倾性上2009级得分最高，2014级得分最低；神经质得分，2014级最高、2009级最低；尽责性得分2009级最高、2014级最低；宜人性得分2018级最高，2012级最低。

(2) 想象力。

想象力可以让人在现实之外构建其他可能性，把碎片化的情境转化为有意义的整体(Liang et al.，2012)，它被认为是培养创造性思维的基础，是创新的驱动力(Finke，1996)。想象力是进行创新、思维的符号表达、批判性思维的重要能力(Trotman，2006)。

对于创新型人才来说，产生创造性想法并付诸行动、产生结果的能力十分重要。本研究采用Lin et al.(2014)的想象力能力量表(Imaginative Capability Scale，ICS)对钱学森班2009级到2018级的10个年级的学生进行测量，结果显示：钱学森班学生的得分较高，随年级增长略微呈现倒"U"型，在最早离校的2009、2010级和入学未满一年的2018级出现最高值，2014级出现最低值。在各分维度想象力得分也呈现两侧年级略高、中间年级得分略低的趋势。

3. 坚毅

(1) 抗逆力。

抗逆力(Resilience)，又称为心理弹性、心理韧性(邱婷和谭文，2012)，它被看作衡量压力应对能力的标准(Connor et al.，2010)。科研工作本身是高压力、高强度的工作，能否适应压力，经历挫折并迅速恢复，维持良好的健康水平，关系到能否长期从事科研工作，因此，科研人才的培养和选拔中，抗逆力水平的选拔显得尤为重要。钱学森班学生抗逆力水平的测量采用了 Connor-Davidson 心理弹性量表(CD-RISC)的中文版本，结果显示：钱学森班学生抗逆力水平整体较高，其中 2018 级得分最高，2012、2014 级较低。

(2) 坚毅。

每一位高成就的个体身上可能同时具有很多优秀的品质，但坚毅可以说是大多数行业领军者身上都具有的品质之一。国内外很多研究表明，坚毅的品质能够预测个体的学业成就(蒋文 et al.，2018；王夏夏，2018；Bowman et al.，2015；Duckworth 和 Quinn，2009；Wolters 和 Hussain，2015)。

对人才的选拔来说，坚毅的测量就显得尤为重要。Duckworth 和 Quinn(2009)围绕这两个维度编写了测量坚毅的量表(Grit Scale)，包含 12 道题目。谢娜 et al.(2017)将 12 道题目的坚毅量表进行汉化。本次调研选用了 8 道题目的简版坚毅量表，测量结果显示：钱学森班学生整体得分基本都在 3 分以上，其中 2018 级和 2009 级在该指标上得分最高，分别为 3.571 分和 3.556 分。

4. 智慧

(1) 批判性思维。

批判性思维特质近年来受到越来越多的关注，诸多研究表明，这一特质与学术表现、深度学习、专业技能、自我心理韧性等存在一定程度的关联(El-sayed et al.，2011；Facione et al.，1995；Fahim et al.，2010；Kwon et al.，2007；Macpherson 和 Stanovich，2007；Sosu，2013；West et al.，2008)。

本研究选用了 70 道题目的批判性思维量表对钱学森班 2009 级到 2019 级的学生进行测量，结果显示钱学森班学生在分析能力、系统化能力、批判性思维的信心、求知欲维度得分较高。其中，寻找真相维度得分最高的是 2009 级、认知成熟度维度上得分最高的是 2019 级。

（2）成长性思维。

根据人们认为自己的智力和能力是否可变，学者将人们的思维方式分为两类——成长型思维（Growth Mindset）和固定性思维（Fixed Mindset）。拥有成长型思维的人认为人的智力水平是可变的，即可以通过后天努力得到提升；反之，拥有固定性思维的人认为人的智力水平是一成不变的（Dweck，2000）。

本研究采用的是 Dweck 等人 2000 年编制的 4 条目版本，对钱学森班 2009 级至 2010 级的学生进行了测量，结果显示各年级学生成长型思维得分存在一定差异，其中 2009 级、2014 级、2016 级和 2017 级成长型思维得分较高。

5. 领导力

领导力是一个人综合能力中非常重要的一种能力，是一个高素质人才必不可少的一种能力（罗爱林，2010）。本研究选用 Kouzes 和 Posner 开发的学生领导力实践行为自测量表（The Student Leadership practices Inventory-Self Instrument）为评估工具。结果显示，钱学森班学生总体领导力实践得分较高，其中 2018 级学生领导力实践得分最高。

（二）相关结果分析

钱学森班学生人口学变量、心理因素与学术成果的相关分析如下。

调研中各变量和学生学术成果之间的相关关系见表 1。入学年份与学生发表的英文论文篇数呈负相关（$r_1=-0.597, p_1<0.001$）。父母收入、外部动机中的补偿与学生发表的英文论文篇数呈正相关（相关系数依次为 $r_2=0.175, p_2=0.04; r_3=0.217, p_3=0.008$）。父母收入高，孩子从小的英文教育水平相对较高，英文写作能力相对更高。和中文论文篇数成正相关的因素有积极情绪、自尊、心理资本（相关系数依次为 $r_4=0.199, p_4=0.015; r_5=0.269, p_5=0.001; r_6=0.171, p_6=0.037$）；呈负相关的因素有入学年份、大五—神经质、消极情绪、认知情绪调节中的反复思考、灾难化、非适应性调节。综合来看，与成果总数呈正相关的因素有外部动机—补偿、批判性思维—寻找真相；呈负相关的因素有入学年份、认知情绪调节—反复思考、美德优势—好奇心。可以看出，学生越乐观、越自信、心理资本越高，中文论文发表越多；越消极、情绪调节方式越不当，对中文论文发表越不利。

表1　钱学森班学生人口学变量、心理因素与学术成果之间的相关分析结果（$n=149$）

变量	英文论文篇数	中文论文篇数	总论文篇数	实用专利数	成果总数
入学年份	−0.597***	−0.441***	−0.645**		−0.654***
父母收入	0.175*				
外部动机—补偿	0.217**		0.193*		0.202*
大五—神经质		−0.269*			
积极情绪		0.199*			
消极情绪		−0.183*			
认知情绪调—反复思考		−0.178*	−0.169*		−0.168*
认知情绪调节—灾难化		−0.184*			
认知情绪调节—非适应性调节		−0.199*			
罗森伯格自尊		0.269**			
心理资本—乐观		0.181*			
时间观念—过去消极		−0.247**			
美德优势—创造力		−0.185*		0.175*	
美德优势—好奇心			−0.171*		−0.164*
美德优势—社会智能				0.164*	
美德优势—宽恕				0.188*	
美德优势—审慎	−0.168*				
心理资本		0.171*			
催眠药物				0.172*	
批判性思维—寻找真相					0.164*

注：表中数值为pearson积差相关。

  * 在0.05级别（双尾），相关性显著。

  ** 在0.01级别（双尾），相关性显著。

  *** 在0.001级别（双尾），相关性显著。

四、讨论与总结

本次调查发现,钱学森班历届学生在"五维素质模型"的五个维度:内生动力、开放性、坚毅力、智慧、领导力各个指标上的得分整体较高。在想象力、领导力等指标上从 2009 级到 2018 级学生的得分呈现"U"型。其中 2009、2018 级在诸多因素,如主动性人格、福流、大五的开放性、尽责性、外倾性、想象力、坚毅、批判性思维等指标上得分均进入前三。2017 级的整体得分也名列前茅,在主动性人格、福流、开放性、想象力、领导力几个指标上得分进入前二。2018 级得分整体比较突出,在众多积极指标上得分都较高,其中开放性、宜人性、抗逆力、坚毅、批判性思维的得分均为第一。

本次调查发现,钱学森班学生学术研究成果和许多因素都有相关关系。其中,入学年份和年龄对于中英文论文发表、有无专利相关性最大。从这一点可以看出,钱学森班的学生通过本科期间的积累,在日后的发展中,不断产出学术成果,大多数毕业生都走上了学术的道路。

整体来看,本次调研通过对钱学森班历届学生在五维素质和心理健康方面的调查测评,主要发现:① 钱学森班学生的五维素质、心理健康整体水平较高。总体来看,尤其是最近几年实行多维测评模式招生以来,钱学森班的学生心理素质整体较高。② 积极心理素质得分高的班级,消极心理素质指标得分相对偏低;反之积极心理素质得分低的班级,消极心理素质指标得分相对较高。积极心理素质和消极心理素质呈现"此消彼长"的态势。③ 积极心理素质对学生日后的学术成长有促进作用。从某种程度上可以看出,钱学森班在招生(2013、2017、2018 级实施多维测评)、培养(2016 年形成"CRC"培养体系)方面已经有初步成效。

参考文献

[1] AmericanPsychologyAssociation. (2010). The Road to Resilience: What Is Resilience. from https://www.apa.org/helpcenter/road-resilience.

[2] Bateman, T. S., & Crant, J. M. (1993). The proactive component of organizational behavior: A measure and correlates. *Journal of Organizational Behavior*, 2(14), 103-118.

[3] Blackwell, L. S., Trzesniewski, K. H., & Dweck, C. S. (2007). Implicit theories of intelligence predict achievement across an adolescent transition: A longitudinal study and

an intervention. *Child development*, 78(1), 246-263.

[4] Block, J. (1981). Some enduring and consequential structures of personality. In A. I. Rabin, J. Aronoff, A. M. Barclay & R. A. Zucker (Eds.), *Further explorations in personality* (pp. 27-43). New York: Wiley-Interscience.

[5] Bowman, N. A., Hill, P. L., Denson, N., & Bronkema, R. (2015). Keep on Truckin' or Stay the Course? Exploring Grit Dimensions as Differential Predictors of Educational Achievement, Satisfaction, and Intentions. *Social Psychological and Personality Science*, 6(6), 639-645.

[6] Chang, C.-C., Wang, J.-H., Liang, C.-T., & Liang, C. (2014). Curvilinear effects of openness and agreeableness on the imaginative capability of student designers. *Thinking Skills and Creativity*, 14, 68-75.

[7] Claro, S., Paunesku, D., & Dweck, C. S. (2016). Growth mindset tempers the effects of poverty on academic achievement. *Proceedings of the National Academy of Sciences*, 113(31), 8664-8668.

[8] Connor, K. M., Davidson, J. R. J. D., & Anxiety. (2010). Development of a new resilience scale: the Connor-Davidson Resilience Scale (CD-RISC). 18(2), 76-82.

[9] Costa, P. T., & McCrae, R. R. (1992). Normal personality assessment in clinical practice: The NEO personality inventory. *Psychological Assessment*, 4(1), 5-13.

[10] Duckworth, A., & Quinn, P. (2009). Development and Validation of the Short Grit Scale (Grit-S). *Journal of Personality Assessment*, 91(2), 166-174.

[11] Dweck, C. (2000). Self-theories: Their role in motivation, personality, and development: Philadelphia, PA: Psychology Press.

[12] El-sayed, R. S., Sleem, W. F., El-sayed, N. M., & Ramada, F. A. (2011). Disposition of staff nurses' critical thinking and its relation to quality of their performance at Mansoura University Hospital. *Journal of American Science*, 7, 388-395.

[13] Facione, P. A., Sanchez, C. A., Facione, N. C., & Gainen, J. (1995). The dispositions towards critical thinking. *Journal of General Education*, 44, 1-25.

[14] Fahim, M., Bagherkazemi, M., & Alemi. (2010). The relationship between test takers critical thinking ability and their performance on the reading section of TOEFL. *Journal of Language Teaching and Research*, 1, 830-837.

[15] Finke, R. A. (1996). Imagery, creativity, and emergent structure. *Consciousness and cognition*, 5(3), 381-393.

[16] Ip, W. Y., Lee, D. T. F., Lee, I. F. K., Chau, J. P. C., Wootton, Y. S. Y., & Chang, A. M. (2000). Disposition towards critical thinking: a study of Chinese undergraduate nursing students. *Journal of Advanced Nursing*, 32(1), 84-90.

[17] John, O. P., & Srivastava, S. (1999). The Big Five Trait Taxonomy: History, Measurement, and Theoretical Perspectives. In L. A. Pervin & O. P. John (Eds.), *Handbook of Personality: Theory and Research* (2 ed., pp. 102 - 138). New York: The Guilford Press.

[18] Kimberiy A. Noels, Richard Clement, & Pelletier, L. G. (2001). Intrinsic, extrinsic, and integrative orientations of French Canadian learners of English. *The Canadian Modern Language Review*, 57(3), 424 - 442.

[19] Kunzendorf, R. G. (1982). Mental images, appreciation of grammatical patterns, and creativity. *Journal of Mental Imagery*, 6(1), 183 - 201.

[20] Kwon, N., Onwuegbuzie, A. J., & Alexander, L. (2007). Critical thinking disposition and library anxiety: Affective domains on the space of information seeking and use in academic libraries. *College and Research Libraries*, 68, 268 - 278.

[21] Liang, C., Chen, S.-C., & Huang, Y. (2012). Awaken imagination: Effects of learning environment and individual psychology. *Journal of Information Communication*, 3(1), 93 - 115.

[22] Lin, W. S., Hsu, Y. L., & Liang, C. Y. (2014). The mediator effects of conceiving imagination on academic performance of design students. *International Journal of Technology and Design Education*, 24(1), 73 - 89.

[23] Liu, E., & Noppe-Brandon, S. (2009). *Imagination First: Unlocking the Power of Possibility*: Jossey-Bass.

[24] Liu, E., Noppebrandon, S., & Institute, L. C. . (2012). Imagination first: unlocking the power of possibility. *Childhood Education*, 88(1), 272.

[25] Macpherson, R., & Stanovich, K. E. (2007). Cognitive ability, thinking dispositions, and instructional set as predictors of critical thinking. *Learning and Individual Differences*, 17, 115 - 127.

[26] McCrae, R. R., & Costa Jr., P. T. (1990). *Personality in adulthood*. New York: The Guilford Press.

[27] Romero, C., Master, A., Paunesku, D., Dweck, C. S., & Gross, J. J. (2014). Academic and emotional functioning in middle school: the role of implicit theories. *Emotion*, 14(2), 227.

[28] Sosu, E. M. (2013). The development and psychometric validation of a Critical Thinking Disposition Scale. *Thinking Skills and Creativity*, 9, 107 - 119.

[29] Stipek, D., & Gralinski, J. H. (1996). Children's beliefs about intelligence and school performance. *Journal of Educational Psychology*, 88(3), 397.

[30] Teresa M. Amabile, Karl G. Hill, Beth A. Hennessey, & Tighe, E. M. (1994).

The Work Preference Inventory: Assessing Intrinsic and Extrinsic Motivational Orientations. *Journal of Personality and Social Psychology*, 66(5), 960-967.

[31] Trotman, D. (2006). Evaluating the imaginative: situated practice and the conditions for professional judgment in imaginative education. *International Journal of Education & the Arts*, 7(3), 1-20.

[32] West, R. F., Toplak, M. E., & Stanovich, K. E. (2008). Heuristics and biases as measures of critical thinking: Associations with cognitive ability and thinking dispositions. *Journal of Educational Psychology*, 100, 930-941.

[33] Wolters, C. w. o. e., & Hussain, M. (2015). Investigating grit and its relations with college students' self-regulated learning and academic achievement. *Metacognition & Learning*, 10(3), 293-311.

[34] Yeager, D. S., Romero, C., Paunesku, D., Hulleman, C. S., Schneider, B., Hinojosa, C., et al. (2016). Using design thinking to improve psychological interventions: The case of the growth mindset during the transition to high school. *Journal of educational psychology*, 108(3), 374.

[35] Yeh, M. L. (2002). Assessing the reliability and validity of the Chinese version of the California Critical Thinking Disposition Inventory. *Int J Nurs Stud*, 39(2), 123-132.

[36] 习近平.(2018,2018—05—29).在中国科学院第十九次院士大会、中国工程院第十四次院士大会上的讲话[N].人民日报,p.002.

[37] 刘密,龙立荣,祖伟.(2007).主动性人格的研究现状与展望[J].心理科学进展(2),333-337.

[38] 卢小君,张国梁.(2007).工作动机对个人创新行为的影响研究[J].软科学(6),124-127.

[39] 吴曼,孙雪芹.(2019).本科护生压力与心理健康的关系:心理弹性的中介作用[J].中国健康心理学杂志,27(2),304-308.

[40] 商佳音,甘怡群.(2009).主动性人格对大学毕业生职业决策自我效能的影响[J].北京大学学报(自然科学版),45(3),548-554.

[41] 崔丽霞,殷乐,雷雳.(2012).心理弹性与压力适应的关系:积极情绪中介效应的实验研究[J].心理发展与教育,28(5),308-313.

[42] 张剑,张建兵,李跃, & L. Deci, E. (2010).促进工作动机的有效路径:自我决定理论的观点[J].心理科学进展,18(5),752-759.

[43] 张振刚,李云健,余传鹏.(2014).员工的主动性人格与创新行为关系研究——心理安全感与知识分享能力的调节作用[J].科学学与科学技术管理,35(7),171-180.

[44] 彭美慈,汪国成,陈基乐,陈满辉,白洪海,李守国,李继平,蔡芸芳,王君俏,殷磊.(2004).批判性思维能力测量表的信效度测试研究[J].中华护理杂志,39(9),644-647.

[45] 李敏.(2013).我国青少年学生领导力的测量及其影响因素研究[D]. Unpublished 博士,华中师范大学.

[46] 李斌.(2005,2005 年 7 月 31 日).亲切的交谈——温家宝看望季羡林、钱学森侧记[N].人民日报,p.001.

[47] 池丽萍,辛自强.(2006).大学生学习动机的测量及其与自我效能感的关系[J].心理发展与教育(2),64-70.

[48] 王夏夏.(2018).中学生坚毅性与英语成就的关系[D]. Unpublished 硕士,浙江大学.

[49] 王孟成,戴晓阳,姚树桥.(2010a).中国大五人格问卷的初步编制Ⅱ:理论框架与信度分析[J].中国临床心理学杂志,18(6),687-690.

[50] 王孟成,戴晓阳,姚树桥.(2010b).中国大五人格问卷的初步编制Ⅰ:理论框架与信度分析[J].中国临床心理学杂志,18(5),545-548.

[51] 王孟成,戴晓阳,姚树桥.(2011).中国大五人格问卷的初步编制Ⅲ:简式版的制定及信效度检验[J].中国临床心理学杂志,19(4),454-457.

[52] 罗爱林.(2010).大学生领导能力及其影响因素实证研究[D]. Unpublished 硕士,西南交通大学.

[53] 蒋文,蒋奖,杜晓鹏,古典,孙颖.(2018).坚毅人格与学业成就的关系:学习投入的中介作用[J].中国特殊教育(4),91-96.

[54] 谢娜,王臻,赵金龙.(2017).12 项坚毅量表(12-Item Grit Scale)的中文修订[J].中国健康心理学杂志,25(6),893-896.

[55] 赵晶,罗峥,王雪.(2010).大学毕业生的心理弹性、积极情绪与心理健康的关系[J].中国健康心理学杂志,18(9),1078-1080.

[56] 邢淑芬,俞国良,林崇德.(2011).小学高年级儿童的内隐智力理论及其与表扬的关系[J].心理发展与教育,27(3),255-259.

[57] 邱婷,谭文.(2012).心理弹性的文献综述[J].社会心理科学,27(4),9-13+33.

[58] 邱皓政.(2000).工作动机的内生性与外生性:台湾与美国大学生动机内涵之计量研究[J].应用心理研究(7),221-251.

[59] 邵天.(2014).领导力研究综述[J].河北工程大学学报(社会科学版),31(1),24-25+38.

[60] 郑泉水.(2018)."多维测评"招生:破解钱学森之问的最大挑战[J].中国教育学刊(5),36-45.

[61] 陶思亮.(2013).中国大学生领导力实践行为研究——基于全国 17 所高校 1898 名大学生的调查[J].领导科学论坛(理论)(12),38-41.

本科教育教学模式对创造性人才培养的影响研究
——以"基础学科拔尖学生培养试验计划"为例

北京师范大学　　黄四林

作者简介

　　黄四林，北京师范大学心理学部教授，博士生导师，主要从事儿童青少年社会认知发展、学生核心素养的发展与评价、大中小学生心理健康等研究。主持国家自然科学基金、国家社科基金等多项课题，获得北京市优秀人才培养资助项目。现任北京师范大学发展心理研究院副院长、《心理发展与教育》编委、中国教育学会学校教育心理学分会理事兼秘书长。

成果摘要

　　培养基础学科拔尖人才是我国新时代高等教育强国建设的重大战略任务，更是培养拔尖创新人才的重要举措。为有效落实"六卓越一拔尖"计划2.0，该研究基于对拔尖计划培养模式下拔尖学生和普通学生的调查，探讨了拔尖学生培养模式对学生创造性的影响以及心理因素的作用。结果显示：① 拔尖学生在小班教学、科研项目、导师指导和出国交流等方面的参与程度和创造性水平均显著高于普通学生；② 小班教学对拔尖学生的创造性思维有显著的预测作用，科研项目和导师指导对其创造性人格有显著的预测作用；③ 心理因素在培养模式对拔尖学生创造性水平的影响过程中起中间桥梁作用，并且存在明显的文理差异。

研究课题名称

基础学科拔尖学生培养模式对大学生创造性的影响

研究课题成果介绍

一、前言

当今世界，国家的未来发展关键在于持续不竭的创新，而创新的源头是人才。因此，对学生创造性或创新能力的培养是国家长期发展战略。2009年，为回应"钱学森之问"，国家相关部门启动了"基础学科拔尖学生培养试验计划"（简称"拔尖计划"），目的是培养在基础学科领域具有创新能力的一流人才，为我国建设创新型国家，在世界科学领域争取领先地位培养后备力量。经过十年的探索与发展，2018年教育部等六部门发布了《关于实施基础学科拔尖学生培养计划2.0的意见》，全面规划并启动了新时代基础学科拔尖人才培养的新举措。因此，总结和探索拔尖学生培养模式对其创造性水平培养的效果，对我国"拔尖计划2.0"的实施与推进具有重要意义。

针对拔尖计划的研究，以往文献集中讨论了高校拔尖人才的培养理论、培养模式和实施效果评价等问题。在培养理论上，主要关注拔尖学生"志趣"及"志趣养成"等内容，并提出现代科技精英教育所期待的学习动力应当源自学生个人，"志趣"是大学拔尖创新人才培养的基础。[1] 在培养模式上，重点是综合比较不同院校"拔尖计划"培养方案，例如清华大学设置清华学堂，对学生进行相对集中的培养；复旦大学将学生都分布在相关院系，在校一级设置管理平台进行培养。通过分析人才培养方案总结我国高校本科拔尖创新人才培养的模式[2-4]。在实施效果上，主要跟踪拔尖学生毕业后的去向，并用继续深造大学的知名度或排名来衡量拔尖学生培养的质量。[5] 这些研究为我国拔尖学生培养积累了宝贵的资料，有效地总结并反映了我国拔尖计划实施的模式与效果。

然而，以往研究总体上以经验总结为多，鲜有探讨拔尖学生培养模式对其创造性水平的影响及其形成机制的实证研究。拔尖计划的最终目标是要培养出有创新能力的人才，在基础学科领域成为拔尖创新的主力。因此，考察拔尖学生培养模式对学生创造性水平的影响，可以有效地反映与评估拔尖计划实施的有效性，并且可以准确揭示其影响背后的机制与过程。

综合已有文献发现,我国各院校对拔尖计划学生的培养模式集中体现在科研项目、小班教学、导师制和出国交流等四个方面。首先,参与科研项目是培养拔尖学生创新素质和能力的重要途径,各个重点高校都尽可能在科研资金、设置研讨课、开放实验室资源等方面提供支持,促进学生开展科研活动。通过科研训练,学生可以加深对科学现象的认识,培养崇尚科学的品质,尽可能地挖掘自己的创新潜能。[6-7]其次,小班教学。国内高校大规模扩招以后,随处可见100人以上的大课堂。随着课程人数的上升,老师和学生的交流明显减少,有针对性的、个性化的培养明显下降。各高校成立拔尖创新实验班时,严格控制每个实验班学生的数量,确保每位学生可以选到高质量的小班课程,从而让学生对基础知识掌握得更加牢固,解决问题时可以厚积薄发。[8-9]再次,导师制。用各个领域杰出的拔尖人才培养拔尖学生已成为各院校人才培养的共识。聘请各个领域内优秀的、拔尖的成功学者作为导师,对拔尖学生既是榜样激励又为其提供了专业学习的优质指导。[10]最后,出国交流,即国际化。各个重点高校精选国外高端教育资源,为拔尖学生提供了广泛的国际合作和交流机会,让拔尖学生接触到科研的国际前沿,开阔了国际视野。[11-12]总的来说,这四种培养方式在当前高校拔尖计划中已经成为普遍的、具有共识的模式。然而,鲜有实证研究检验这些培养模式对拔尖学生创造性水平的影响,对拔尖计划的推广缺乏有力的实证依据。

创造性构建要素理论(Componential Theory of Creativity)认为,人的创造性是情景因素和个体因素相互作用产生的结果,情景因素对创造性的影响是通过个体因素而产生的。[13-15]据此理论,我们认为拔尖计划中的四种培养模式是情景因素,而个体因素最为重要的是心理因素,主要包括内部动机、自信心和认知灵活性。首先,Amabile认为个体因素包含三个部分:领域专业知识、创新相关技能和任务动机。[16]其中,创新相关技能主要指能够采用新的方法解决问题的个性特征和认知风格。自信心和认知灵活性正是对应创新相关技能的心理因素。自信心可以优化其他个性特征,使各种个性特征可以更好地相互作用以促进创造性的发展。[17]认知灵活性指的是个体可以适当地改变认知以符合新环境要求的能力,它体现了个体灵活的认知风格。[18-19]此外,任务动机是人们完成任务的内部驱动力,当人们认为任务本身是有趣、好玩、令人满意并具有挑战性时,人们才会更加具有创造性地完成。[20]其次,已有研究表明,自信心、认知灵活性和内部动机对学生的创造性均有正向影响。[21-23]因此,我们认为各种培养模式可能是通过影响学生心理因素(内部动机、自信心和认知灵活性)进而提升了其创造性水平。

对创造性的评价虽然存在众多观点与方式,但是从创造性思维与人格来评价创造性是研究者普遍接受的一种方式。[24-25]创造性思维是一种具有主动性、独创性的思维活动过程。创造性人格指个体可以保证创造活动顺利进行和创造目标实现的统合而稳定的人格特征[26-28],包含冒险性、好奇心、想象力和挑战性四个方面。[29]因此,我们从创造性思维和创造性人格两方面评估拔尖学生的创造性水平。

综上所述,本研究从创造性构建要素理论出发,认为情景因素和个体因素是影响创造性的重要因素,并进一步探究自信心、认知灵活性和内部动机三个心理因素在培养模式和拔尖人才创造性之间的内部作用机制。

二、研究方法

1. 被试

以北京师范大学励耘学院实验班和常规教学班在读大学生为调查对象,共发放1212份问卷,剔除无效问卷,共回收有效问卷1063份,回收率为87.71%。北京师范大学励耘学院就理科(数学、物理学、化学、生物学)组建了"基础理科拔尖学生培养实验班",就文科(文学、历史学、哲学)组建了"人文学科拔尖学生培养实验班"。有效被试的平均年龄为19.24岁($SD=1.24$),男生27.2%;理科67.3%,文科32.7%;大一至大三学生占比分别为38.0%、38.8%、23.2%;拔尖学生364人(总人数的34.2%;其中理科占比62.4%,文科占比37.6%),普通学生699人(总人数的65.8%)。

2. 研究工具

(1) 大学生培养模式调查问卷。根据相关文献、拔尖学生课程设置的调查和对参与拔尖项目师生的访谈,自编培养模式评价问卷。主要调查在校大学生对科研项目、出国交流、小班教学和导师指导的参与情况及评价。其中科研项目方面包括参与情况、最早参与时间和是否有帮助评价;出国交流方面包括参与情况、参与时长和是否有帮助评价;小班教学方面包括参加小班课的数目、小班课类型和是否有帮助评价;导师指导包括是否遇到对自己影响极大并建立密切联系的导师、导师类别和与导师交流月平均次数。

(2) 创造性思维测验。根据托兰斯创造性思维测验(Torrance Test of Creative Thinking,TTCT)编制了四个问题,同时考察学生的言语创造思维和图形创造思维。前者包括对两个言语问题的思考：矿泉水瓶的用途（非常规用途）和对新星球的科研探索（非常规问题）；后者为两个具体的图形操作：要求学生以椭圆为基础构造图形和对正方形进行四等分。创造性思维的评价主要包括三个测量指标：流畅性、灵活性、独创性，分别根据被试在测验中的答案数、答案类别数、被试回答在总人数中的百分比（比例在1%以下计2分，1%—5%计1分，5%以上计0分）进行评分。该类任务被广泛应用于创造性思维的测量之中，且以往的研究表明具有良好的信效度。[30]

（3）创造性人格测验。采用林幸台和王木荣依据 Williams 的"创造力组合测验"修订的威廉姆斯创造性倾向量表（Williams Creativity Scale, WCS），包括冒险性、好奇心、想象力和挑战性四个维度，共计50个项目。每个项目采用李克特5点计分，1表示"完全不符合"，5表示"完全符合"。[31]维度总分为各维度内所有项目的均分。本研究中，总量表和四个维度的 Cronbach α 系数分别为 0.88、0.60、0.70、0.70、0.69。

（4）自信心测验。采用季益富和于欣翻译的由 Shrauger 等人编制的个人评价问卷（Personal Evaluation Inventory, PEI），该测验被广泛地应用于大学生自信心的测量[32-33]，具有良好的信效度[34]。本研究从学业表现和同人们交谈两个维度中挑选具有代表性的8个项目作为自信心的测量指标，每个项目采用李克特5点计分，1表示"完全不符合"，5表示"完全符合"。本研究中该量表的 Cronbach α 系数为 0.83。

（5）认知灵活性量表。采用 Martin 和 Rubin 编制的认知灵活性量表（Cognitive Flexibility Scale, CFS），每个项目采用李克特5点计分，1表示"完全不符合"，5表示"完全符合"。[35]该问卷被广泛应用于认知灵活性的测量，以往的研究表明具有良好的信效度。[36-37]本研究中该量表的 Cronbach α 系数为 0.76。

（6）内部动机测验。采用 Cacioppo 和 Petty 编制的认知需求量表（Need for Cognition Scale, NCS），该问卷被广泛应用于内部动机的测量[38]，具有良好的信效度[39]。本研究挑选了具有代表性的5个项目作为内部动机测验，每个项目采用李克特5点计分，1表示"完全不符合"，5表示"完全符合"。本研究中该量表的 Cronbach α 系数为 0.81。

三、研究结果

1. 拔尖学生与普通学生在各类培养方法上的差异

我们的研究发现,拔尖学生在导师指导[$\chi^2(1)=40.08, p<0.000, \varphi=0.19$]、出国交流[$\chi^2(1)=72.62, p<0.000, \varphi=0.26$]和科研项目[$\chi^2(1)=141.29, p<0.000, \varphi=0.37$]三个方面的参与比例显著高于普通学生,其中50%左右的拔尖学生都参与过科研项目和接受过导师指导(图1)。拔尖学生中有87%参与过小班教学,普通学生中有72%参与过小班教学,前者明显高于后者[$\chi^2(1)=28.41, p<0.000, \varphi=0.16$](图2)。26%的拔尖学生参与出国交流,其中19%的拔尖学生参与出国交流在1个月之内。由此可见,在各类培养方式上学校向拔尖学生倾斜和投入程度更加明显。

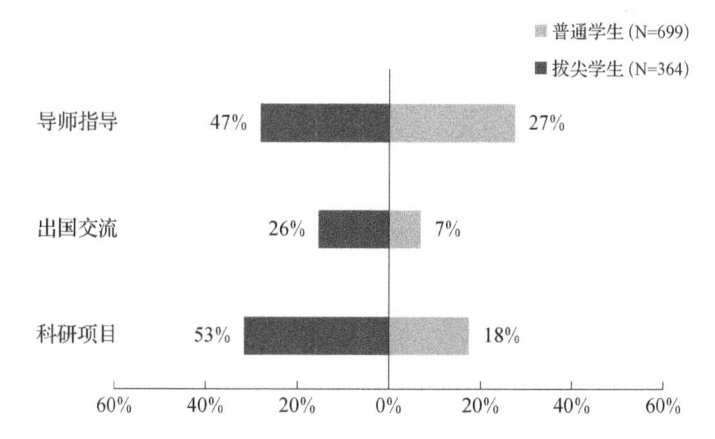

图1 拔尖学生和普通学生在科研项目、出国交流和导师指导方面的参与情况

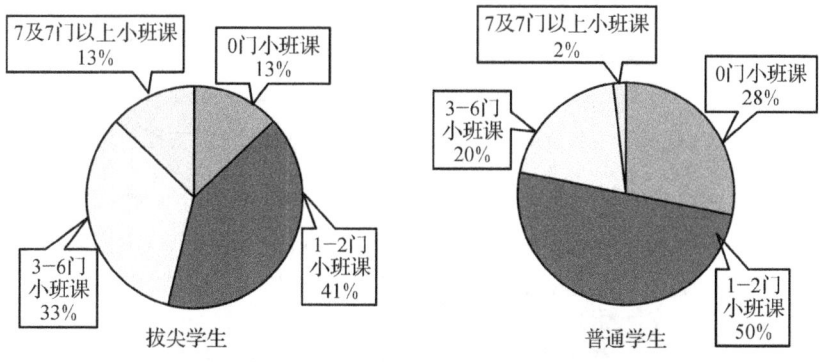

图2 拔尖学生和普通学生的小班教学授课情况

2. 拔尖学生与普通学生在心理因素和创造性水平上的比较

首先,以性别、年龄、父母受教育程度和与调档线分数差(高考分数与高校调档线的分数差)作为控制变量,考察拔尖学生和普通学生在创造性思维、创造性人格和心理因素上的差异。结果如图 3 所示,拔尖学生在流畅性[$F(1,1056)=25.23, p<0.01$]、灵活性[$F(1,1056)=48.77, p<0.01$]、独创性[$F(1,1056)=5.47, p<0.05$]和创造性人格[$F(1,1056)=28.08, p<0.01$]上均显著高于普通学生。对拔尖学生来说,理科生在创造性思维中的独创性得分显著高于文科生[$F(1,357)=4.84, p<0.05$],在流畅性、灵活性和创造性人格上无显著差别。拔尖学生中,不同年级的拔尖学生在流畅性[$F(2,356)=6.14, p<0.01$]、灵活性[$F(2,356)=4.92, p<0.01$]和独创性[$F(2,356)=3.43, p<0.05$]上存在显著差异,在创造性人格上无显著差异。事后检验(LSD)表明,在流畅性上,大三学生的得分显著高于大一($MD=1.69, p<0.01$)和大二学生($MD=1.09, p<0.05$);在灵活性上,大三学生的得分显著高于大一($MD=0.73, p<0.01$)和大二学生($MD=0.52, p<0.05$);在独创性上,大三学生的得分显著高于大一学生($MD=0.99, p<0.01$)。

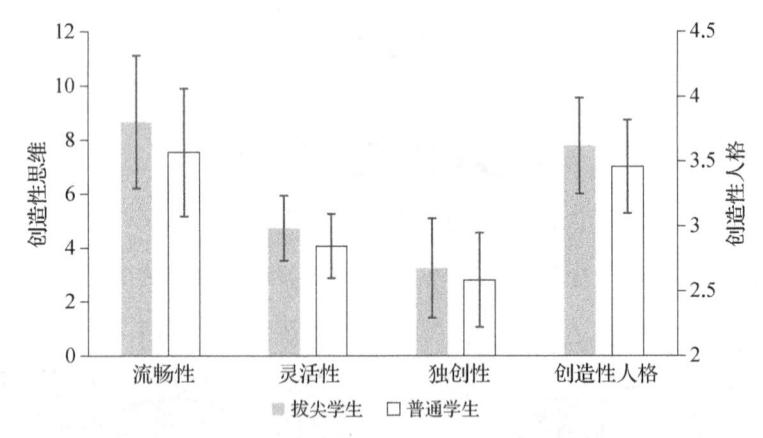

图 3 拔尖学生和普通学生在创造性思维和创造性人格方面的得分

在心理因素方面,结果如图 4 所示,拔尖学生在自信心[$F(1,1056)=4.42, p<0.05$]、认知灵活性[$F(1,1056)=33.11, p<0.01$]和内部动机[$F(1,1056)=41.39, p<0.01$]上显著高于普通学生。

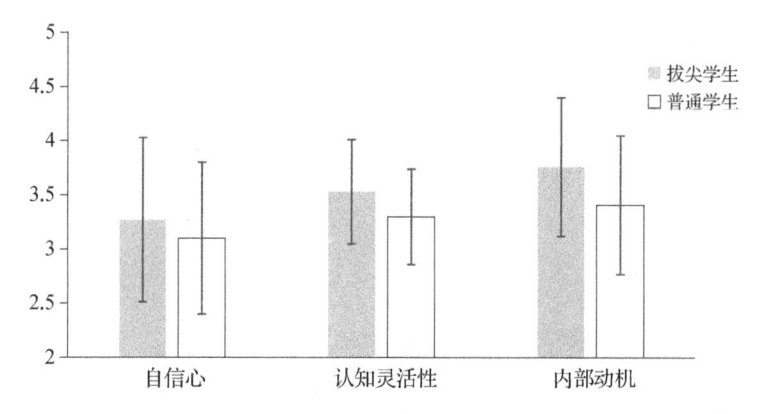

图 4 拔尖学生和普通学生在自信心、认知灵活性和内部动机方面的得分

3. 不同培养模式对拔尖学生和普通学生创造性的影响

为了考察拔尖学生和普通学生创造性培养的影响因素,将性别、年龄、父母受教育程度和与调档线分数差作为控制变量,将科研项目、出国交流、小班教学和导师指导的参与情况(0,1 计分)这四种培养模式作为预测变量,分别以创造性思维和创造性人格作为结果变量,进行分层回归分析。结果发现,对于拔尖学生来说,培养模式中仅有参与小班教学可以正向预测其创造性思维的三个指标($\beta_{流畅性}=0.22, p<0.001; \beta_{灵活性}=0.24, p<0.001; \beta_{独创性}=0.21, p<0.05$),而科研项目和导师指导可以正向预测其创造性人格($\beta_{科研项目}=0.06, p<0.05; \beta_{导师指导}=0.14, p<0.05$)。对于普通学生来说,科研项目、出国交流均能正向预测其创造性思维的流畅性($\beta_{科研项目}=0.10, p<0.05; \beta_{出国交流}=0.10, p<0.05$)和独创性($\beta_{科研项目}=0.11, p<0.01; \beta_{出国交流}=0.11, p<0.01$),且出国交流还能正向预测其创造性思维的灵活性($\beta_{出国交流}=0.09, p<0.05$),小班教学和导师指导可以正向预测其创造性人格($\beta_{小班教学}=0.09, p<0.05; \beta_{导师指导}=0.11, p<0.05$)。由此可见,拔尖学生培养模式对学生创造性产生正向作用,不同的培养模式影响着学生创造性的不同指标。

4. 拔尖学生创造性的形成机制

为揭示心理因素在培养模式上对创造性影响的作用机制,我们采用结构方程建模的方法进行检验。以拔尖学生的相关数据作为模型输入,对图 5 模型进行评估,将父母受教育程度和与调档线分数差作为控制变量,结果显示模型的各项拟合指数较好($\chi^2=178.49, df=103, p<0.000, IFI=0.93, CFI=0.93, TLI=0.91, RESEA=0.045$)。模型的参数估计如图 5,所有的标准化路

径系数均达到显著性水平（$p<0.05$）。培养模式通过心理因素变量作用于创造性思维的中介效应值 0.03，心理因素变量在培养模式与创造性思维关系中起完全中介作用；培养模式通过心理因素变量作用于创造性人格的中介效应值 0.13，心理因素变量在培养模式与创造性人格关系中起完全中介作用。

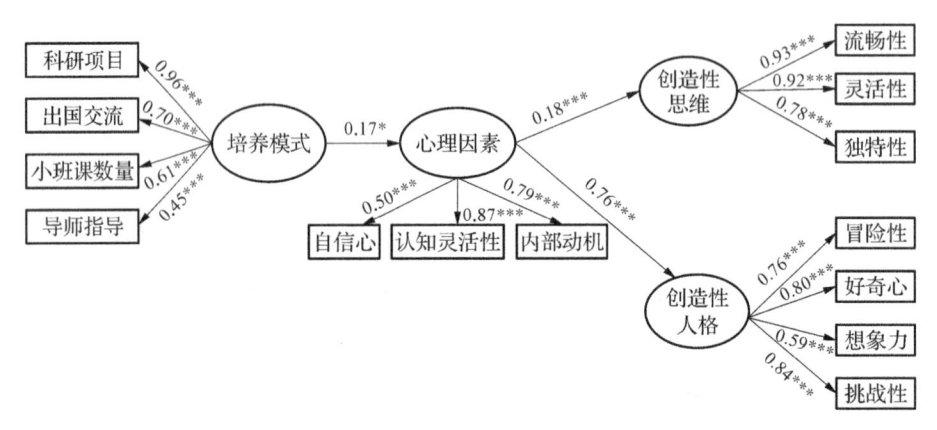

图 5　培养模式对拔尖学生创造性影响的备择模型

为检验理科和文科拔尖学生的创造性形成机制是否存在差异，我们分别探究培养模式影响理科和文科拔尖学生创造性的中介模型。结果发现，对于理科拔尖学生，得到图 6 所示模型。图中所有标准化路径系数均达到显著性水平（$p<0.05$），模型的各项拟合指数均达到了可接受的范围，表明模型拟合较好（$\chi^2=147.59$，$df=103$，$p<0.05$，$IFI=0.94$，$CFI=0.93$，$TLI=0.91$，$RESEA=0.044$）。理科拔尖学生中，培养模式通过心理因素变量作用于创造

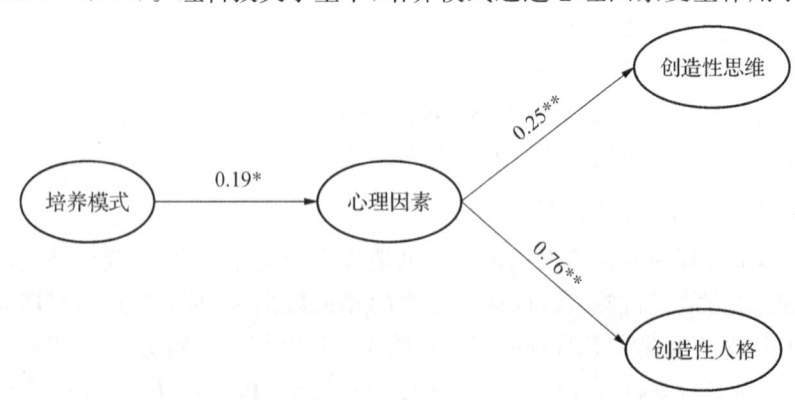

图 6　培养模式对理科拔尖学生影响的模型

性思维的中介效应值0.05,心理因素变量在培养模式与创造性思维关系中起完全中介作用。培养模式通过心理因素变量作用于创造性人格的中介效应值0.14,心理因素变量在培养模式与创造性人格关系中起完全中介作用。

对于文科拔尖学生,得到图7所示模型。图中所有标准化路径系数均达到显著性水平($p<0.05$),模型的各项拟合参数如下:$\chi^2=132.44, df=107, p<0.05, IFI=0.94, CFI=0.94, TLI=0.93, RESEA=0.042$,各项指数均达到了可接受的范围,表明模型拟合较好。结果发现,培养模式可以通过心理因素进而影响创造性人格,但是对创造性人格却具有直接的负向预测作用,即存在遮掩效应。

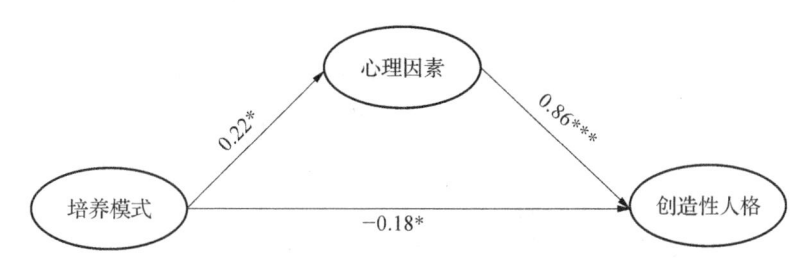

图7　培养模式对文科拔尖学生影响的模型

四、讨论

1. 拔尖学生培养模式与创造性水平的现状

拔尖学生和普通学生在四种培养模式参与情况上的差异,反映了学校投入资源的倾斜。在导师指导、出国交流、科研项目和小班教学四种培养模式上,拔尖学生的参与情况显著高于普通学生。这反映了在拔尖学生培养上,学校在教育改革和投入资源方面给予了支持,拔尖计划在教学上得到实现与落地。

结果显示,拔尖学生的创造性思维和创造性人格得分均显著高于普通学生。拔尖学生创造性水平存在年级差异,大三学生创造性思维的三个指标均显著高于大一学生。这在一定程度上说明拔尖学生创造性水平在学校学习期间得到了发展与提升。此外,值得注意的是,拔尖学生在创造性人格上年级差异并不显著。这可能是因为创造性人格具有相对的稳定性,其形成需要更长时间。[40]

在心理因素方面,拔尖学生在自信心、认知灵活性和内部动机三个方面的得分均显著高于普通学生。这既有可能是拔尖计划更好地塑造了他们的心理因素,也有可能是拔尖学生本身就是大学生群体中的佼佼者,他们在长期的学习生涯中,形成了较高的自信心、认知灵活性和内部动机。

2. 拔尖学生培养模式对其创造性水平的影响

对于拔尖学生而言,小班教学对拔尖学生的流畅性、灵活性和独创性有显著的预测作用,这凸显了小班教学对大学生创造性水平提升的重要性。首先,现代教学理论观点认为,多渠道的知识来源有利于创造性思维的形成,学生的个人经验是有巨大价值的知识来源渠道之一。小班教学中,同学之间以及与老师之间可以充分交流,充分地激发了学生的思维火花。[41-42]其次,对清华大学两院院士的调查发现,学习过程中的积极性和自觉性是创新精神和能力的关键。[43]因此,我们认为在小班教学中,通过研讨会、问题预设和主动探索等教学活动充分激发学生学习的主体性精神,可以提升学生的创新品性。

科研项目和导师指导对拔尖学生的创造性人格有显著的预测作用。拔尖学生的科研项目,一般持续周期较长,易遇到很多新问题。解决问题的过程中,拔尖学生需要进行长时间的思考和投入,并充分发挥自己的创造性解决问题,在这样一种长时间的训练中,逐渐培养自己的创造性人格[44]。导师指导中,学校为拔尖学生配备具有创新精神、学术造诣深厚的导师。导师以身作则,活跃在学科发展的前沿,用自己的学术地位和创新热情感染拔尖学生,在长期接触指导中对学生的创造性人格产生正向影响。[45-47]

调查发现,科研项目、出国交流和导师指导对创造性思维的作用不显著,小班教学和出国交流对拔尖学生创造性人格的作用不显著。本研究中,参与调查研究的大一(55.2%)和大二(16.5%)拔尖学生占总体大多数。意味着大多数参与调查的拔尖学生进入科研项目不久,且接受的导师指导较少,这可能是这些培养模式对创造性思维预测作用不够突出的原因。拔尖学生中只有26%的学生参与过出国交流,且参与国际交流的时间大多数(73.1%)在一个月之内,有限的机会与时间可能是出国交流难以在短时间内对学生创造性思维和人格的影响发挥有效作用的两个原因。拔尖学生参与小班教学的过程中,更多的是思维的碰撞[48],对创造性人格的影响有待进一步探索。

3. 心理因素有效地解释了拔尖学生培养模式对其创造性水平的影响

研究发现,学生心理因素在培养模式对创造性影响过程中起完全中介作用,这说明培养模式是通过学生心理因素影响其创造性。该结果支持了创造性构成要素理论,反映了学生自信心、认知灵活性和内部动机在拔尖学生创造性形成中的重要作用。自信心在个体的创新活动中起着基础的、关键和核心的作用[49];认知灵活性有助于个体打破常规,用新颖的方式完成常规任务;内部动机可促进个体集中精力于当前任务,促使其产生更多的新想法。[50]

我们发现拔尖学生创造性形成机制具有明显的文、理学科差异。创造性领域特殊性的观点认为不同领域个体所具有的创造性是不同的。[51]理科生学习过程中遵循逻辑规则,重视抽象思维,其创造性强调适用性;文科生的创造性较之理科生,带有更强的模糊性,重视形象思维,并更加重视新颖性。[52-53]本研究结果支持了创造性领域特殊性的观点:对于理科拔尖学生,培养模式可以通过心理因素对学生的创造性起正向作用;对于文科拔尖学生,一方面,培养模式可以通过心理因素间接对文科拔尖学生的创造性人格产生正向影响,另一方面,遮掩效应的存在反映了现行培养模式对文科拔尖学生的创造性培养并不完全都是发挥积极作用的。总体上,在理科和文科学生创造性培养过程中,心理因素同样起着重要作用。但是,需要注意的是由于文科生更加强调形象思维且更加重视新颖性,当前的培养模式对其创造性培养的有效性还有待进一步检验和考虑。

参考文献

[1] 陆一,史静寰.志趣:大学拔尖创新人才培养的基础[J].教育研究,2014(3):48-54.
[2] 贾斌.拔尖创新人才培养的探索性试验[D].上海:华东师范大学,2012:21-35.
[3] 董文杨.我国高校拔尖创新人才培养模式案例研究[D].湖北大学,2014:17-29.
[4][10] 仇婕.我国本科拔尖创新人才培养模式研究[D].西北大学,2015:21-30.
[5] 李硕豪,李文平.我国"基础学科拔尖学生培养试验计划"实施效果评价:基于对该计划首届500名毕业生去向的分析[J].高等教育研究,2014,35(7):51-61.
[6] 丁林.建立以科研为主导的拔尖创新人才培养模式[J].中国高校科技,2012(9):40-41.
[7] 邱学青,李正.加强本科生科研 培养拔尖创新人才[J].中国高等教育,2010(6):14-14.
[8] 孙鑫.本科阶段拔尖创新人才培养研究[D].江西师范大学,2012:22.
[9] 吴爱华,侯永峰,陈精锋,等.深入实施"拔尖计划" 探索拔尖创新人才培养机制[J].中国大学教学,2014(3):76-80.
[11] 徐昕.拔尖创新人才本科阶段的培养模式探索[D].华南理工大学,2011:53.
[12] 阎光才.从成长规律看拔尖创新型学术人才培养[J].中国高等教育,2011(1):

37-39.

[13] Amabile, Teresa M. The social psychology of creativity: A componential conceptualization[J]. Contemporary Sociology, 1983, 13(5):637.

[14] 蒙艺.研究生—导师关系与研究生创造力:内部动机的中介作用及督导行为的决定作用[J].复旦教育论坛,2016,14(6):20-27.

[15] 蒙艺,罗长坤.科研人力资源管理的误区:基于Amabile创造力构建要素模型的思考[J].中华医学科研管理杂志,2014,27(3):315-319.

[16] T M Amabile. Componential Theory of Creativity[J]. Journal of Creative Behavior, 2011, 7(3):165-173.

[17] 张晓明,郗春媛.大学生创新人格核心特质研究[J].高等教育研究,2002(2):80-83.

[18] Matthew M. Martin, Carolyn M. Anderson. The cognitive flexibility scale: Three validity studies [J]. Communication Reports, 1998, 11(1):1-9.

[19] 刘欢欢,范宁,沈翔鹰,等.认知灵活性对非熟练双语者语言转换的影响:一项ERPs研究[J].心理学报,2013,45(6):636-648.

[20][50] 李阳,白新文.内部动机和亲社会动机影响员工创造力的双路径模型[J].浙江大学学报(理学版),2015,42(6):660-667.

[21] 李金德.创新、学业、一般自我效能感与学业成就和创造性的潜变量关系研究[J].内蒙古师范大学学报(教育科学版),2011,24(4):53-57.

[22] 金德凤.大学生执行功能与创造性思维的关系研究[D].郑州大学,2010:41-42.

[23] 檀成华.导师自主支持对研究生创造力的影响机制研究[D].中国科学技术大学,2016:9-11.

[24] 林崇德,胡卫平.创造性人才的成长规律和培养模式[J].北京师范大学学报(社会科学版),2012(1):36-42.

[25] 林崇德,罗良.建设创新型国家与创新人才的培养[J].北京师范大学学报(社会科学版),2007(1):29-34.

[26] 林崇德.创造性人才特征与教育模式再构[J].中国教育学刊,2010(6):1-4.

[27] 段碧花,彭运石.国内近十来年创造性人格研究述评[J].北京教育学院学报(自然科学版),2007(1):17-21.

[28] 刘文,李明.儿童创造性人格的研究新进展[J].湖南师范大学教育科学学报,2010,09(3):64-67.

[29] 戴冰,徐小林.大学生一般自我效能感及其与创造性人格的关系[J].中国健康心理学杂志,2010,18(7):881-883.

[30] 林崇德.创新人才与教育创新研究[M].北京:经济科学出版社,2009:105-141.

[31] 申继亮,王鑫,师保国.青少年创造性倾向的结构与发展特征研究[J].心理发展与

教育,2005,21(4):28-33.

[32] 汪向东,王希林,马弘.心理卫生评定量表手册[M].北京:中国心理卫生杂志社出版社,1993:326-328.

[33] Shrauger J S, Schohn M. Self-confidence in college students: Conceptualization, measurement, and behavioral implications [J]. Assessment, 1995, 2(3):255-278.

[34] 林少惠,陈晓斌,朱秋莹,等.潮汕贫困大学生自我同一性与个人评价的关系[J].中国心理卫生杂志,2009,23(4):291-293.

[35] Martin M M, Rubin R B. A new measure of cognitive flexibility[J]. Psychological Reports, 2011, 76(2):623-626.

[36] Curran T, Andersen K K. Intergenerational patterns of cognitive flexibility through expressions of maternal care [J]. Personality & Individual Differences, 2017, 108: 32-34.

[37] Matthew M. Martin, Carolyn M. Anderson. The cognitive flexibility scale: Three validity studies [J]. Communication Reports, 1998, 11(1):1-9.

[38] Cacioppo J T, Petty R E, Kao C F. The efficient assessment of need for cognition [J]. J Pers Assess, 1984, 48(3):306-307.

[39] 薛贵,董奇,周龙飞,等.内部动机、外部动机与创造力的关系研究[J].心理发展与教育,2001,17(1):6-11.

[40] Stephanie Z. Dudek, Wallace B. Hall. Personality consistency: Eminent architects 25 years later [J]. Creativity Research Journal, 1991, 4(3):213-231.

[41][48] 李峻,陈鹤鸣,方萍,等.基于小班化探究式教学的拔尖创新人才培养模式[J].中国大学教学,2016(7):32-36.

[42] 李宏敏.我国高校实施小班化教学的问题及解决策略[J].大学教育科学,2009(2):32-36.

[43] 林秀华,汪健,杨存荣,等.创新能力培养:对清华大学两院院士的调查[J].清华大学教育研究,2002,23(5):41-44.

[44] 张琼,钱德春.高校研究生创造性人格的培养与塑造[J].电子科技大学学报(社会科学版),2005,7(4):101-103.

[45] 王茜.导师指导风格对研究生创造力的影响研究[D].中国科学技术大学,2013:73-76.

[46] 李凌方.高校本科生导师制实施现状研究[D].湖北大学,2013:4-7.

[47] 朱锦秀.提升高校研究生创新能力的对策探析[J].教育与职业,2010(11):182-184.

[49] 张晓明,郗春媛.大学生创新人格核心特质研究[J].高等教育研究,2002(2):80-83.

[51] Ivcevic Z. Artistic and Everyday Creativity: An Act - Frequency Approach [J]. Journal of Creative Behavior, 2011, 41(4):271-290.

[52] 高秋香.从"文理分科"看"文理渗透"的内涵及实施[J].武汉大学学报(哲学社会科学版),2001,54(6):764-769.

[53] 胡选萍.学生文、理科思维影响因素探析[J].出国与就业(就业版),2011(16):214-214.

[54] 叶雨婷."拔尖计划"升级2.0版高校如何培养"大师"[N].中国青年报,2018-04-09日(9版).

[55] 黎莉.政策解读:《"新时代高教40条"和"六卓越一拔尖"计划2.0》[J].南方医学教育,2018(4).

基于计算机技术的理论化学实践课的设计与实践

吉林大学　郭玉鹏

作者简介

郭玉鹏，教授，吉林大学化学学院副院长，教育部高等学校大学化学课程教学指导委员会委员（2018—2022），全国"基础学科拔尖学生培养计划"化学方向工作联系人。获"基础学科拔尖学生培养计划"优秀导师奖，是全国宝钢教育优秀教师、吉林省高等学校教学名师。主持省部级教研项目4项。主编出版《化学综合实验》《物理化学》等教材。

成果摘要

本研究项目针对唐敖庆班的学生，在其已经完成物理化学和物质结构知识的学习以后，对其开设物理化学理论应用实践课。课程的开设，旨在加深学生对物质结构知识的理解，帮助学生拓宽化学研究的视野，使学生了解从物质微观结构的角度来研究物质性能的方法，提高学生日后从事科研活动的本领，为拔尖人才培养补齐之前的短板。

根据实际情况的改变和实践获得的及时总结，课题组将原来计划中功能相对单一、系统简单的一套跨平台在线交互式模型引擎和在线提交演示评分系统，调整为可为综合实践课程服务且拥有自主知识产权的系列软件群。在2020年抗击新型冠状病毒肺炎疫情的在线授课中，得到了广泛的使用。一经推出，就得到了相关专家学者的关注和肯定。

研究课题名称

基于计算机技术的理论化学实践课的设计与实践

研究课题成果介绍

一、项目预期研究计划的执行情况

培养拔尖创新人才是当下中国社会的热门课题。著名的"钱学森之问"——为什么我们的学校总是培养不出杰出人才——推动了社会各界对拔尖人才培养的广泛关注,有关拔尖创新人才的评价及其培养模式的研究和讨论如雨后春笋般涌现。为培养高水平的创新人才,近年来教育部在国家层面上组织实施了一系列的计划。基础学科拔尖学生培养试验计划是《国家中长期人才发展规划纲要(2010—2020 年)》和《国家中长期教育改革和发展规划纲要(2010—2020 年)》两大纲要文件中的重要计划,是关系我国未来教育发展的战略性举措。该计划的目标是探索行之有效的培养拔尖创新人才的机制、体系和规律,在一大批高素质人才的基础上培养一批拔尖创新人才,使之成长为未来各学科领域的领军人才,所面临的主要任务是人才培养模式改革和体制机制改革。

在众多人才培养模式的尝试中,科研训练是提高大学生科研能力、创新意识、创新能力及综合素质的重要途径之一,也是本科创新人才培养的重要组成部分,国内外高校都十分重视这项工作。麻省理工学院有 17 个系开设了本科生研究课程,涉及理、工、医、商、法等专业,主要进行科研能力的训练。包含实验方案制定、研究计划撰写、实验数据分析和实验结果讨论等整个研究流程,课程结束后需要交 10 页以上的报告以获得学分。美国加利福尼亚大学伯克利分校对低年级学生开设了 1 学分 Supervised Group Study,Directed Group Study 等,要求以小组合作方式进行。美国斯坦福大学开设较多科学探索的课程,如科学问题解决、科学中探索研究和解决问题、科学实事等,麻省理工学院有本科生研究课程,布朗大学有本科生科研必修课,华盛顿大学也开设了本科生研究课程等。日本顶尖的几所大学,如东京大学、京都大学、名古屋大学化学本科专业高年级学生大部分参加教授研究团队,接受学术熏陶。国内高校也十分重视本科生科研能力培养。多数 985 高校都开设了化学前沿研究方面的课程和进行本科生的科研训练,给学生提供参与教师科研课题组课题项目研究的机会,培养学生的创新意识和创新能力。

众所周知,结构化学和物理化学(国外通常统称为物理化学)是化学学科的重要分支,以丰富的化学现象和体系为对象,大量采纳物理学的理论成就与实验技术,探索、归纳和研究化学的基本规律和理论,构成化学科学的理论基础。一般公认的物理化学的研究内容大致可以概括为三个方面:① 化学体系的宏观平衡性质,即热力学;② 化学体系的微观结构和性质;③ 化学体系的动态性质,即动力学。物理化学的水平在相当大程度上反映了化学发展的深度。物理化学的学科特点,决定了物理化学的学习必然成为学生学习化学的难点和重点。为了加深学生对枯燥的理论知识的理解,国内各高校均会同步开设物理化学实验课程。但概观各校物理化学实验课程的教学内容,涵盖了热力学和动力学的知识体系,教师设计的十几个相关实验,使得课堂讲授的热力学和动力学的理论知识得到实验上的印证,从而实现实践教学与理论教学的结合。

对于物理化学学科的另一重要构成部分——物质结构的知识内容,相比于物理化学学科的其他知识内容,在其配套的实验课的安排上,却处于一种被弱化的状态,目前的实验课程设置仅仅局限于对物质晶体结构模型的观摩。而这种被弱化或近于被忽视的状态,在国内其他同等水平的院校也普遍存在。这种情况的出现既有主观的原因又有客观的因素。众所周知,物质结构知识内容都是以抽象的公式和符号的形式来体现的,与感官可触及的多姿多彩的化学实验世界相去甚远,难以以手动实验的形式体现,这是一个客观的因素;另一方面,物质结构知识素来被归属为理论化学的范畴,一直以来存在这样一种观念,对这部分知识的认知"纸上谈兵"即可,在以手工操作为前提的化学实验教学活动中被忽视是理所当然的,可以理解和接受的,这是一个主观的因素。

从客观条件而言,科技的发达程度已经能够允许人们对物质的微观结构、微观行为进行可视化的研究。目前涌现了很多关于物质结构研究的计算机软件,并且都是以可视化的形式来展示物质的微观结构,人们可以从透视的角度来观看、研究物质的微观世界,而不再像以往只能凭借教科书提供的公式进行想象。时至今日,科技的发展已经扫平了将物质结构这一知识体系推向本科生基础实验室的客观障碍,在本科生教学活动中开设物理化学的理论应用实验课程更会让化学学科的本科生感受到化学世界的精彩。

从主观需求而言,在本科生中开设物理化学的理论应用实验课程也是时代发展的需要。对拔尖人才的科教结合培养模式要求我们在日常的教学活动中不断地更新我们的教学思路、内容和方法，旨在拓展学生的知识领域，培养学生的创新能力，为学生日后参与到科研活动中奠定基础。如果开设理论化学软件应用的实验课程，将会充实并拓宽现有的课程体系。

本研究项目针对唐敖庆班的学生，在其已经完成物理化学和物质结构知识的学习以后，对其开设物理化学理论应用实践课。课程的开设，旨在加深学生对物质结构知识的理解，帮助学生拓宽化学研究的视野，使学生了解从物质微观结构的角度来研究物质性能的方法，提高学生日后从事科研活动的本领，为拔尖人才培养补齐之前的短板。

本研究项目以精品课程建设、"拔尖人才"唐敖庆班的实验课程体系改革为契机，在"基础学科拔尖学生培养计划"、"双一流"重点学科的支持下，在学校、学院和参与项目的老师及同学们的共同努力下，项目组虽然在完成的过程中经历了一些曲折，也因为项目组成员出国深造，部分工作受到了影响。但经过几年的实践和摸索，项目组在相关领域还是取得了不错的进展和一定成绩：

在量子化学应用实验部分，设计两个具体计算应用实验，分别以甲烷分子和甲酸分子体系为实验对象，引导学生运用化学键和分子结构的知识完成几部分内容：① 由原子出发构建化合物的三维结构；② 对分子体系进行初步的量子化学计算；③ 在取得计算结果之后，引导学生利用在线平台的 3D 互动可视化模型功能，对分子的微观结构进行解剖，让学生真实地看到原子轨道、分子轨道的模样，切实体会到原子键合成分子的事实；④ 要求学生总结这两个分子体系的性质特点、异同点。

这部分内容，整体运行非常顺畅，也取得了预期成果。参与学习的同学反馈，当教科书上对原子、分子结构的抽象、枯燥的数学描述在自己的操作下以生动的、可操控的三维图像的形式展现在面前，会更真切地体会到电子在化学世界里的统帅地位，微观电子结构对分子宏观性质的决定性作用大大地激发了学生的学习热情，显著地激发了学生对物质微观世界进行研究的兴趣。

在晶体结构模型构造应用实验部分，项目原预计从简到难设计四个具体的构筑应用实验，分别以 NaCl 晶体、闪锌矿晶体、α—石英晶体、硼砂晶体为实验对象。在课程内容设计上，包括这样几部分内容：① 引导学生运用对称性和离子配位的知识，由离子出发，先在理论上构建晶体的三维结构；② 对晶体体系由对称性和配位性条件进行软件重构；③ 在取得构筑结果之后，引导学生利用在线平台的 3D 互动可视化模型功能，对晶体的微观对称性进行解剖，让学生真实地看到晶体无限重复的点阵和晶胞的模样,切实体会到晶体的本质;④ 要求学生总结这几个晶体体系的性质特点、异同点。

但在实际操作中,美国 Accelrys 公司对 Materials Studio 软件版权的严苛限制,以及正版部署点限制的苛刻要求和定价策略,让我们切实认识到自主知识产权的重要性和在某些科技环节技术壁垒和"卡脖子"技术的切肤之痛。

在各方购买努力尝试均告失败之后,项目组针对此部分内容改变了原计划中的部分课程内容。把原来教授学生用相关软件"从无到有"的构建晶体三维结构,并利用对称性和配位性条件将晶体模型结构进行重构的课堂任务,调整更换为教师首先布置课前作业,让同学们通过 Crystallography Open Database(COD)、American Mineralogist Crystal Structure Database(AMCSD)、Material Properties Open Database(MPOD)等专业数据库的检索,找到课上所需化合物特定晶型的晶体数据 CIF 文件。教师在课上,指导学生针对 CIF 文件数据,及所需对称性和配位性条件完成模型的电子化重构。取得构筑结果之后,引导学生利用在线平台的 3D 互动可视化模型功能,对晶体的微观对称性进行解剖,让学生真实地看到晶体无限重复的点阵和晶胞的模样,切实体会到晶体的本质,再要求学生总结这几个晶体体系的性质特点、异同点。

如此修改之后,这部分课程体系将完全不再依赖其他软件系统,可完全依托于自主开发的在线平台系统,做到了核心技术的完全自主化和可再开发。

基于晶体结构模型构造应用实验部分所需要的软件功能,及现实知识产权情况。项目组将原来计划中功能相对单一、系统简单的一套跨平台在线交互式模型引擎和在线提交演示评分系统,调整为可为综合实践课程服务且拥有自主知识产权的系列软件群。截至 2020 年底,已完成系列软件的前五个,其中四项已获得国家版权局颁发的计算机软件著作权登记证书。在相关领域,已具备了一定规模的自主知识产权保护体系。

由于拥有了自主知识产权的软件群作为支撑,课题组已经展开了将部分项目研究内容向一般本科教学班推广的尝试,并且在 2020 年抗击新型冠状病毒肺炎疫情的在线授课中,得到了广泛的使用。一经推出,就得到了相关专家学者的关注和肯定。

以上成果,虽然和项目申请的初衷略有偏差,但是项目组认为,相关知识产权保护体系的确立,是对相关领域更具有实际意义和实用价值的。

二、成果研究内容及方法的创新程度、突出特色和主要建树

在项目研究过程中,让学生通过独立完成对多原子分子的量化模拟计算,实现对理论化学知识的应用实践;通过有限条件下对晶体的模拟构造,完成对晶体化学理论的应用实践。并且,学生可将自己的作业随时随地上传至服务器端,服务器会实时地将学生的成果以互动矢量图的形式展示给学生预览,并提示教师对其作业做出评价。这种新的多平台互动教学模式,在国内物理化学教学中首次被采用。

国内各层次高等院校在物理化学物质结构课程知识内容配套的实验课的安排上,相比于物理化学学科的其他知识内容,长期处于一种被弱化的状态,即使比较重视该课程体系的院校开设的理论化学实验课程,也仅仅局限于对物质晶体结构模型的观摩。

本项目就是针对国内化学学科本科教学这一短板,率先提出面向拔尖人才,在本科阶段,引导性地开设理论化学计算课程和晶体模型重构实践。在取得确定的结论后,形成切实可行的方案,向整个化学学院的本科教学推广,并可作为交叉课程供其他学科的拔尖人才学习或是研究生学习。

图 1 项目已经取得的软件著作权证书展示

本项目成果最普遍最突出的特色就是,所涉及的主体核心部分软件群,是项目组自己根据课题研究的功能需要独立设计、自主开发拥有自主知识产权

的一系列软件。通过教学实践认证,该系列软件具有可操作性强,易于部署和便于扩展等明显优势。

目前该系列软件的核心部分已经基本开发完成,功能初具规模且可供相关教学环节使用。在吉林大学、化学学院的政策扶持下,前期完成的部分已经获得了国家版权局颁发的计算机软件著作权登记证书,标志着独立知识产权的确立和认可。

三、资料收集和数据采集情况

本项目设计之初,就针对国内化学学科本科教学率先提出面向拔尖人才,在本科阶段引导性地开设理论化学计算课程和晶体模型重构实践。这是在大量资料收集和同行研讨的基础上做出的判断。

随着项目的进展和深入,项目组已经将项目研究对象从原来的拔尖人才培养化学"唐敖庆班",扩展到了化学学院一般本科教育的部分班级。研究对象更广泛,更具有普遍性。

四、成果的学术价值和应用价值,以及社会影响和效益

国内各层次高等院校,在物理化学物质结构课程知识内容配套的实验课的安排上,相比于物理化学学科的其他知识内容,长期处于一种被弱化的状态,即使比较重视该课程体系的院校开设的理论化学实验课程,也仅仅局限于对物质晶体结构模型的观摩。

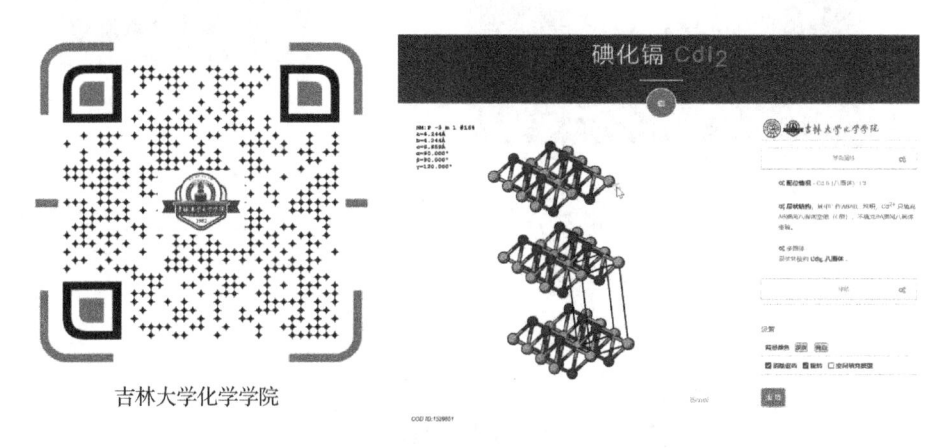

图 2 本项目成果最新的界面和登录二维码

本项目就是针对国内化学学科本科教学这一短板,率先提出面向拔尖人才,在本科阶段引导性地开设理论化学计算课程和晶体模型重构实践。在取得确定的结论后,形成切实可行的方案,向整个化学学院的本科教学推广,并可作为交叉课程供其他学科的拔尖人才学习或是研究生学习。

本项目运行过程中,针对项目需求所建立的跨平台在线交互式模型引擎,目前使用效果良好,不仅可以满足在线平台一般功能的使用,稍加扩展,可完整地建立结构化学数字晶体模型资源库。利用底层交互引擎的图形处理能力,结合模型实践教学的实际应用需求,对重点模型涉及的知识点等教学内容,进行全面的补充:实时交互动画展示和实时语音讲解。该部分扩展内容,2021 年 4 月已经完成交付使用。

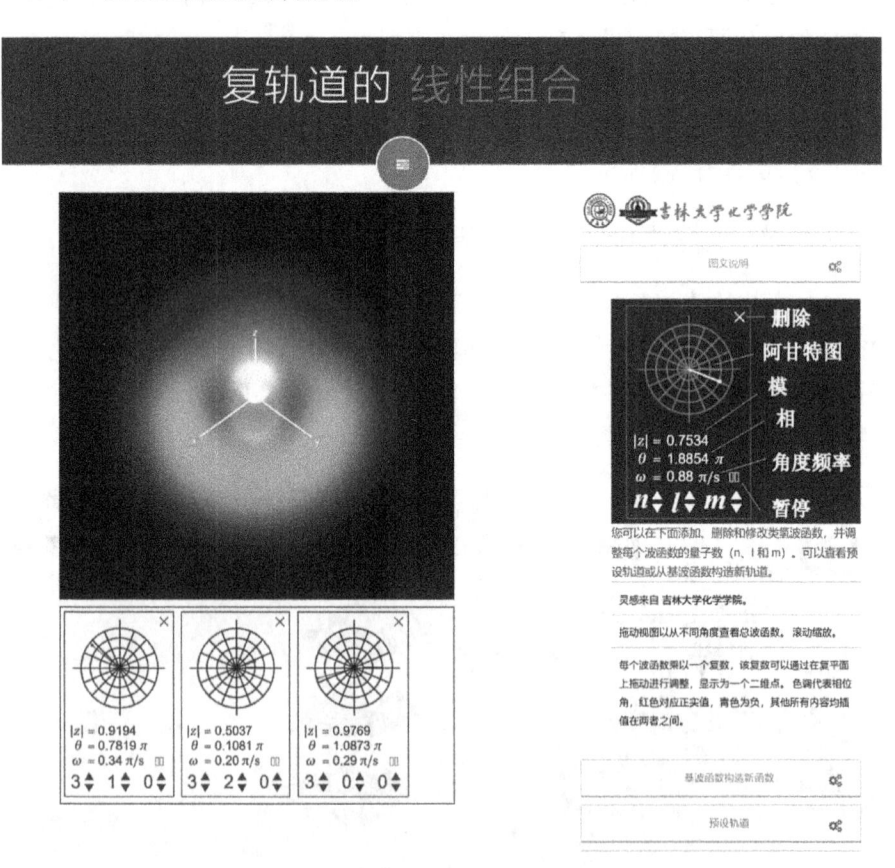

图 3　新版本最新的功能展示

2020年开始的疫情,严重冲击了传统的线下教学秩序,同时,对全体教育工作者提出了两个必须面对的考验:① 创新或掌握线上教学方法;② 建设或利用线上教学资源。抗疫期间,学院结构化学教学团队将平台系统直接用于线上教学,并根据系统特点,发展了一套切实可行的线上教学模式。同学们接受程度高,教学效果受到了广大专家同行的好评。2020年秋季,吉林大学化学学院同科学出版社签署了合作协议,共同创建新型的网络模型资源库。2021年秋季,该资源库第一期正式推出,面向全国高校晶体学相关学科开展服务。

吉林大学以学生为中心的拔尖创新人才培养体系的探索与实践

吉林大学　王国强　王　瑞　迟　晶

作者简介

王国强，教授，吉林大学原教务处处长（2019.9—2022.5），中国重型机械工业协会监事长。主持省部级教研项目 2 项，在《高等工程教育研究》杂志发表《成果导向教育理念的新工科通识教育体系构建研究》等教改论文。完成国家自然科学基金课题、国家 863 课题和省部级基金课题 18 项，获得省部级奖励 6 项，发表学术论文 200 余篇，SCI/EI 收录 106 篇，授权发明专利 26 项，主编《现代设计技术》《机械优化设计》《重型机械》等教材 8 部。

研究课题成果介绍

一、项目实施背景和基本思路

（一）项目实施背景

2009 年教育部启动实施"基础学科拔尖学生培养试验计划"（简称"拔尖计划 1.0"），吉林大学作为首批试点高校列入拔尖计划并于 2010 年进入国家教育体制改革试点项目。学校按照"加强基础、学科交叉、因材施教、特殊培养"的培养方针，成立了以著名化学家、吉林大学前校长唐敖庆教授命名的"唐敖庆班"。计划实施以来，吉林大学积极发挥学科优势，通过培养模式创新、培养过程和环节创新、体制机制创新，逐步形成了具有吉林大学特色的拔尖学生培养体系。

(二) 项目实施的基本思路

从人才培养客观规律和师生需求出发,以促进学生"自由全面的成长"为核心,按照"加强基础、学科交叉、因材施教、特殊培养"的原则,在学生动态进出、培养模式改革、课程体系构建、打造育人平台和学术氛围营造等方面深入探索学校、学院、教师以及学生各自所具备的优势与发挥的不同功能以及相互之间的协同作用,特别是在建立开放培养体系、强化因材施教模式、国际化培养途径以及监督与保障体系等方面重点改革,积极探索拔尖创新人才"校—院—师—生"一体化管理与运行机制,促进拔尖创新人才培养的质量不断提升。

在成果实施过程中,学校打破条条框框的束缚,全面推进试验班管理体制和培养机制改革。以专家咨询+师生反馈的方式,完善制度体系建设,陆续出台了《吉林大学关于实施基础学科拔尖学生培养计划的指导意见》《吉林大学拔尖学生质量提升计划》等一系列制度文件。同时,也适当减少各类制度的"刚性"约束,以协作和激励为主要手段,增加"柔性"的管理和培养方式。学校给予拔尖计划项目充分的自主权,各类政策也得到了支持和保障。不断地改革、完善,使得唐敖庆班的声誉稳步上升,同时吸引了更多优秀学子参与基础学科的学习与科研。

项目实施以来累计培养865名拔尖计划学生,其中已经顺利毕业489名,在校生376名(数据截至2021年6月)。毕业生中有96%选择继续深造,除保送吉大、北大、清华、中科院系统外,得到世界著名研究型大学以全奖录取的学生超过100人,其中包括剑桥大学、耶鲁大学等。2017年在教育部委托的"拔尖计划"毕业生内部调研中我校名列全国第五。随着项目的深入实施,教师和行政管理人员不断积累教学和管理经验,已经在《中国大学教学》《高等理科教育》等学术期刊上发表教学研究学术论文35篇;2019年4月在高等教育出版社公开出版54万字专著《植根基础,勇攀珠峰——吉林大学"基础学科拔尖学生培养计划"(2009—2018)》。

二、在探索中实践,在实践中探索

(一) 着力探索最适合的培养模式和培养机制

教改试验区成立之初,化学和生物一个班级,数学和物理一个班级,由学校教务处统筹管理,这种交叉培养模式的弊端是容易导致学生的归属感不强,管理上的重复或者是疏漏，不利于班级凝聚力和集体荣誉感的加强；拔尖创新人才的培养除了要发挥培养单位的主体作用外，还需要统筹校内多个相关职能部门和各学院之间的交叉协作关系。基于对以上弊端的思考，2013年后我校在管理模式上采取了以下措施：

1. 完善试验区管理体制，明确试验区组织机构及工作职责

学校成立了以校长为组长、主管教学副校长为副组长，教务处、研究生院、财务处、科技处等职能部门为成员的试验区领导小组，成立以院士、长江学者、国家级教学名师为团队的专家小组加强对试验区内各项目的分类指导、监督。组建了以"拔尖人才培养办公室"为标志的试验区项目工作机构，唐敖庆班所属各学院设置专人负责试验区改革政策落实，从校院两级保障试点项目运行。

2. 全面推进试验区办学体制和培养机制改革

在体制改革上，强化制度制定和修订过程，以专家咨询＋师生反馈的方式为基础，完善制度体系建设，陆续出台《吉林大学关于实施基础学科拔尖学生培养计划的指导意见》《吉林大学拔尖学生学籍管理规定》《吉林大学优秀学生转入拔尖计划试验班学习实施办法》等一系列制度文件。在机制改革上，适当减少各类制度的"刚性"约束，以协作和激励为主要手段，增加"柔性"的管理和培养方式，吸引广大师生员工关注改革，主动为拔尖人才培养改革出谋划策。

3. 配备高层次师资队伍

学校为试验班学生集中配备基础学科的一流师资，成立了由院士、"长江学者""杰出青年科学基金获得者"、国家级"教学名师"及部分教授等高水平教师组成的教学团队。学校还积极聘请国外著名专家为试验班学生授课或开设讲座、报告会等活动，如2016年诺贝尔化学奖获得者司徒塔特教授、1988年诺贝尔化学奖得主哈特穆特·米歇尔教授、菲尔兹奖得主清华大学丘成桐教授等。据统计，十年来共有来自国内外553位专家和学者为唐敖庆班开设了课程、讲座和学术报告。

（二）着力激发学生潜在的创新意识和批判精神

2013年在教育部组织的"拔尖计划"自评工作中，专家给予吉林大学的意见之一是"应努力提升学生创新意识和批判精神"。学生培养初期，我校还没有凝练出以融合"学生个性化成长和全面发展"为核心的育人思想，学生自由全面发展亟须完善。

此后,我校提出了以培养批判性思维为核心的学生指导体系。以培养学生的学术品位和批判性精神为核心,学校充分发挥校—院—师—生协作优势,一方面聘请诺贝尔奖、菲尔兹奖、图灵奖获得者来校开展专题报告和讲座,另一方面主动联系麻省理工学院、牛津大学等国际顶尖院校的专家学者,与学生开展经常性的交流。此外,学校通过开设前沿讨论课、"解密诺奖"学术报告会等,向学生介绍重大科学前沿进展,以此激发学生学术志趣,养成高水准的学术品位。目前,各学院组织的学生自主讨论班和跨学科学生交流会已延续了7年,共计开设200余场次。

(三)着力加强顶层设计,培养模式由单一性向多元化发展

在项目设立之初,因为拔尖创新学生不同于其他学生的特殊性,学生所在学院与校教务处的关系没有理顺,这种特殊化培养方式让学生归属感较弱,常常陷于重要性充分但管理上薄弱的境地;此外基础学科拔尖学生往往忽视人文学科等方面的素质教育课程的学习,这不利于未来在科学道路上向更高层次发展。我校作为全国一所学科门类齐全的综合性大学,还应提升学生对基础学科通识知识的学习能力。

基于以上薄弱的方面,学校按照国家素质教育的总体规划,借助我校综合性大学、学科门类齐全的优势,将唐敖庆班作为素质教育改革的试点,开展了以促进学生全面发展为核心,以特色课程、小课程和各类实践活动为载体的素质教育平台设计。陆续推出"思政专题报告""积极心理品质""军事理论实践(定向越野)""故乡社会调查""科学哲学""音乐欣赏与实践""运动与健康""生命科学简史""批判性思维与写作"等系列人文素质教育课程和户外实践环节,从德智体美劳等多个角度,塑造学生的核心价值观。

(四)着力营造让学生自由成长的氛围,完善配套政策支持

国家战略型储备人才的培养需要方方面面的支撑,除发挥学院主体培养作用外,也应在校级管理层面集中全校优势资源和政策向试验区教师和学生倾斜,达到多方聚力、协同育人的效果,不断激励师生,不断培植和营造拔尖创新人才冒出来的土壤和环境。

1. 教学条件保障

为提升学生自主学习能力,鼓励学生充分利用各类学习资源,学校教务处配合各相关学院开展跨年级、跨学科的课程选修制度。在不断发展和改革进程中,对此机制不断进行完善,充分给予了学生跨学院、跨专业的选课自主权。

此外，学校还在唐敖庆班试点开展了"跨学科教师"开课计划，鼓励跨界的教师开设跨界的选修课程，涌现出地球科学学院贾继伟"数据科学"、生命科学学院田圃"计算思维"、数学学院张凯"科学建模"等一批优秀教师和优秀课程。

2. 政策保障

建立特殊的试验区政策保障机制。学校给予试验区充分的办学自主权。以教务处作为牵头单位，人社处、科技处、学工系统、国际处、财务处等多部门共同协作，保障试验区体制机制改革的创新性、协同性和独立性，确保"试验区"与学校相关部门、相关学院各项工作的协调和衔接。

3. 经费保障

2010年以来，学校严格按照经费预算管理相关制度，统一调拨使用"拔尖计划"专项经费。并分别于2013年和2015年对《拔尖计划专项经费管理办法》进行了两次修订，国拨"拔尖计划"经费划入中央教育教学改革专项经费后，学校以保持原"拔尖计划"经费额度不变的前提下，积极筹措多种来源经费对涉及计划实施的各项工作予以支持，有力保障了计划的顺利实施。

（五）着力于积极主动发挥项目的引领和示范作用

基础学科拔尖学生的培养在经过建设初期的论证期、试水期、成长壮大期到成功实践十年后跃升2.0期，十年发展中的经验和历程具有重要推广意义，在专注发展自身的同时理应进行辐射和推广，进而整体提升全校本科学生培养质量。

以"拔尖创新人才"育人理念为出发点，扩大成果应用范围。2013年，学校启动"深化人才培养模式改革"项目，提出强化"三种环境"下的"五种类型"创新人才培养策略。通过集中学校"学科综合环境、创新环境、开放环境"下的资源优势，秉持多元化育人理念，着力加强学术型、应用型、国际型等各类拔尖创新人才培养。唐敖庆试验班作为改革试点项目中的最重要一环，通过总结成功经验，不断辐射到拔尖创新人才培养体系中的各个方面，起到重要的引领和示范作用。

借鉴唐敖庆试验班在人才培养方面的成功经验，学校开展更大范围的各类教学改革，推出"开放性实验项目""优秀本科生海外研修项目""青年导师制""创新人才推免研究生制度""本硕博贯通培养机制"，设立"本科生荣誉课程"等一系列改革措施，同时不断加大人才培养方面的投入，不断强化本科教学及相关工作的重心地位和作用。

三、项目实施的应用推广效果

(一) 项目实施的效果

截至 2020 年 7 月,唐敖庆班学生共发表 SCI 刊物论文 95 篇(前三作),含 34 篇一作,34 篇二作,27 篇三作。唐敖庆班成立以来,90% 以上的同学参与大学生创新创业训练项目,全部列入国家级培育项目。我校 2009—2018 级唐敖庆班学生累计 591 人分批派往牛津大学、佐治亚理工学院、罗格斯大学、加州大学洛杉矶分校、纽约州立大学石溪分校、英国曼彻斯特大学等名校进行长短期海外大学研修或毕业设计等;学生从唐敖庆班毕业 5 年后感慨道:"我最感念我的大学的一点就是她善待了很多出身窘迫但非常努力的人,也没有让我成为一个自命不凡的人。"

2020 年 5 月,在教育部"拔尖计划"实施十周年的荣誉奖项评比中我校获得了典型案例奖、突出贡献奖、五个方向优秀指导教师奖和优秀管理奖;2020 年 8 月,在全国英才计划中期研讨会上,我校获得 2019 年"英才计划"优秀组织实施单位和优秀组织实施工作者两项荣誉。我校也从立项之初的 2 个拔尖计划基地到现在的 9 个基地,位列全国第九。

(二) 项目实施过程中的推广和辐射

1. 以点带面,坚持多元化育人理念,促进各类创新人才成长

"拔尖计划"作为人才培养改革的先锋,始终坚持以点带面,坚持多元化的育人理念,促进各类创新人才共同成长。以学生学术活动为例,近几年唐敖庆班学生自发组织的 TAQ Weekly Talks 活动旨在促进唐敖庆班学生之间的学术交流与分享,每期邀请一名唐敖庆班高年级本科生或研究生为主讲人,以期使低年级同学更早了解前沿方向,重新认识自我,规划好四年的学业与生活,迄今为止已经举办 88 期,由初始的只面向唐敖庆班学生到现在在面向所有感兴趣的同学;"物理讨论班"是唐敖庆班学生面向对物理知识感兴趣的同学自发组织的,通过每一期对专门问题的讨论和思维的碰撞,加深同学们对物理知识的理解和认识,主讲的学生以唐敖庆班学生为主体但不局限于唐敖庆班学生。

2. "走出去"和"引进来",积极拓展国际交流工作新路径

以短期境外研修为例,近年来学校以唐敖庆班为先行试点,加速开辟本科生海外研修基地,并为学校本科教学国际化的全面推进起到重要的引领和辐

射作用。在短期(3个月以内)境外研修方面,教务处与国际处、各相关学院密切配合,以唐敖庆班为先遣,新开辟加州大学洛杉矶分校 CSST 项目(全学科)、加拿大英属哥伦比亚大学暑期项目(全学科)、香港科技大学寒暑期研修项目(数学)等各类科研实训类项目。近几年更是新增曼彻斯特大学暑期研修项目(生命科学)、日本名古屋大学暑期研修项目(化学和物理),其间名古屋大学开放理学部和工学部最强的 13 个研究室接待我校来访学生。2015 年开始教务处加大力度,面向全校本科生开放"短期境外研修资助项目",设立近百万元的项目资助池,更多来自非唐敖庆班的优秀本科学生获得学校资助赴外研修。

随着唐敖庆班教学改革试点的先行和辐射带动,更多本科学生亲身体验了人才培养"走出去"的国际化进程,打开了视野,增强了本领。与此同时,学校积极贯彻"引进来"策略,"国际课程周""引进海外优质课""吉大国际暑期学校""国际合作混合式课程"等跨国界、跨平台的创新育人方式也不断出现,惠及全校本科生的举措越来越多,逐步形成百花齐放的良好局面,在助推人才培养质量全面提升方面起到重要作用。

3. 成果开展了广泛交流和推广,起到引领和示范作用

在全国拔尖计划工作会议上,我校教务处和相关学院 10 余次代表学校汇报拔尖人才培养工作理念并做典型经验介绍,上海交通大学致远学院、东北师范大学等高校专程来我校就"积极心理品质"课程和拔尖基地 2.0 的申报和建设进行工作调研和交流。荷兰格罗宁根大学、英国女王大学、布里斯托大学、美国西北大学、佐治亚理工学院和肯塔基大学、新加坡国立大学、加拿大阿尔伯塔大学、日本名古屋大学等知名高校均与以唐敖庆班学生为主的学生群体进行专门交流。我校分别于 2016 年承办生物学拔尖计划研讨会和国际优秀大学生数学夏令营,2018 年承办化学学科工作研讨会,2019 年承办物理学科研讨会。近些年,中国新闻网、光明日报等主流媒体均对我校试验班学生培养工作做过宣传和报道,推广成功经验。

拔尖学生科研创新能力培养

——基于多样性与开放性的实证探索

西安交通大学　杨　森

作者简介

杨森，西安交通大学钱学森学院常务副院长、教授、博士生导师。多年来致力于基础学科人才培养与管理工作，具有丰富的工作和研究经验，对国内外基础学科人才培养历程和现状了解全面。主持国家、省部级教改项目5项；发表教学改革研究论文10篇；出版《少年班》《聚力腾飞育英才》《脚踏实地　仰望星空》等专著4部。

成果摘要

21世纪是知识经济时代，在新的经济形态中创新人才成为提高社会生产力、促进社会经济发展的重要支撑。但目前我国面临着人才创新能力弱、创新人才稀缺的严峻局面，培养人才的创新能力和提升人才的创新素质成为我国高等教育的主要目标。在此背景下，本课题基于文献回顾和理论基础，从外部环境、个体经历和个体特质梳理出影响拔尖学生科研创新能力的关键因素，重点关注基础学科拔尖计划实施过程中，大学生认知发展过程的"多样性"以及拔尖学生对多元文化与实践的"包容与开放态度"，分析多样性与开放性对个体科研创新能力培养的影响。

研究课题名称

拔尖学生科研创新能力培养——基于多样性与开放性的实证探索

研究课题成果介绍

一、研究背景

拔尖创新人才培养是建设创新型国家，提升国家综合实力的重要基础。2009年教育部联合中组部、财政部启动"基础学科拔尖学生培养试验计划"，该计划旨在吸引优秀学生投身基础科学研究，努力使受计划支持的学生成长为相关基础学科领域的领军人才，着力培养科学研究型高层次创造性人才、应用研究型的高技术创新人才和某一专业领域有特长的高级专门人才。高层次创造性人才的核心能力主要体现为科研创新能力，目前研究者普遍认为：教育过程就是通过更好的组织教学，促进学生知识的有效迁移，实现"创造"的认知发展历程，有学者更简洁地将其概括为"多样性驱动创新"。而在知识经济时代，这一过程仅仅依赖一个学科、团队或组织的内部资源已经很难实现，因此与多样性驱动创新相伴的是"开放性"，两者相互依存，共同促进个体更好地参与科技创新，并促进组织更好地构建起高效的创新体系。

在此背景下，本课题重点关注基础学科拔尖计划实施过程中，大学生认知发展过程的"多样性"以及拔尖学生对多元文化与实践的"包容与开放态度"，分析多样性与开放性对个体科研创新能力培养的影响。梳理分析基础学科拔尖计划实施以来，学校教育设计、课程安排对学生的影响，对比拔尖计划学生与普通在校大学生在多样性与开放性上的差异，为更科学地设计拔尖学生培养计划、更有效地实施教学管理提供政策依据。研究不仅对拔尖计划学生科学规划个人发展、提高个体科研创新能力有参考价值，还对完善基础学科拔尖计划组织实施、推广基础学科拔尖计划人才培养经验、深化高等教育教学改革、推动中国高层次创新人才培养具有积极影响。

二、研究内容

本项目通过"文献回顾、实地调研、数据分析和提出政策建议"四个步骤开展研究工作。首先，在对相关理论和已有研究进行梳理的基础上，结合我国创新人才发展现状与访谈情况提出研究假设并构建研究模型；其次，在借鉴国外成熟量表基础上，结合我国教育情境，经过翻译和改编形成本研究的调查问卷；再次，经过两次预测试并进行问卷修订后，采用方便抽样和随机抽样的方法面向三类高校两类学生开展实证调查；最后，采用描述性统计、信效度检验、相关分析和多元回归方法对调研数据进行分析和处理并形成政策建议。具体研究内容如图 1 所示。

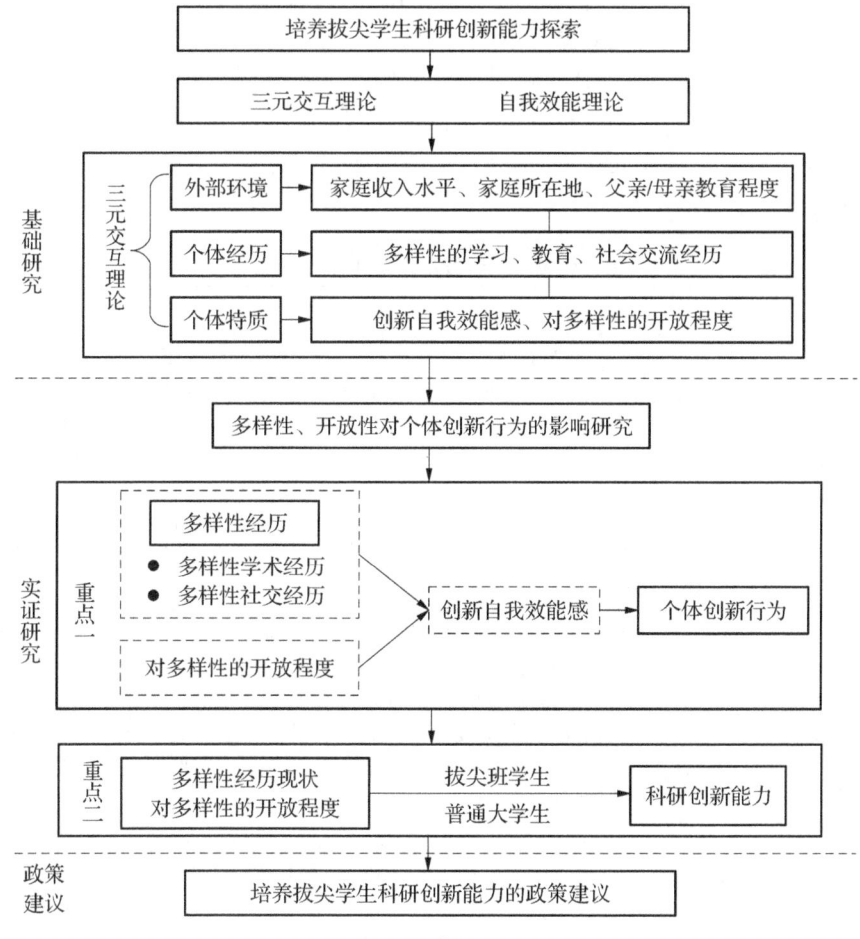

图 1　总体框架图

研究内容 1：分析影响拔尖人才科研创新能力的主要因素

基于文献回顾和理论基础，从外部环境、个体经历和个体特质梳理出影响拔尖学生科研创新能力的关键因素。其中外部环境因素包括性别、父母受教育程度、所学专业等；个体经历因素包括涵盖论文撰写、课题研究等形式的学术多样性经历和涵盖社团活动、志愿者服务等形式的社交多样性经历两类；个体特质因素是对学生内在特质的描述，包括对学生发展具有显著预测作用的创新自我效能感和多样化开放度。

研究内容2：编制适合中国大学生群体的相关量表

以往研究中关于个体创新行为、多样化开放度的研究多是在西方国家文化背景下进行的，且研究对象多数是企业员工，文化背景和研究对象的差异导致量表中的部分题目不适用于中国大学生群体。本文在前期学者研究成果的基础上，对量表进行中国文化背景下的改编，并对其信度、效度进行检验，形成了多样性经历、多样化开放度、创新自我效能感和个体创新行为等量表。具体题项如表1所示。

表1 测量量表及题项

变量	题项
多样性经历	包含两个维度，具体如下： 学术多样性经历：① 我会主动学习本专业以外的相关知识；② 我会主动、积极地参与课堂讨论；③ 我会投入时间撰写论文；④ 我会参与课程报告或演讲活动；⑤ 我会参与课题研究；⑥ 我喜欢跟老师沟通；⑦ 我喜欢和同学合作学习 社交多样性经历：① 我乐意参与志愿服务；② 我常参加社团活动；③ 我爱和不同背景、民族、国家的人交往并试图了解他们；④ 我常和不同背景、民族、国家的人一起参与活动
多样化开放度	① 我喜欢与不同思想和价值观的人一起谈论；② 教育的真正宗旨在于介绍不同的价值观；③ 我喜欢和不同价值观的人交流，这能使我更好地理解自己；④ 向不同文化背景的人学习是教育的重要部分；⑤ 我喜欢上那些对个人信念和价值观有挑战性的课程；⑥ 我喜欢上那些能促进我从不同角度思考的课程；⑦ 与不同背景（如：种族、民族、性取向等）的人增进了解是教育的重要部分
创新自我效能感	① 学习中，我有信心能够运用创意解决问题；② 我觉得自己擅长想出新的点子；③ 我擅长从别人的点子中发展出属于自己的一套想法；④ 我擅长想出解决问题的新方法
个体创新行为	① 我会寻找机会改善现有的学习方式、方法；② 我会关注学习、生活中不常出现的问题；③ 我会产生解决问题的新想法或方案；④ 为了更深入地了解问题，我会多角度去分析；⑤ 我会反思新想法或方案，以解决之前未被解决的问题；⑥ 我会去评估新想法的优缺点；⑦ 我会尝试说服他人了解新想法或方案的重要性；⑧ 我会推进新想法，使其有机会被实施；⑨ 我会冒险支持新想法；⑩ 我会尝试可能对学习有益的改变；⑪ 我会在运用新想法的过程中找出其缺点；⑫ 我会尝试将新方法运用到日常学习和生活中

研究内容 3:探究多样性经历、多样化开放度对创新行为的影响

本项目在对量表进行信效度检验的基础上,探究了多样性经历对个体创新行为的影响以及多样化开放度对个体创新行为的影响,并将创新自我效能感作为中介变量,分析其在影响路径中发挥的中介作用。此外,还进一步从学术多样性经历、社交多样性经历两个方面探究多样性经历的不同维度对个体创新行为的影响差异。在此基础上,剖析了提升大学生创新能力的关键环节和科学培养路径。

多样性经历对个体创新行为的回归分析如表 2 所示,模型显示学术多样性经历、社交多样性经历对个体创新行为有显著正向影响。加入创新自我效能感后,模型解释力增强,说明创新自我效能感显著正向影响个体创新行为,且在学术多样性经历、社交多样性经历与个体创新行为之间发挥中介作用。

表 2 多样性经历、创新自我效能感与个体创新行为的关系

	个体创新行为		
	M1	M2	M3
是否拔尖计划(是=1)	0.097*	0.117***	0.044
性别(男性=1)	0.023	0.067*	−0.024
学校类型(985/211 院校=1)	0.077*	0.046	0.080**
学科类型(理工农医类=1)	0.041	0.037	0.022
父亲受教育程度高(是=1)	0.074	0.039	0.029
母亲受教育程度高(是=1)	−0.048	−0.055	−0.062*
学业水平高(是=1)	0.077*	0.011	0.011
学术多样性经历		0.350***	0.143***
社交多样性经历		0.314***	0.176***
创新自我效能感			0.533***
调整 R^2	0.034	0.333	0.523

注: * $p<0.05$; ** $p<0.01$; *** $p<0.001$。

多样化开放度对个体创新行为的回归分析如表 3 所示,多样化开放度对个体创新行为有显著正向影响,加入创新自我效能感后,模型解释力由 0.295 增加到 0.541,说明创新自我效能感显著正向影响个体创新行为,且在多样化

开放度与个体创新行为之间存在中介作用。

表 3 多样化开放度、创新自我效能感与个体创新行为的关系

	个体创新行为		
	M1	M2	M3
是否拔尖计划(是=1)	0.097*	0.053	0.002
性别(男性=1)	0.023	0.046	−0.040
学校类型(985/211院校=1)	0.077*	0.067*	0.090**
学科类型(理工农医类=1)	0.041	0.029	0.017
父亲受教育程度高(是=1)	0.074	0.046	0.027
母亲受教育程度高(是=1)	−0.048	−0.011	−0.040
学业水平高(是=1)	0.077*	0.038	0.017
多样化开放度		0.515***	0.288***
创新自我效能感			0.558***
调整 R^2	0.034	0.295	0.541

注：* $p<0.05$；** $p<0.01$；*** $p<0.001$。

研究内容 4：对比研究入选拔尖计划学生与普通在读大学生之间的差异

对拔尖学生和普通学生进行对比分析以揭示基础学科拔尖计划的实施成效。由表 4 可以看出，拔尖计划学生和普通学生在多样性经历、多样化开放度、创新自我效能感和创新行为上都有显著差异。具体地，拔尖计划学生在学术多样性经历、多样化开放度、创新自我效能感和创新行为上的得分均显著高于普通学生，而在社交多样性经历得分中，普通学生则显著高于拔尖学生。

表 4 拔尖学生与普通大学生的差异性检验

变量	拔尖学生		普通学生		T 值
	均值	标准差	均值	标准差	
学术多样性经历	3.57	0.733	3.32	0.762	3.417***
社交多样性经历	3.30	0.914	3.56	0.804	3.520***
多样化开放度	3.94	0.730	3.72	0.733	3.079**

续表

变量	拔尖学生 均值	拔尖学生 标准差	普通学生 均值	普通学生 标准差	T 值
创新自我效能感	3.75	0.743	3.44	0.698	4.477***
个体创新行为	3.91	0.573	3.59	0.633	5.164***

注：* $p<0.05$；** $p<0.01$；*** $p<0.001$。

三、研究结论

本研究在正式调研前，对调查问卷进行了预测试，针对测试结果对问卷进行了部分修订，在此基础上开展了正式问卷调研和发放工作。采用描述性统计、信效度检验、相关分析和多元回归等方法对调研数据进行分析和处理。得出以下研究结论：

学术多样性经历、社交多样性经历对科研创新行为具有积极促进作用，且学术多样性经历影响更大。在当前我国高校教育情境下，大学生的学术多样性经历对科研创新行为发展的影响作用更强，一方面说明学术活动仍是学校教育中最重要的内容，另一方面也说明，社交活动对学生的影响作用有待进一步激发。

多样化开放度是对大学生科研创新行为具有显著正向影响的前因变量。说明培养大学生创新能力，首先要注重改善学生对多样化文化环境的态度，因此学校教育除了关注传统教学活动外，还应关注学习文化、学习环境的建设，通过营建开放、包容、多样的文化环境，在潜移默化中影响并激励学生创新。

创新自我效能感在多样性经历及多样化开放度对创新行为的影响中发挥着中介作用。心理变量是影响个体行为倾向与性格发展的重要因素。学生参与的多样性活动越多、对外界事物的开放性程度越高，其创新自我效能感越高，在学习的过程中就会越自信，最终提升其创新能力。

入选基础学科拔尖计划的学生与普通在校大学生存在显著差异。表现为：拔尖学生的学术多样性经历、多样化开放度及大学生创新行为的均值都明显高于普通大学生，而社交多样性经历得分则低于普通大学生，一方面说明"拔尖计划"通过定制培养方案等改革试点取得了显著成效，另一方面也揭示出当前培养中课外活动有待进一步加强。

四、对策建议

鼓励因材施教,定制个性化培养方案。需要针对不同类型、不同阶段的学生因地制宜,制定差异化的培养计划。例如结合学校类型、年级差异,完善分阶段的创新人才培养计划,增强大学生的创新能力。此外,还可以考虑根据学生专业特征探索各具特色的培养环节,例如理科类的学生具有较强的思辨能力,可以更多关注基础学科领域的教改创新;工科类学生反思能力、归纳能力较强,可以重点改革创新实践环节的训练;文科类学生发散思维以及想象力比较强,可以通过各类服务实践环节渗透创新能力培养。

课堂内外结合,鼓励学生参与课外活动。课外活动是大学生与他人进行沟通、交流的重要方式,也是其拓宽视野,获取新知识的重要途径。应进一步鼓励学生参与竞赛活动,锻炼大学生的洞察力、想象力、团队协作能力以及沟通交流能力,进一步拓展校企合作,利用实践基地为学生参与企业实习、参加社会锻炼提供平台。积极鼓励各类社团、学生组织的发展,为学生提供良好指导。

淡化成绩考核,注重综合素质能力培养。学校教育需要为大学生提供适当的帮助,帮助其树立科学的、可持续的学习目标,注重学科内容的多元化和丰富性,鼓励学生积极参加具有挑战性的各类课外活动,关注对学生能力的培养和训练,强调综合素质的提升。在学校教学活动的组织实施过程中,高校还应尝试采用多样化、开放式的考试考核,推广运用合格评价或等级评价等考核结果,促使学生从过度关注考试结果转变为更加投入和享受学习过程,从过度关注知识记忆转变为更加注重提升学习能力和创新能力。

营造良好环境,促进学生创新潜能释放。营造尊重多元文化,鼓励自由探索、倡导个性化发展的良好校园氛围,使学生在平等包容的学习环境中,接触来自不同国家和地区的多元文化。让学生在尊重与被尊重的发展环境中认识自我、规划自我、完善自我,激励他们以更加积极、开放的心态参与各种不同类型的校园活动,在不同价值观和不同思想观念碰撞中产生新的想法、获得新的知识、提升新的技能。通过营造开放、包容、多样的文化环境,在潜移默化中激发学生的创新潜能。

推广教改经验,推动创新人才广泛涌现。西安交通大学等高校通过持续深入的教学改革,在创新人才培养改革方面已探索形成一些可复制可推广的教改经验,例如夯实学生专业基础,设置特色课程;培养学生科研兴趣,引导学生关注前沿问题；为学生提供国际交流与学习的机会；注重个性化培养等举措都对学生创新能力提升发挥了积极作用。未来可在"拔尖计划2.0"的背景下，进一步推广成功经验，通过完善人才培养计划、设置多样化的课程和加强国际交流等举措，促进高校大学生创新能力的普遍提升。

五、研究价值

丰富个体创新行为的研究视角。目前对个体创新行为的研究主要还是从宏观变量的影响因素入手，认为强化教师队伍建设，转变教学理念，改变教学方式，提供创新实践机会等宏观变量会对大学生的创新行为产生影响，一定程度上忽略了学生的主体性地位。本研究从学生的学习经历和个体心理出发，进一步完善个体创新行为的影响机制，为今后的研究提供借鉴。

发展形成符合我国高校情境的多样性经历量表。目前多样性经历在国外的研究较多，国外大学生的校园多样化经历的测量维度并不符合我国的国情，本研究在前者研究的基础上将大学生活经历进行梳理，将多样性经历分为"学术多样性经历"和"社交多样性经历"两类，分别涵盖论文撰写、课题研究等形式的学习活动，以及社团活动、志愿者服务等形式的交流和互动活动。

有利于学生综合素质和创新能力提升。积极参与不同类型的教育活动，与不同的思想、观念、价值观碰撞均有助于培养学生的综合能力，帮助其塑造健全人格。通过让学生接受灵活多样的培养方式、不同类型的教学实践等方式提升其思维、想象力和创新能力，有利于学生综合素质和自身能力的提升。

为高校创新人才培养提供政策建议。注重培养学生的个体创新行为有助于推动教育改革的发展和实现，本研究对于完善基础学科拔尖计划教学管理、探索拔尖创新人才培养经验、推广实施高校教育教学改革具有重要意义。在建设创新型国家的背景下，有利于提升人才培养质量、促进创新人才涌现。

项目实施过程中，以核心变量发表论文《大学生多样性经历与批判性思维倾向的关系研究》《"拔尖计划2.0"背景下提升创新人才培养质量的思考与实践》等，对大学生多样性经历、个体创新行为、创新自我效能感等关键因素的发展现状及影响路径进行了深入剖析。

课题相关成果如下：

[1] 杨森,王娟,冯国娟,赵辙.基于"荣誉教育"的拔尖创新人才培养模式探索：以西安交通大学钱学森学院为例[J].创新人才教育,2020(3):50-56.

[2] 杨森,梅红,王娟.聚力腾飞育英才:第2版[M].西安交通大学出版社,2018.

[3] 王娟,杨森,赵婧方."拔尖计划2.0"背景下提升创新人才培养质量的思考与实践[J].中国大学教学,2019(3):19-24.

[4] 王娟,冯国娟,杨森.超越高考:西安交大"少年班"的大中学联合培养之路[J].中小学管理,2018(8):21-23.

[5] 梅红.非学术多样性经历如何影响学生创新发展[J].国家教育行政学院学报,2019,259(7):52-56.

面向拔尖学生基础研究能力的
算法设计与分析课程建设

哈尔滨工业大学　王宏志

作者简介

王宏志，男，教授，博士生导师，计算学部海量数据计算研究中心主任，数据科学与大数据技术专业负责人。发表论文350余篇，SCI收录百余次，他引3500余次，先后主持国家自然科学基金重点项目、国际合作项目等10余项。获青年龙江学者、微软学者、中国优秀数据库工程师、IBM博士英才等称号，获黑龙江省自然科学奖和教育部高校科技进步奖各1项，黑龙江省"头雁计划"团队成员。

成果摘要

主持教学研究项目1项，发表1篇教研论文，课程教师1人获教育部"基础学科拔尖学生培养计划"优秀导师奖，以面向拔尖学生的算法课程建设为主要内容的1个案例获得教育部"基础学科拔尖学生培养2.0"创新案例。面向拔尖学生的算法课程建设成果作为重要组成部分获得校级教学成果奖一等奖1项，省级教学成果奖二等奖1项。在面向拔尖学生的算法设计与分析课程建设过程中，产出充实的MOOC资源、典型的教学案例、丰富的案例资源库，以及可供推广参考的适合"算法设计与分析"课程的先进教学模式等教学资源。卓越科创型人才不断涌现，多人获得省级及以上科技竞赛奖励。先后指导20项大学生科技创新项目，指导学生作为主体参与科研，发表多篇高水平学术论文。

研究课题名称

面向拔尖学生基础研究能力的算法设计与分析课程建设

研究课题成果介绍

一、引言

2005年,时任国务院总理的温家宝同志在看望钱学森老先生时,钱老感慨说:"这么多年培养的学生,还没有哪一个的学术成就,能够跟民国时期培养的大师相比。"钱老又发问:"为什么我们的学校总是培养不出杰出的人才?""钱学森之问"从此成了中国教育事业发展的一道艰深命题。为回答"钱学森之问",2009年,教育部联合中组部、财政部启动"基础学科拔尖学生培养试验计划"(简称"珠峰计划"),力求改革拔尖人才培养模式,提高高等教育拔尖人才培养质量,培养出中国自己的学术大师,为人才强国战略输送合格的后备军。

许多高校针对拔尖学生建设了专门的培养平台,配以高水平的师资力量和高标准的软硬件培养环境,大力推进拔尖学生培养改革。哈尔滨工业大学英才学院成立于2011年,隶属于本科生院,前身为学校1993年设立的实验学院、2009年设立的英才班。作为哈工大对拔尖本科学生实施"精英教育"的试验田、示范区,英才学院秉承"学术型、国际化、高素质、重创新"的培养理念,以探索路子、选拔尖子、培育苗子为使命宗旨,竭力为拔尖学生的科学精神塑造、创新意识培养、实践能力成长、综合素质提升等搭建平台、提供舞台,培养造就未来的学术带头人、工程领军人、政企领导人等杰出人才。在培养拔尖学生过程中,如何潜移默化地培养学生的科研能力?如何实现学生学习在深度、广度、厚度方面的平衡?是我们亟须解决的问题。

"算法设计与分析"是计算机科学与技术专业一门十分重要的专业必修课。各行各业都在疯狂产出数据,我们每个人都被源源不断产生的海量数据推进了信息爆炸的时代,计算机所需要处理的信息更是呈指数级增长,计算机处理速度的提高总是被需要处理的数据量的增长所打败。随着科技的进步,在科学研究过程中,越来越需要庞大数据量的支撑,如何快速有效地处理这些数据,并对其进行分析,都是算法需要解决的问题。

二、"全域贯通,知行合一"教育新理念

通过对国际先进教育理念,如麻省理工学院"新工程教育转型"、斯坦福大学"开环大学"、欧林工学院"产教融合"等进行深入研究,结合OBE(基于产出

的教育),提出了"全域贯通,知行合一"的教育新理念。以学生发展为中心,通过"全域贯通,知行合一",将科学研究全面融入拔尖人才培养全过程,实现高校拔尖人才培养、学科建设、科学研究三者之间的协同与互动。"全域贯通,知行合一"是应对新时代教学目标多元化和拔尖人才需求个性化的特征,以学生发展为中心,通过理论、技术、实践教学的交叉并行与快速重构,以及跨校跨界教育资源的高效协同,实现知识学习、科学研究与科研能力提升的多阶段进步,具有高度灵活性和动态适应性的一种教育理念和教学形态。

以算法类课程为例,如图1所示,数据结构与算法、算法设计与分析两门专业基础课,前者注重思维培养,后者注重科研实践,辅以不计入学分的自主研讨,训练同学们的算法设计分析技能,开阔同学们的视野。"全域贯通"要求在课堂教学中注重科研内容的融入,表现在对课程内容进行动态化调整上,在保持课程总体框架不变的情况下,基于国际先进研究成果,对课程内容进行持续性更新,帮助学生了解一线研究水平。推行前沿论文驱动的自主学习式作业,以科学研究的形式强化理论课程的实践环节,提高学生的实践能力和创新能力。循序渐进,逐层深入,合理促进最新科研成果转化为实验实践教学内

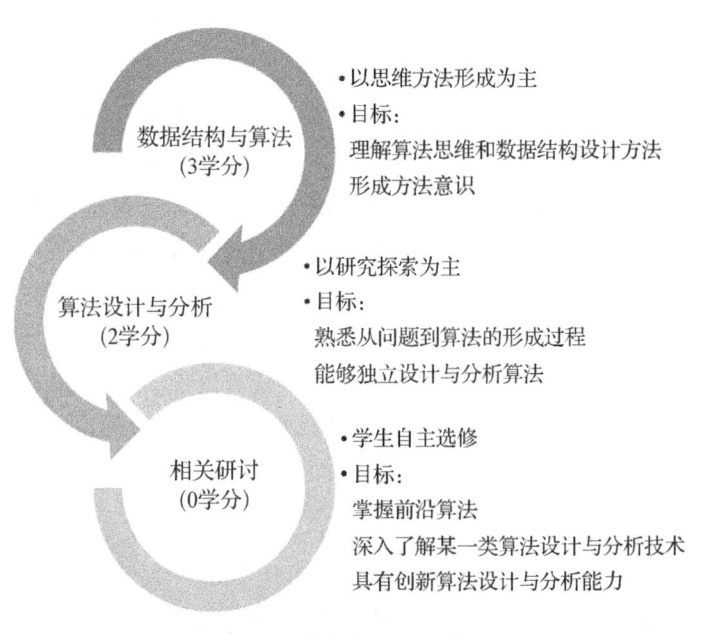

图1 算法类课程设置

容,从而让整体教学环节和内容得到进一步的丰富和优化,真正做到"知行合一"。让学生的实践能力和创新能力切实得到精进,培养出来的拔尖人才方能更好地服务于社会的长远发展。

"全域贯通,知行合一"教学强调真正以学生为中心,因材施教,强调"人才是根本,学科是基础,科研是支撑",强调将知识型课程重构为能力型课程,在拔尖人才培养各阶段全方位进行科研能力培养。充分利用科学研究项目资源,瞄准国家主要战略方向,遵从高等教育规律,以立德树人为根本,以科教融合为指导方法,坚持五育并举,激发学生内生动力,丰富计算机学科学生培养教育资源,创新教育形式,构建基于科教融合的拔尖人才培养体系。

三、面向拔尖学生的算法课程建设

算法是计算机科学领域最重要的基石之一,是程序的灵魂,问题可以通过构造算法来解决,"是否会编程序"本质上等同于"能否给出一个能够解决该问题的算法"。我们希望运用计算机代替人力解决一些问题,算法就是计算机行为的指挥者,计算机要做什么,都由算法指导完成。算法是手段,解决问题才是目的。因此,要想从事计算机相关领域的工作或研究,算法能力就是必备武器。

在传统算法类课程的教学过程中,教师作为知识的传授者和学生发展的促进者,在教学活动中常常占据主导地位,更侧重于对知识理论的灌输。拔尖本科学生作为新一代的创新型人才,课堂教学的目的不仅在于接受新知识,更在于综合素质和能力的提高。陶行知先生曾提道:"培养教育人和种花木一样,首先要认识花木的特点,区别不同情况给以施肥、浇水和培养教育,这叫'因材施教'。"传统"填鸭式"课堂教学方式显然并不适用于拔尖学生对探究式学习与自主学习的特殊需求,迫切需要做出改变。因此,为满足拔尖人才培养的需要,我校针对"算法设计与分析"这门课程的教学方式做出了如下几方面的改革。

1. 关注国际前沿,掌握科研动态

科技创新和拔尖人才培养要在国际视野中考量和开展,力争在解决中国问题的同时,追踪甚至引领学术研究的前沿。科研过程离不开新颖的想法,对于科研人员来说,牢牢掌握前沿的发展动向是一项必备的基本技能。如果不能有效把握科研新动向,就会出现闭门造车以至于出门发现别人早已造好了相同的车甚至已经造好了更高级的车的情况。

重点讲授算法思想。在课程的讲授过程中不仅讲授算法本身,而且讲授算法设计背后的思想,对一类算法设计方法,讲授多个不同算法,从中提取出方法论,让听课的学生通过学习掌握算法设计思想,不但授之以鱼,而且授之以渔,达到让学生推广思想的目的。

注重理论基础,算法设计与分析相结合。在课程的讲授过程中,不但讲授清楚算法设计的思想、算法方法的脉络,而且讲授算法分析的方法和技术。通过这门课程的学习,学生不仅具有设计算法的能力,也具有分析算法正确性和时空复杂性的能力。

在对本科拔尖学生的课堂教学过程中,我们通过精心设计教学活动,为学生创设有利于培养发散思维和批判思维的情境。同时对当前最新的研究成果进行介绍,帮助学生了解当前国际上的一线"造车水平",以期潜移默化地培养学生把握科研前沿的意识,引导学生掌握学术新动向。比如并行子图匹配、基于 Trie 的近似字符串匹配,都是相关论文发表之后不久就进入了课堂。还有图同构问题的多项式时间算法、编辑距离问题的下界等算法也在相关论文发表的当年就在课堂上进行了介绍。

增加后续课程,适应各层次"算法设计与分析"课程的要求。"算法设计与分析"是一门内涵很广的课程,在现在各个大学的教学计划中,本科生、研究生都有这门课程。为满足拔尖学生持续性提升的需求,本门课程已经上线基础篇和进阶篇。

2. 普及科研方法,体悟研究思路

我们期待拔尖本科学生在未来能够获得很高的学术成就,在科研的道路上越走越远,成为钱老口中可以与民国时期的大师相媲美的"杰出的人才",那么,在拔尖学生的本科学习过程中,就要注重科研能力培养,为他们做好铺垫,打好科研的基础。在教学过程中,也要注意进行教学内容改革,逐步渗透科研方法,潜移默化地培养学生的科研能力。

因此,我们在课堂教学的过程中以知识为载体,在向学生传授算法理论和专业知识的同时,适时地插入对本学科常用科研方法的介绍,传授学科方法学的内容,对科研方法进行普及,希望拔尖本科学生能够提前掌握"造车"的方法,少走弯路,在科研过程中抢占先机,避免在以后的科学研究过程中出现已经确定要造的"车"是世界领先的,但是由于造"车"的方法不对,被别人抢先一步成功的情况。在对算法进行探讨的过程中，不但对算法的原理，算法所解决的问题进行讲解，还向同学们展示算法设计的过程，引导同学们运用科学家的思维，像科学家一样思考，共同体验大师们在发现和总结出这些知识过程中所表现出来的创新思维，体会算法开发的流程，呼唤学生的创新意识，期待优秀的学生能够举一反三。

3. 实践才出真知，落实寓教于研

兼顾算法实现，理论与实践相结合。"算法设计与分析"是一门理论性较强的学科，同时也是一门密切联系实践的学科，学习算法可以显著提高学生的程序设计水平。为了达到这个目的，本门课程不但讲授理论，而且给学生实践算法的机会，在课程作业中增加 online judge 的试题，经过一轮 MOOC 课程的实践，online judge 对学生掌握算法有显著的效果。

关注产业与学术应用，算法与应用相结合。当前算法已经渗入多个领域的计算机产业和学术研究，因而这门课程在讲授的过程中增加了算法的背景和在产业与学术中的应用方面的知识，从而让学生能够在更加宽广的背景中理解算法，达到学以致用的目的。

拔尖学生的培养离不开科研的支撑。让拔尖学生尽早参与科研工作，是提高他们实践能力和创新能力的有效途径。为落实寓教于研的拔尖学生培养模式，我们添加了课程大作业这一教学环节，要求学生在相关期刊或者会议近两年的论文中找到自己感兴趣的算法类论文，对其进行仔细研读，并依此写一篇论文概述，对算法解决的问题、采用的思想、算法的基本思想等进行描述。同时要求学生根据选择的论文，调研相关领域，写一篇综述类文章，对相关领域问题的分类、每类问题的解决方法等进行介绍与比较。最后，要求学生开动大脑，分析已有算法的不足，并提出一个新算法来解决这一问题，同时分析和论述新算法为何能够有效地弥补当前算法的不足。通过这一教学环节，有效地为拔尖本科学生提供了近距离接触科研、体验科研的机会，同时提供了将课堂上介绍的科研方法付诸实践、切身体悟的平台。

四、培养成效

专业实力不断增强，主持教学研究项目 1 项，发表 1 篇教研论文。课程教师 1 人获教育部"基础学科拔尖学生培养计划"优秀导师奖，以面向拔尖学生的算法课程建设为主要内容的 1 个案例获得教育部"基础学科拔尖学生培养

2.0"创新案例。面向拔尖学生的算法课程建设成果作为重要组成部分获得校级教学成果奖一等奖 1 项,省级教学成果奖二等奖 1 项。

教学资源逐渐丰富,在面向拔尖学生基础研究能力的算法设计与分析课程建设过程中,产出了高水平教学研究论文、充实的 MOOC 资源、典型的教学案例、丰富的案例资源库,以及可供推广参考的适合"算法设计与分析"课程的先进教学模式等教学资源。

创新能力显著提升,卓越科创型人才不断涌现,多人获得省级及以上科技竞赛奖励。先后指导 20 项大学生科技创新项目,指导学生作为主体参与科研,发表多篇高水平学术论文。建设大数据计算未来科技创新团队等科创团队,已累计培养学生 600 余人。鼓励本科学生积极参加图灵大会等交流活动,开展学术沙龙、学术讲座、创新讲坛等学术交流活动,累计参与学生 800 余人次。在各类教学研讨会议、导教班做教学体系、教学内容、教学方法和双创教育类报告 10 余场,培训师资 2000 余人次。

五、结语

聚天下英才,育国之栋梁。对拔尖人才的培养是一段充斥着未知与挑战的历程,目前仍处在探索阶段,我们需要密切关注培养效果,及时进行总结与调整,以满足拔尖学生的学习需求,培养出具有开阔视野和创新能力的科技精英人才,同时提供可供借鉴的精英人才培养模式范例。锐意进取、积极改革,对拔尖学生的培养需要广大教育工作者共同的努力!

参考文献

[1] 刘秉权,吕子燕.关于计算机学科拔尖学生培养的思考[J].教育探索,2012(7):83-84.

[2] 荣命哲.科研工作者要追踪世界科学前沿[J].中国高等教育,2017(2):45-46.

[3] 蒋宗礼,赵一夫.谈高水平计算机人才的培养[J].中国大学教学,2005(9):24-27.

[4] 陈彦,邓科,徐利梅,李辉.面向拔尖学生的跨学科交叉实践教学改革探索[J].教育教学论坛,2020(37):182-183.

"圈养"与"散养"：中国特色拔尖创新人才培养多元模式比较

复旦大学　陆　一

作者简介

陆一，复旦大学高等教育研究所副所长、研究员、博士生导师，《复旦教育论坛》副主编。在"大学通识教育""拔尖创新人才培养""考试与中国社会"等领域开展持续性的研究。出版专著《教养与文明——日本通识教育小史》，在《教育研究》等期刊发表论文数十篇，多次获得国家级学术成果奖，相关研究和政策建议多次获得中央领导批示。

成果摘要

根据中国大学近四十年拔尖创新人才培养实践，着眼教育制度和管理特征，提炼归纳出"强选拔—封闭特区式培养""强选拔—半开放式双重培养"和"弱选拔—开放闯关式培养"三种选拔与培养类型的二维分类体系，以及对应的"精英学院""专业院系"和"校级育人平台"三种不同责任主体的人才培养项目，由此构成的理论化矩阵模型囊括了中国高等教育现实中各种拔尖创新人才培养模式。此分类体系的任何模式在教育过程中都处于两极间一系列紧张关系中，这些张力构成中国特色大学拔尖创新人才培养的制度性特征，而大学各异的资源禀赋和文化传统则意味着适宜模式的多元性和非均质性。走向新时代的中国高等教育需形成有中国特色的拔尖创新人才培养模式。

研究课题名称

"圈养"与"散养":中国特色拔尖创新人才培养多元模式比较

研究课题成果介绍

我国拔尖创新人才培养的实践已有近四十年的历史,随着高等教育事业内外部环境的不断改善,拔尖人才培养的条件越发成熟,诸如教育部最新确立的"六卓越一拔尖计划"以及各大学因地制宜地设置教改实验区、人才培养项目等政策和行动越发盛行。如何从多种多样的实践中凝练出中国特色的一般规律?对经验研究的理论化、模型化工作亟待展开。

一、实践特征的识别与归类

大学拔尖创新人才培养的核心问题是如何选拔及如何在选拔出来后进行培养。一定的选拔与培养机制又需要依托于组织管理,特别是教育资源的配置才能落实。

通过近十年的实地观察与文献研究,我们将现存各式各样的选拔与培养工作做了理论化归纳,提炼出以"选拔性强、培养封闭、资源集中、教育力强"和"选拔性弱、培养开放、资源分散、学生自主空间大"为两极的培养模式制度特征维度,根据实际负责落实拔尖创新人才培养的专业院系、精英学院和校级育人平台三种主体,一一识别其管理特征。由此,从制度特征和管理特征两个侧面构建起能够系统阐明各种中国大学拔尖创新人才培养模式特性的理想型样态。

(一)制度特征:三种选拔—培养机制

总览全国拔尖计划的选拔与培养工作,其中,第一种做法是注重生源选拔,通常以优中选优的考试、全面多方位地识别学生才性为培养起点,即"强选拔";第二种做法是不设置很高的选拔门槛,一边培养一边遴选,在最极端的情况下,只有到了特定阶段培养的终点才能确定究竟哪些学生适合拔尖计划,即"弱选拔"。当然,选拔方式并不独立,总是与培养方式、资源配置方式相匹配。

强选拔与培养的封闭性有必然联系。这种模式的基本特征是,教育者在培养开始之前要基于确切的培养目标精心选才,一旦选定,入围与不入围的学生所接受的培养有质的差别。以学籍、班级或住宿归属为标志,被选中的少数学生将进入一个封闭的教育特区。首先,特区意味着享有其他学生难以企及的优质教育资源,如更精练且有针对性的培养方案、小班教学、配备导师、接触名师大家、更好的硬件设施与学习环境、全面获得本科生科研及海外学术交流支持等。其次,特区内对教与学的制度性约束和路径依赖都较少,鼓励尝试创新教育改革,能凝聚一群学术成就卓著且真正有心育人的教师。同时,特区也对学生的学业提出更高更严的要求,通常其培养方案比一般同专业学生在质与量上都有所提高。一是为了学生能在学术上走得更高更远,要求基础学习更深更厚实,如文科兼修文史哲三个专业的基础课,理工科兼学数理化三个专业的基础课,数学以最高标准教学,提高外语水平等。二是促使学生早期接触科研,积累丰富的经验,到毕业时对自己的科研能力有确切把握,对学术前沿有清晰的方向感。所有这些都需要学生超额的投入,因此,遴选是否有效决定了培养工作是事半功倍还是事倍功半,而入围学生会自然而然地产生优越感和精英身份认同。在选拔入围后的一两年内,采用强选拔的培养模式往往会进行淘汰或进出流动。"强选拔"通常意味着"动态选拔"(二次选拔或淘汰)。部分强选拔且特区式培养的拔尖计划班(学院)曾经尝试过取消淘汰,但那几届学生学习投入、教育资源的利用都有所降低,随后几乎全部恢复了淘汰制度。我们将这种模式命名为"强选拔—封闭特区式培养"。

与强选拔的封闭性相对应,弱选拔制度通常采取开放式培养。弱选拔意味着教育者采取"礼闻来学"的姿态,一开始不完全确定入围与否,也不把特殊的培优教育资源严格限制在被选定的人群内部,而是在培养过程中设置一系列高于一般的挑战,任凭自我期许更高、专业学术追求更坚定的学生自主地参与闯关,一步步达成本科拔尖创新人才的培养目标,最后能顺利完成所有挑战的学生便获得荣誉褒奖。在这种培养模式下,由学生而非教育者决定培优教育资源的利用,入围选拔的压力被分解到每一阶段的适格评价。由于选拔性的弱化,此类模式并不试图构建志同道合的荣誉性共同体,学生的发展、师生的互动都以个体为单位。我们将这种模式命名为"弱选拔—开放闯关式培养"。

第三种做法属于折中方案。这种培养模式注重人才遴选,却不把入围学生从原来归属的集体中抽离重新组建拔尖学生集体(通常以学籍、班级和住宿归属为标志),也不会完全刷新原本的培养方案,而是赋予入围学生第二重身份和虚拟的新集体,仅在课外或培养方案中部分课程内提供特殊的教育资源。这种模式仍具有"强选拔"的特征,否则不能构建起第二重荣誉集体身份。同时,也不免需要"动态选拔"来维持其卓越性。但由于第二重身份只是锦上添花,被取消或主动放弃的代价都比第一种封闭特区式培养小得多。所以,这种折中模式的标志性特征是拔尖与非拔尖的双重集体归属与认同,学生会同时参与拔尖和非拔尖的两个同伴集体活动,其本科学业既包括拔尖计划提供的特殊部分,也包括一般培养方案的普通性要求。我们将这种模式命名为"强选拔—半开放式双重培养"。

通过上述选拔与培养机制的特征归类可见,三种模式可以构成一个具有渐变关系的维度,以"强选拔—封闭特区式培养"和"弱选拔—开放闯关式培养"为两极,"强选拔—半开放式双重培养"居中。(见图1)

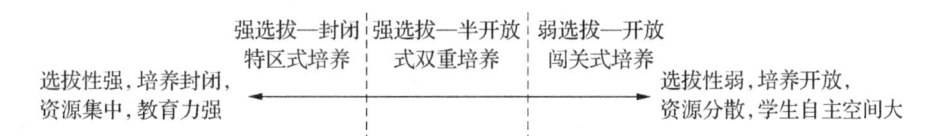

```
                    强选拔—封闭 | 强选拔—半开放 | 弱选拔—开放
                    特区式培养  | 式双重培养    | 闯关式培养
选拔性强,培养封闭,  ←─────────────────────────────→  选拔性弱,培养开放,
资源集中,教育力强                                    资源分散,学生自主空间大
```

图1 拔尖创新人才培养的三种选拔—培养机制

(二) 管理特征:三类教育责任主体

选拔—培养机制刻画出三种拔尖创新人才培养的制度特征,不同的教育责任主体决定了创新人才培养的管理机制。我国大学现存责任主体有三类,即精英学院、专业院系、校级育人平台。

第一类是精英学院,也是最多见的拔尖创新人才培养责任主体,以教改实验区、特区的形式呈现,在校内享有生源选拔优先权、一些改革与制度特权和更优厚的教育资源配置,如浙江大学竺可桢学院、上海交通大学致远学院等。这样做相当于把中国特色的"集中力量办大事"活用在高等教育发展中,能够快速显现改革成绩,摆脱高等教育大众化后学生和师资数量膨胀所致的平均水平不高问题和组织惰性问题。不过,精英学院未必完全封闭、独立培养,往往与"强选拔—半开放式双重培养"结合,使拔尖学生获得精英学院和专业院系的双重培养。四川大学吴玉章学院仅负责为入围学生提供公共课程,专业课程、培养方案等仍由专业院系各自制定;中国科学技术大学少年班学院、南京大学匡亚明学院仅负责入围学生前两年的培养,学生的本科高年级阶段则由专业院系培养。

第二类专业院系主导的拔尖创新人才培养延续了"基地班"依托优势学科培养专业人才的方式。在专业院系主导下,"强选拔—封闭特区式培养""强选拔—半开放式双重培养"和"弱选拔—开放闯关式培养"都有实例,清华大学"学堂班"最具代表性。"学堂班"包括数学、物理、化学、生物、计算机和力学六个专业,由六个顶尖学术水平的首席教授负责六个实验班,分别设置在各自的专业院系内部。北京大学拔尖计划也是分权到各专业院系,大体采取"弱选拔—开放闯关式培养"。

第三类校级拔尖创新人才培养平台通常落实到教务处、团委等部门,他们负责制定专项计划、配置资源、组织遴选与考核等。校级平台的主导离不开专业院系的合作。专业院系主导模式将拔尖人才培养完全视为院系己任,是强有力的教育主体;而校级平台更像一个倡导者和资源的组织配置方,因此,它与"弱选拔—开放闯关式培养"理念较一致——以学生发展为中心和放大学生自主权。校级平台主导下"强选拔—半开放式双重培养"与"弱选拔—开放闯关式培养"的分界,在于是否通过严格的选拔来构建一个有鲜明第二重身份认同的拔尖学生归属群体,若有则属于前者,清华大学的"星火班"即是典型;没有鲜明的拔尖群体归属意识,而是以学生个人化学习发展为主,则属于后者,目前复旦大学的本科生学术研究资助计划(FDUROP)和荣誉课程项目即是典型。

二、培养模式特性比较

以三类制度特征和三种管理责任主体为据分类,构成中国大学拔尖创新人才培养模式的理论化矩阵模型,见图2。

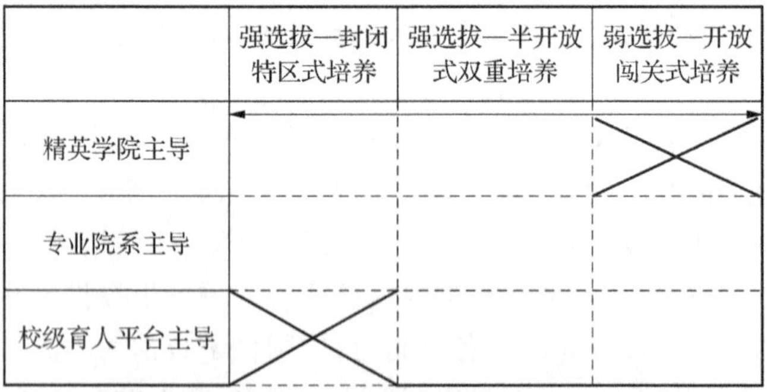

	强选拔—封闭特区式培养	强选拔—半开放式双重培养	弱选拔—开放闯关式培养
精英学院主导			✕
专业院系主导			
校级育人平台主导	✕		

图 2　中国大学拔尖创新人才培养模式分类框架

其中,现实可见的有七类,其相应的代表性案例见下表。

表1 中国大学拔尖创新人才培养模式类型及代表性案例

精英学院主导	强选拔—封闭特区式培养 浙江大学竺可桢学院 上海交通大学致远学院	强选拔—半开放式双重培养 南京大学匡亚明学院(仅负责前两年) 四川大学吴玉章学院(仅负责公共课) 中国科学技术大学少年班学院	弱选拔—开放闯关式培养 (无)
专业院系主导	清华大学"学堂班"("姚班""钱班")	清华大学"学堂班"(生物、化学、数学、物理、计算机、力学)	北京大学拔尖计划 复旦大学荣誉课程
校级育人平台主导	(无)	清华大学"星火班"(团委)	复旦大学"莙政—望道计划" FDUROP(教务处)

此分类体系反映出,采取任何模式在教育过程中都处于两极间一系列紧张关系之中,这些张力构成中国特色大学拔尖创新人才培养的重要制度性特征,即每一种具体的选育方式都要处理好以下三对矛盾关系。

(一) 共同体强力教育之利与同质竞争之弊形影相随

"强选拔—封闭特区式培养"有利于理想化地编制培养方案,构建紧密、稳定、深入的师徒关系;另一方面,约束了学生修读课程的选择余地,特别是专门为小群体开设的课程往往成为必修课。如果入围学生的学术志趣高度一致,那么,统一的高强度培养方案可能很有效,同时又难免构成在同一条道路上的激烈竞争。如果入围学生同质性没有那么强,则统一的高强度培养方案对志趣不明、志不在此的学生可能事倍功半。

开放与半开放式培养都不受制于特区的统一要求,尊重学生的自我期许和个性化发展,选择余地大大增加,还降低了试错、转换道路的成本。"弱选拔—开放闯关式培养"潜在的难题是如何持续不断地唤起学生的斗志,特别是在遭遇挫折时不轻言放弃。除了集体氛围的缺失,这种模式也不易构成紧密的师徒关系,较大的自由度反使双方承诺轻简,难免导致学业松弛。放弃或转向代价较低的开放式培养若不加注意,将流于放任,学术志向易受大环境干扰,使学生陷于选择迷茫,在关键的成长发展阶段浪费了天赋才性。

(二) 精英学院与专业院系的并行纠葛

三类基于责任主体组织形式的区分中,院系主导和校级平台有明确的分别,但它们各自与精英学院的界线未必完全分明,这取决于精英学院的实体化程度和精英学院内的专业设置。管理学生学籍是精英学院高度实体化的标志。当精英学院仅设置一类专业,那么它就与院系主导的特质接近;当精英学院虚体化,其实质上就与校级平台别无二致。

除去以上两类,更典型的精英学院就像一个微缩大学,它在管理上的难题主要源于精英学院和专业院系的关系。高度实体化的精英学院管理学生学籍,内部也会设置专业,有的还拥有全职教师,这就与大学既有的专业院系存在并行替代关系,专业院系被次等化。精英学院放权、降低实体化程度,有可能缓解这类矛盾。

(三) 专业拔尖与人人成长间的张力

我们还需要辨析不同模式分别与专业教育和通识教育的距离,观察不同模式分别在专业杰出人才与人人成长不同教育目标宗旨上的投影。通常,专业院系主导的培养具有很强的为特定专业培养拔尖人才的意味,需以专业认同为前提。如果进入此类拔尖计划的学生具有高度、稳固的专业认同,该专业也正处于开拓创新的黄金时期,那么,可能达到最佳培养效果;若学生专业志向犹疑不明,或该专业领域处于发展平台期,那么,学生会感觉到严重的专业禁锢。

就高等教育规律而言,专业院系能提供最佳的专业教育。然而,本科人才培养不只是专业教育,专业院系主导下的专业课程和科研训练的质量会显著提高,在此消彼长中,人格养成、通识教育、社会性发展、可迁移技能等方面的教育会相对弱化。当然,既以拔尖创新人才培养为目标,本科教育中专业、通识等不同方面的权衡配比与一般平均显然不会完全相同,但增强或弱化什么需要通盘考虑,仅靠专业院系无法替代大学来权衡全面育人。

如果校级或多专业的精英学院平台能够不以特定专业为培养前提,天然地倾向于以每位入围学生取得成长为宗旨,理论上能提供最大宽度的转专业、跨专业、交叉专业培养。但我们并不单纯提倡弱化专业院系的教育影响力。以培养拔尖创新人才为目标,专业知识、能力、素养至关重要。也要反思,拔尖创新人才培养在多大意义上是天才的教育,教育的困难之处在于,没有学生是既定的天才,取得天才式的成就也不只依靠个人才华。

总之，有的模式天然注重"专业"，有的则更注重被选定的或自告奋勇的"人"。为了培养拔尖创新人才，要历史地看待不同专业的当前发展阶段，并时时意识到强力教育和成全学生个性才华间的永恒张力。

三、不同模式的适用性

不论采取何种模式，其教育过程总是处于两极间一系列紧张关系之中，恰恰是这些张力构成中国特色大学拔尖创新人才培养的重要特征及其"拔尖性"所在。

首先，选择什么模式培养拔尖创新人才受到大学既有资源禀赋的制约，包括学科与师资水平、生源质量和作为组织氛围及育人环境的大学文化传统。如果特定学科正逢开拓创新的黄金时期，院校拥有世界一流师资（上一代的顶尖人才），能够有效遴选到下一代中最有才华和志向高度契合的学生，再加上学术至上的精英主义氛围，组织上具备集中投入资源构建特权特区的条件，那么，采取"强选拔—封闭特区式"培养模式，其强力教育培养出顶尖人才的可能性最大。可以说，由图灵奖获得者姚期智倾注巨大心力建设的清华学堂"姚班"是该模式比较成功的案例。

"弱选拔—开放闯关式培养"模式对院校整体生源的要求较高，教育者据守专业，保持"愿者上钩"姿态，对现有教育资源的整合也比较有限。如果大学不具备上述最佳的教育资源禀赋，那么，采取最激进、强有力的教育模式可能得不到理想的培养结果。所以，如果学科与师资水平有限，应该相应降低教育的约束力，更多尊重学生个性，激发学生的自主性，信赖学生之间互动互助的价值，适宜采取开放、半开放的培养模式；如果生源质量参差不齐，则采取强选拔的模式有利于构建志同道合的共同体，提高培养效率。同理可知，"强选拔—半开放式双重培养"模式对学科、师资和生源的要求最低，具有最广大的适用性，比"强选拔—封闭特区式培养"模式更自由，比"弱选拔—开放闯关式培养"模式享有更多优越条件。

其次，采取何种模式还取决于大学既有的学科专业格局和本科教育定位。相对而言，既有的学科专业水平很高，本科专业教育倾向鲜明的情况下，容易选择专业院系主导或虚体的精英学院主导。如果着眼于在本科打下宽厚的多学科基础，培养跨专业、整合学科人才的目标定位，则可能建立校级育人平台和精英学院。校级育人平台最少介入培养方案，所以，与本科通识教育体系也较少龃龉。校级育人平台虽然具有以学生的发展为中心、不受专业约束的好处，但实践中往往面临缺乏管理抓手，得不到专业院系充分支持的困境。可虚可实的精英学院具有较大的制度灵活性，在中国大学的实践中确实得到了最广泛的应用。

事实上，一所大学的资源禀赋与组织氛围是固有的，所采取的拔尖人才培养模式也相当稳定。许多现实问题不在于模式，而在于项目领导者和教师对不同模式的本质特征缺乏充分的自觉与自信，改革犹如逆水行舟。虽然属于改革创新，拔尖项目的教育创新限度仍受制于模式和专业的规定性。

反思我们研究的人才培养模式分类体系，不论采取何种模式，"拔尖创新人才培养模式"的命题本性是非均质的，其理论扎根于唯才是举、唯贤主义。拔尖创新人才培养的实践业绩不在于入围学生的平均水平，而是其中最杰出者是否得到了最大的教育支持。同样不容忽视的是项目中最不成功的学生，他们的经历和付出的成长代价应当作为除了教育投入之外隐没的项目成本纳入考虑范围。

本科学术型拔尖人才培养过程要素及作用机理
——基于上海交通大学"拔尖计划"首届毕业生的调查

上海交通大学　沈悦青　刘继安　章俊良　徐学敏

作者简介

沈悦青,上海交通大学致远学院助理研究员;刘继安,中国科学院大学公共政策与管理学院教授;章俊良,上海交通大学致远学院常务副院长、教授;徐学敏,上海交通大学副校长,致远学院院长、教授(通讯作者)。

成果摘要

通过对上海交通大学"拔尖计划"首届毕业生以及部分教师和管理人员的调查发现,截至目前八成以上毕业生从事学术研究工作,数理融通课程对塑造学生思维方式和激发学生科研兴趣起到关键作用,科研实践能够提高学生解决问题的能力、培养团队精神、增强科研自我效能感,参与学习共同体有助于形成学者身份认同,不断增强的科研自我效能感在提升学生创新能力和促进学者身份认同中均起到促进作用。

研究课题名称

"拔尖计划"毕业生跟踪评价研究——以上海交通大学致远学院为例

研究课题成果介绍

基础学科是国家创新发展的源泉、先导和后盾。我国基础学科拔尖学生培养已进入2.0实施阶段。教育部高等教育司司长吴岩提出实施拔尖计划2.0

要把握"选、培、评"三个关键环节[1],而评价拔尖人才培养实施成效正在成为研究者和管理者日益关注的问题。近年来,毕业生跟踪调查作为检验人才培养质量的重要手段,越来越得到教育部门和高校的重视。

开展"拔尖计划"本科毕业生跟踪调查,有助于了解学生的学习收获和成长规律,总结拔尖学生培养的有效措施,是评价拔尖人才培养质量的一个重要维度,也是提炼和丰富拔尖人才培养理论的一个途径。本研究以上海交通大学"拔尖计划"人才培养基地——致远学院的首届毕业生为研究对象进行调研,旨在了解"拔尖计划"毕业生发展的现状以及本科学习经历对其发展的影响,探索该项目对本科学术型拔尖人才的影响效果和作用机制,为深入实施拔尖计划2.0提供借鉴。

上海交通大学致远学院成立于2010年,是"拔尖计划"首批实施基地,致力于培养具有家国情怀、批判性思维能力、知识整合能力、沟通协作能力和全球化视野的领袖型人才和未来科学家。学院先后设立了数学、物理学、生命科学、计算机科学、化学、生物医学科学和工科七个专业方向,探索形成的"厚植基础+使命推动+好奇心驱动"的拔尖人才培养模式,得到国内外高等教育界的高度认可。拔尖计划2.0阶段,学院以建设新时代致远书院来构建交叉、融合、开放、创新的师生学习生活共同体。学院还承担了教育部拔尖计划2.0秘书组工作,在拔尖计划2.0实施当中发挥着积极作用。因此,本文选择致远学院作为研究的案例。

一、国内外研究进展

国外大学荣誉教育项目和国内"拔尖计划"都是面向资优学生设置的因材施教项目,在设计上有共通性。通过梳理文献发现,这两类教育项目有三个突出的共同特点:注重设置挑战性课程、支持本科生参与科研和建立学习共同体。国内外相关研究显示这三类教育实践对学生学习发展有着积极影响。

1. 高挑战度课程对学生发展的影响

研究表明,高挑战性课程及研究型教学模式对学生学业发展、学术志趣、求学满意度均会产生积极影响。国内学者黄岚等对N大学在航空航天领域工作的86名杰出校友进行深入访谈和问卷调查,发现教师引导、实践经历、课程体系是大学教育影响高科技拔尖人才素质形成最重要的因素。[2]李雄鹰等以7所"拔尖计划"实施高校的2000名学生为研究对象,开展了大学生学习性投入与学习收获的问卷调查,结果显示"高学业挑战"和"充足的支持"对拔尖学生的成长影响显著,挑战性的课程,良好的师生互动水平,经常与同伴合作学习,使其对知识的掌握更深刻,并能更好地认识自我,形成更高的求学满意度。[3]陆一等对清华大学生命科学专业的290名学生进行问卷调查,发现课程挑战度合适与一年级学生学术志趣有显著关联,而对所有年级学生而言,学术志趣与感知到课程之间的关联性和系统性显著正相关。[4]

2. 本科生科研对学生发展的影响

拔尖人才培养项目能够为本科生提供更多科研训练机会,提升学生的科研能力和创新素质[5],增强学生学者身份认同[6,7],促进学生的深造意愿。[8]已有实证研究揭示了学生在本科生科研中的社会化发展过程。刘军仪通过美国研究型大学本科生科研案例分析,从情境认知理论视角,提出本科生科研是在发挥学生主体性的基础上构建个性化学习体验,进而在真实的研究情境下培养学生的创新能力,并通过参与实践共同体获得成员身份,增强学生科研兴趣。[9] Russel 等调查发现,本科生科研训练能够激发学生对科学探索的兴趣并促使他们选择深造。[10]

研究还表明,科研自我效能感是本科生科研训练和创新能力发展、学者身份认同等结果之间重要的中介变量。Robnett 等通过对300余名本科生进行问卷调查,揭示了本科生科研参与、科研自我效能感和学者身份认同之间的作用机制,以及自我效能感在科研参与和学生学者身份认同中的中介作用。[11] Hunter 等发现,本科生对自身科研能力的信心越高,越能激发他们成为科学家的信念。[12]

3. 学习共同体对学生发展的影响

拔尖人才培养项目作为师生学习共同体,能够增进学生的归属感和身份认同感,影响学生的志趣和职业选择。Kathy 等通过 Meyerhoff 学者项目在校生和校友调查发现,Meyerhoff 身份形成、对 Meyerhoff 的归属感、社交网络、暑期交流项目和经费支持对他们的发展发挥了积极作用。[13] Lee 发现,学生和拥有共同学术追求的同伴关系越好,越能将自己看作科学家并更愿意参与科研活动。[14]学者身份感还是荣誉项目影响学生态度的中介变量[15],能够影响学生对科学的兴趣,以及继续深造和从事学术职业的意愿。

总体来看,拔尖人才培养项目通过高挑战度课程、科研机会和构建学习共同体,促进学生的学术发展和社会化发展。而迄今国内关于拔尖人才培养项目对学生社会化发展以及内在作用机制的研究还比较匮乏。

二、研究设计

致远学院首届学生在2012年本科毕业时全部选择继续深造，深造高校包括普林斯顿大学、耶鲁大学、上海交通大学等国内外一流大学。针对这批毕业生的调查正式始于2017年7月，即首届学生毕业五周年之际。经过前期文献调研、与相关专家和学生探讨，本研究设计了面向毕业生、授课教师和管理人员的访谈提纲。

具体调查分为两个阶段：在文献研究的基础上，通过文本分析方法，剖析首届学生在本科毕业时的自述报告（即毕业感悟），提炼学生发展要点，并融入访谈提纲；然后通过一对一或小组访谈的形式，对首届毕业生、授课教师、管理人员共35人进行半结构化深度访谈，了解首届毕业生对学院的追溯性评价以及教师、学生和管理人员对学院和毕业生的看法，同时将邮件和微信交流作为调查的补充形式。对比文本分析和对三方的访谈结果，形成互证关系。

本研究主要采用扎根理论研究方法，对访谈结果、学生自述报告等质性资料进行整理和编码，深入挖掘被访者经历的关键事件和反思评价中的含义，形成适合中国本土情境的拔尖学生发展理论。扎根理论不仅强调系统地收集和分析经验事实，而且注重在经验事实上抽象出理论，因此被认为较好地处理了理论与经验之间的关系问题。[16,17]

三、研究发现

（一）八成以上首届毕业生选择学术性研究

首届毕业生中28人攻读博士学位，其中14人博士毕业并处在博士后阶段，其博士后单位主要集中在哥伦比亚大学、普林斯顿大学等世界一流大学。截至2020年，最新统计结果显示，首届毕业生86%从事学术研究工作。

首届多数毕业生已经开始在国际学术舞台崭露头角，取得一定学术成果。本科毕业五年之际，在国际重要学术刊物上发表74篇论文，其中以第一作者身份发表论文36篇。目前，1人博士论文获得"新世界数学奖"银奖，得到国际数学界的高度认可；5人完成博士后研究，回到母校上海交通大学任教，继续从事基础理论研究，其深造期间的合作研究对人工智能基础研究和应用已产生一定影响。

(二) 致远学院拔尖人才培养对首届毕业生发展的影响

首届毕业生普遍认为在致远学院期间的学习收获很大,为他们今后的学术研究打下了扎实深厚的基础。超过85%的毕业生认为在读期间的学习效果超过了自己的预期,75%以上的毕业生表示本科学习经历是他们"学术研究的起点""为博士阶段学习打下了基础"和"给予科研的启蒙"。半数以上的毕业生表示他们收获了"理解科学研究是什么""浓厚的学习兴趣""扎实的数理基础""科学研究的态度"和"浓厚的科研兴趣",其中提及"浓厚的科研兴趣"的毕业生最多。

为研究拔尖人才培养项目对学生发展的影响结果和作用机制,本研究通过对文本资料的逐行逐句编码,确定了32个开放编码和13个轴心编码,并最终提炼出三个核心范畴:创新能力发展、学者身份认同和科研自我效能感(见表1)。

表1 致远学院拔尖人才培养对首届毕业生发展影响的三级编码表

选择性编码 (3个)	轴心编码 (13个)	开放编码 (32个)
创新能力发展	打牢知识基础	学习数理核心课程(14)、广泛接触各类知识(5)、融会贯通各知识点(1)、了解知识的用处或价值(4)
	示范和指导	教师手把手演示和指导(11)
	搭建思路框架	教师为学生提出研究问题(6)、提供研究思路(7)
	清晰表达	教师鼓励学生积极表达研究想法(4)、口头汇报研究进展(12)、师生讨论问题(18)
	反思学习	教师鼓励学生反思(8)
	主动探究	实验室轮转(13)、主动发现和提示问题(2)
	合作学习	学生合作完成科研任务(3)
学者身份	创造性人格	主动探索(4)、敢于尝试(6)、好奇心(4)、思维活跃(2)
	科研兴趣	学科知识兴趣(7)、科学研究兴趣(13)
	学术志向	树立科研目标(10)、明确个人发展规划(8)
	参与科研	认识什么是科学研究(8)、经历科学研究全过程(12)、接受导师指导(15)、学习科学家思维方式(8)
	角色楷模	教师言传身教(11)、师生互动频繁(4)、同伴志同道合(20)、学习氛围浓厚(13)
科研自我效能感	自信心	对做好科研的信心(8)、对继续追求学术的信心(8)

注:32个开放编码后括号内的数字为访谈转录文本中出现的频次。

(三) 致远学院拔尖人才培养对首届毕业生发展影响的作用机理

1. 融通课程对塑造思维方式和激发科研兴趣起到重要作用

致远学院首届学生专业方向为数理科学,学院为首届学生设计了数理融通的培养方案,允许学生在数学和物理学两个专业中选择一个作为主修专业,另一个作为辅修专业。该方案的独特之处在于打破数学和物理的专业界限,融汇数理知识点,强化双基础,培养学生的数理融通能力。致远学院名誉院长张杰院士曾指出,"数理科学班着力培育学生兼备物理直观性和数学缜密性,发展数理融通的能力;生命科学班强调通过与理工科结合培养研究生命科学问题的能力。致远学院的这种交叉型人才培养目标是难以在传统的单一院系中实现的"。

下面是致远学院首届学生与上海交大数学、物理学专业的专业基础类课程对比情况(见表2)。可以看出,首届学生上的数理课程知识范围更广、难度更大、关联更紧密。

表2 专业基础类课程比较

专业名称	课程名称
2008级数理科学方向	数学分析原理、高等代数、物理系引论、复分析、应用数学导论、常微分方程与动力学系统、偏微分方程、傅里叶分析与实分析、概率论、物理学引论、统计力学与热学、电动力学(A)、量子力学、理论力学(G类)、物理实验(2)
	专业研讨课
数学与应用数学专业	专业导论、一元微积分、高等微积分、多元微积分、线性代数Ⅰ&Ⅱ、程序设计与数据结构
	力学、热学、电磁学、光学物理学专业导论,力学、热学、电磁学、光学、原子物理、数值分析与程序设计、数学物理方程
	数学分析Ⅰ&Ⅱ、高等代数Ⅰ、复变函数、概率与统计

数理融通课程让学生从本科开始有机会理解数理知识背后的来龙去脉和彼此之间的贯通联系,潜移默化地将这种融通思想渗透到自己的学习和研究中,对塑造思维方式、提升科学品位起到促进作用。"开阔了视野,让我们以另一种方式思考问题、发现更多问题、解决更多问题"(学生12),"随着不断学习和积累,甚至到现在自己教'常微分方程',越来越能体会到大一暑假鄂维南老

师讲课的精髓,当时不理解确实是因为境界还没到"(学生1)。

数理融通课程为学生做科研打下了坚实的理论功底。"读博的前两年让我省去了不少基础课学习时间,可以尽早接触科研项目,虽然没有任何研究背景,也能够很快理解和掌握各种算法"(学生3),"机器学习、人工智能用到的很多模型是从物理中来的,拥有数理背景,更有利于现在的交叉研究"(学生4)。

2. 科研实践是培养学生解决问题能力与团队精神的重要途径

分析访谈资料发现,首届毕业生参与科研的过程印证了认知学徒制理论(Cognitive Appren-ticeship)。认知学徒制是在20世纪80年代末90年代初教学范式刚刚从以"教"为中心转向以"学"为中心,对学习的研究正逐渐由认知转向情境,学习环境设计思想初现端倪的背景下诞生的一种学习理论、学习环境设计思想和教学模式,是新教育范式的一种实现途径和存在形式,也是新兴的学习科学的理论基础之一,对于克服传统学校教育的弊端有显著作用。[18]

认知学徒制模式由内容、方法、序列和社会四个构件组成,每个构件包括一系列特征(见表3)。

表3　知识学徒制模式的设计原则

构件	特征
内容	领域知识、启发式策略、控制策略、学习策略
方法	教师提供示范、指导、脚手架;培养学生清晰表达、反思、探究
序列	复杂性的递增、多样性的递增、全局技能先于局部技能
社会性	情境学习、实践共同体、内部动机、合作学习

对致远学院首届毕业生的访谈结果进行归纳提炼,形成图1的学习成效框架图。本科生参与科研的过程表现为:首先,教师创设真实问题的情境,示范解决问题的基本逻辑和策略,学生作为"新手"观察、模仿和学习教师解决问题的方法。然后,教师搭建脚手架,为学生提供研究思路和框架,学生在教师和同伴的指导下,逐步经历文献阅读、根据问题自学知识、实验操作、数据分析等科研全过程。学生通过提出问题、讨论问题、汇报研究进展等方式展现自己的思维,教师和同伴进行反思和评价,进而反馈给学生,学生在反思中修正思维,经历多次师生共同反思,逐步提升高级思维技能和知识迁移能力。最后,教师进一步拓展新的情境,拆除脚手架,提供更为复杂的研究任务。由于学生的自信心和独立性不断增强,能够清晰表达自己的知识和思维,解决复杂问题

的能力不断提高,甚至能够帮助其他"新手"。

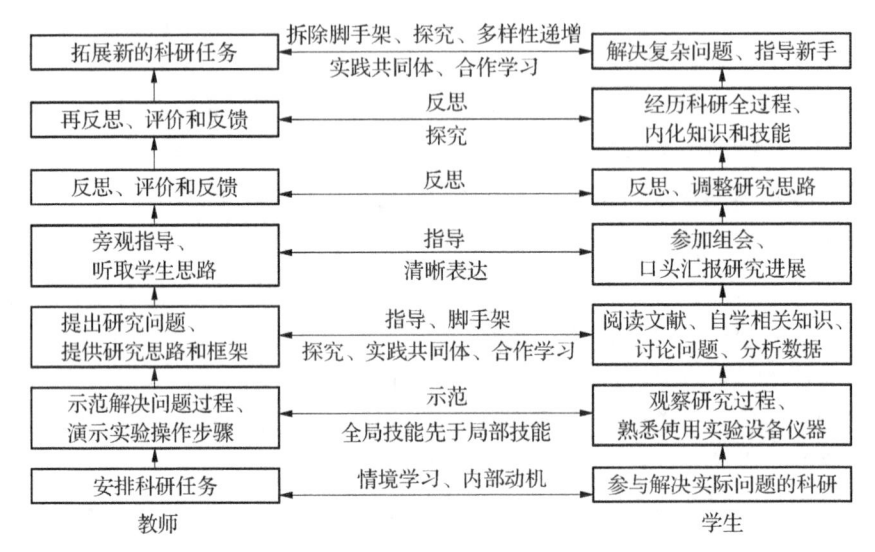

```
拓展新的科研任务  ←拆除脚手架、探究、多样性递增→  解决复杂问题、指导新手
                    实践共同体、合作学习
再反思、评价和反馈  ←──────反思──────→  经历科研全过程、
                    ──────探究──────    内化知识和技能
反思、评价和反馈    ←──────反思──────→  反思、调整研究思路
旁观指导、          ←──────指导──────→  参加组会、
听取学生思路        ──────清晰表达────    口头汇报研究进展
提出研究问题、      ←──指导、脚手架────→  阅读文献、自学相关知识、
提供研究思路和框架  ─探究、实践共同体、合作学习  讨论问题、分析数据
示范解决问题过程、  ←──────示范──────→  观察研究过程、
演示实验操作步骤    ──全局技能先于局部技能  熟悉使用实验设备仪器
安排科研任务        ←──情境学习、内部动机→  参与解决实际问题的科研
     教师                                              学生
```

图 1 本科生科研的过程机制

这一过程体现了认知学徒制的三点核心要义：

(1) 让思维过程外显化。

教师将自己的思维过程外显给学生,口头说出解决问题的过程和方法,让学生感知和获取教师解决问题的认知和元认知策略,学生也不断学习清晰表达自己的思维,将思维外显给对方,实现师生之间有效的互动,真正提高学生的高级思维能力,促进学生像专家那样思考。具体到拔尖人才参与科研训练,他们从大师级学者身上观察和学习科学家的思维方式,进而提高自己的思维能力。从教师角度而言,"要让学生亲身经历整个研究过程,让他们明白为什么做、怎么做、要什么效果和是否达到,鼓励学生自己找出问题,这一定程度上比解决问题更重要"(教师1)。

(2) 搭建和拆除脚手架。

在本科生科研训练中,学生按照复杂性递增、多样性递增、全局技能先于局部技能的序列循序渐进地学习。教师提供的"脚手架"可以是提供帮助和建议,比如提供研究思路,启发和引导学生,并及时反馈；可以是提出开放性的问题,引发学生自主学习和独立思考,唤醒学生内在的学习动机；也可以是创设问题情境,让学生逐步跨越"最近发展区",逐步接近专家的思维。不少毕业生提到,科研上取得的进步给他们带来了自信,进而激励他们坚持继续做科研,

"当初老师布置给我一个容易入手的题目,让我能够探索并很快解决问题,找到研究的自信心"(学生8)。

(3) 在实践共同体中提高解决问题能力和培养团队精神

本科生科研为学生创设了研究真实科学问题的情境,导师、研究生和同学构成了科研实践共同体,不同知识背景和思维模式的个体之间的对话不断增强,学生"新手"在反思、探究、合作中逐步积累知识与提高沟通技能。"通过团队合作完成小课题,一方面提高了通过研究来解决问题的能力,另一方面增进同学之间的了解,发现各自的长处,培养团队协作能力,让我们学会怎么做事情,因为以后的科研也需要和别人合作交流。"(学生1)

3. 学习共同体有助于学生形成学者身份认同

(1) 准备阶段。

本科生学者身份的认同过程是合法的边缘性参与过程,这种学习和参与发生在共同体的情境中,"个体以积极的学习动机和学习情感投入其中,动机和情感既是身份建构的基础,也是身份建构的内在保证"[19]。本文将前文所述提取的与学者身份形成相关的三个轴心编码"创造性人格""科研兴趣"和"学术志向",作为本科学术型拔尖人才对学者身份认同的第一阶段——"准备"阶段。

首届学生是通过"过程选拔"方式进入致远学院的,即经过大学第一年学习,他们已经适应了大学生活,对个人兴趣和发展方向形成了比较清晰的认识。学院在选拔中注重考察学生的学术志向、科研兴趣以及主动探索、认真踏实、坚毅、好奇心等方面,这与威廉斯创造力倾向测量表(Williams Prefer Measurement Forms)[20]提出的四个特征(探索性、冒险性、好奇性、想象性)含义基本一致。比如"冒险性","能够自己尝试一些问题,我相信他们刚开始尝试的时候也有很多的失败、挫折,但是不尝试永远不会自己发现问题并解决问题,我们这里的学生特别好,敢于做这个事"(教师2)。经过"过程选拔"的学生创造力倾向明显,加上"志趣"驱动,强化了他们成为学者的动机。

(2) 实践阶段。

致远学院汇聚了一群极具创新思维的教师和一群极具创新潜力的学生,这里整个学院、每个班级、每个讨论组、每个课题组、每个课堂甚至每个寝室都可以构成学习共同体,学生学者身份发展是在个体学习与个体间互动中完成的。当个体在实践中体会到工作的意义和价值时,其荣誉感和使命感会不断增强,并能够以专业的态度和精神对待这一身份。因此,学者身份认同的第二阶段,可以称作"实践"阶段,这与"参与科研"和"角色楷模"两个轴心编码的作用密不可分。

教师通过指导科研、课堂讨论、课后交流等方式,不仅教给学生知识和方法,还用自己的言传身教影响学生的情感、态度和价值观。学生被优秀科学家的精神气质、行为方式、思维模式、研究态度等所感染,更愿意以他们为榜样从事学术研究工作,"学习他们怎么做科研,做科研应该遵循怎样的思路"(学生14)。同时,学生通过参与科研,学习成熟科学家的思维方式,了解什么是科学研究,在科研中取得进步和成果后自信心得到增强,进而产生更强烈的兴趣和动力继续探究和解决问题,对成为学者的身份认同也越来越强烈,甚至影响未来职业选择。

相应地,教师对学生的态度也能够影响学生的学者身份发展。有些老师"把学生当作未来的学者来看待"(教师1),对学生的自信心、科研兴趣等产生积极影响。教师对学生学者身份的尊重,进一步增强学生对学者身份的认同感。

除了杰出学者和青年教师,优秀同伴也是拔尖人才学者身份发展过程中的"角色楷模"。绝大多数毕业生在调查中提到"学习氛围""同学"等对他们的帮助和影响非常大,也非常认同这种同伴构成的学习共同体模式。拔尖人才培养项目汇聚了志同道合、学习积极性高、探索主动性强的拔尖学生,彼此交流密切,相互激励和成长,更有利于他们学者身份的发展。"大家你追我赶,学习氛围非常浓厚,我的两位室友给了我很大帮助,对我后来的选择和发展影响非常大。"(学生8)可见,本科阶段的社会互动促进了学生学术道路的选择。

(四)本科学术型拔尖人才培养路径模型

基于首届毕业生访谈资料及对自述报告的分析,本研究提出"本科学术型拔尖人才培养路径模型"(见图2)。该模型展示了拔尖人才培养项目的递进式培养路径,体现了适合本科学术型拔尖人才的学习顺序、学习内容和学习方法,也反映了个体学习的社会心理过程及其与个体发展之间的关系。

"创新能力发展"和"学者身份认同"是本科学术型拔尖人才成长的重要结果,也是选择学术职业的决定性因素。经过"过程选拔"汇聚了一批创造力倾向突出、志趣坚定的学生,拔尖人才培养项目提供的一整套递进式培养举措,

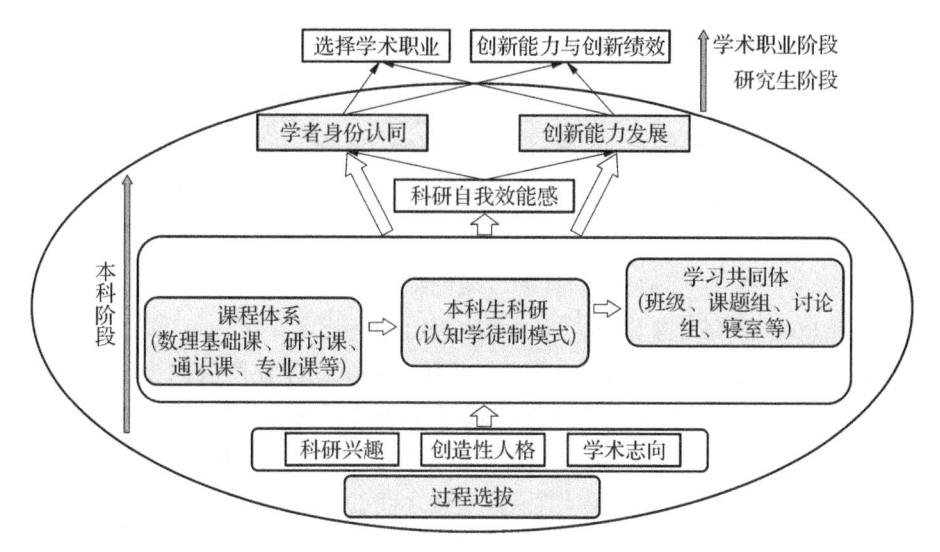

图 2　本科学术型拔尖人才培养路径模型

即以融通课程为基础的课程体系、基于认知学徒制模式的本科生科研训练以及学习共同体,促使学生在取得成绩的同时,不断形成对学者身份的认同,增强科研自我效能感,从而进一步激发科研兴趣,随之通过学习和科研实践,创新能力进一步提高,更能够像科学家一样思考问题、解决问题,整个发展过程呈螺旋式上升特点。科研自我效能感在其中发挥中介作用。

拔尖人才之所以"拔尖"不仅在于掌握精深的专业知识,还在于拥有坚定的学术志向和强烈的学术兴趣,以及敢于打破常规,不走寻常路。受中国传统文化和教育模式的影响,中国学生相对内敛保守,习惯被动接受知识而不习惯主动思考和提问,习惯"刷题"而不习惯亲身实践体验,习惯被安排做什么而不清楚自己想做什么。面对带有同样特质的中国拔尖学生,拔尖人才培养项目在重视打基础的同时,更侧重于让学生通过实践活动和互动交流来唤醒自身的好奇心,激发学习的主动性。在此培养路径下,拔尖学生始终是学习发展的主体,一次次突破"守规矩"的自我,从被动走向主动,养成主动思考、敢于提问的习惯;也一次次通过试错找到兴趣和方向,从迷茫走向坚定,建立走学术道路的自信心,加深对自我学者身份的认同。这里的"主动""坚定"和"自信心"是中国拔尖学生经过拔尖项目培养后发展出来的重要内部特质,对其未来有着重要影响作用。该模型反映了拔尖人才培养项目对中国拔尖学生发展的增值作用,同时也进一步丰富了 Austin 提出的"输入—环境—输出模型(IEO 模型)"理论。

四、结论和建议

以融通课程为代表的课程体系、本科生科研和学习共同体构成了本科学术型拔尖人才培养过程的三大要素,也成为影响本科拔尖人才发展的重要因素。创新能力发展和学者身份认同是拔尖学生通过课程学习和科研实践等活动,在学习共同体中与环境不断互动生成的结果。

基于此,本研究对深化拔尖人才培养提出如下建议:

第一,开展拔尖人才融通培养。未来科技领军人才要解决高度复杂科学问题的前提是奠定深厚宽广的知识基础,成为复合型人才。2018年,美国科学院、工程院和医学院联合发布的一份报告[21]指出,要促进学科融通,开展融通教育的新模式和新项目,帮助学生了解学科之间的联系,促进学生发展和未来发展需要。因此,本科学术型拔尖人才培养应积极适应未来世界科学发展趋势,将培养拔尖学生的思维能力作为关键点,构建学科融通的人才培养大纲和课程体系,帮助学生为跨学科研究学习做好充足的准备。

第二,发挥"学者型教师"的指导作用。开展本科生科研训练,指导教师的科研水平和教育教学能力都很重要,教师要注重为学生创设解决科学问题的真实情境,发挥示范、指导和脚手架支撑功能,启发和引导学生发挥主体作用,尽可能让学生"看到"教师的思想,促进学生清晰表达、反思、探究和合作,建构自己的知识体系和思维模式。

第三,增进拔尖学生的学者身份认同。学术型拔尖人才培养不仅要发展创新能力,还应关注学生的社会化发展。教师和同伴对学生的角色楷模作用是影响学生学者身份认同的重要因素。因此,应积极发挥学习共同体的内隐教育作用,增进师生互动、生生互动,鼓励学生通过积极参与学习共同体活动,不断增强做科研的自信心,发展研究兴趣和学术志向。

参考文献

[1] "基础学科拔尖学生培养计划2.0"基地建设工作推进会在京举办[EB/OL].(2018-12-18)[2021-01-16].http://education.news.cn/2020-12/18/c_1210936289.htm.16].http://www.moe.gov.cn/srcsite/A08/s7056/201810/t20181017_351895.html.

[2] 黄岚,蒋彦龙,孔垂谦.科技拔尖人才的素质特征与大学教育生态优化:基于N大学杰出校友调查数据的层次分析[J].高等教育研究,2017,38(1):55-61.

[3] 李雄鹰,秦晓晴."拔尖计划"学生学习性投入与学习收获的关系研究:兼论大学生深度学习的推进[J].江苏高教,2019(12):102-108.

[4] 陆一,史静寰.拔尖创新人才培养中影响学术志趣的教育因素探析:以清华大学生命科学专业本科生为例[J].教育研究,2015(5):38-47.

[5] KARDASHCAM. Evaluation of undergraduate research experience:perceptions of undergraduate interns and their faculty mentors[J].Journal of Educational Psychology,2000,92(1):191-201.

[6] [12] HUNTER A B,LAURSENSL,SEYMOUR E. Becoming a scientist: the role of undergraduate research in students' cognitive, personal, and professional development [J].Science Education,2007,91(1):36-74.

[7] MEROLLAD M, SERPERT. STEM. Enrichment programs and graduate school matriculation: the role of science identity salience[J].Social Psychology of Education,2013,16(4):575-597.

[8] TSUIL. Effective strategies to increase diversity in STEM fields:are view of the research literature[J].The Journal of Negro Education,2007,76(4):555-581.

[9] 刘军仪.美国研究型大学本科生科研的价值诉求:基于情境认知与学习理论的视角[J].复旦教育论坛,2010(2):84-87.

[10] RUSSELL S H, HANCOCK M P, MCCULLOUGH J. Benefits of undergraduate research experiences[J]. Science,2007,316(5824):548-549.

[11] ROBNETTRD, CHEMERSM, ZURBRIGGEEL. Longitudinal associations among undergraduates' research experience, self-efficacy, and identity[J]. Journal of Research in Science Teaching,2015,52(6):847-867.

[13] STOLLE MCALLISTERK, DOMINGO M RS, CARRIL-LOA. The Meyerhoff way:how the Meyerhoff scholarshipprogram helps black student ssucceed in the sciences[J].Journal of Science Education&Technology,2011,20(1):5-16.

[14] LEE J T. More than ability:gender and personal relationships influence science and technology involvement[J]. Sociology of Education. 2002,75(4):349-373.

[15] MEROLLADM, SERPERT, STRYKERS, etal. Structural precursors to identity processes:the role of proximate social structures[J]. Social Psychology Quarterly.2012,75(2):149-172.

[16] 陈向明.质的研究方法与社会科学研究[M].北京:教育科学出版社,2000.

[17] 陈晓萍,沈伟.组织与管理研究的实证方法:第3版[M].北京:北京大学出版社,2018.

[18] 陈家刚.认知学徒制理论与实践[M].上海:华东师范大学出版社,2017.

[19] 邱德峰.学生作为学习者的身份建构研究[D].重庆:西南大学,2018.

[20] 林幸台,王木荣.修订威廉斯创造性思考活动手册[M].台湾:心理出版社,1997.

[21] National Academies of Sciences, Engineering, and Medicine. The Integration of the Humanities and Arts with Sciences, Engineering, and Medicine in Higher Education: Branches from the Same Tree [R]. Washington, DC: The NationalAcademiesPress, 2018.

物理方向本科生研究与学术能力训练机制探索

南京大学　王思慧　万建国　周惠君　王寅龙

作者简介

王思慧，女，南京大学物理学院教授。1964 年 11 月出生，1980—1984 年就读于南京师范大学物理系，1987 年南京大学理论物理专业硕士，2001 年南京大学理论物理专业博士。1987—2002 年在南京工业大学（南京化工学院）任教职，2002 年起在南京大学物理学院任教职。曾经在超导电性宏观理论和纳米半导体发光机制方面开展研究，近年来主要从事基础物理和实验教学。

成果摘要

南京大学物理学院和物理国家级实验教学示范中心以新生研究性物理实验课为龙头，以南京大学青年物理学家锦标赛等课外活动为载体，以学科竞赛为驱动力，以课题研究为台阶，以日常课程教学体系为基础，全面培育学生的研究创新能力。多年以来，项目团队持续推进课程改革，探索新型创新人才培养模式，不仅培育了一批科研能力突出的学生，更打造了综合素质出众的教师团队。团队成员守正创新，玉汝于成，已初步探索出了一条独特的"南大之路"，未来将继续笃行不怠，勇毅前行，进一步解决"提出问题难"这一目前教学中普遍存在的问题，为培养党和国家需要的高水平高素质人才提供"南大方案"，为国家高水平科技自立自强贡献"南大力量"。

研究课题名称

物理方向本科生研究与学术能力训练机制探索

研究课题成果介绍

《中共中央关于制定国民经济和社会发展第十四个五年规划和二〇三五年远景目标的建议》中提出坚持创新在我国现代化建设全局中的核心地位,把科技自立自强作为国家发展的战略支撑,摆在各项规划任务的首位。基础物理学科拔尖人才培养计划中,学术研究与创新能力的培养是一个重要目标。通过各种形式的教学实践活动实现这个目标,探索一套行之有效的训练机制具有重要意义。自 2010 年以来,南京大学物理学院和物理国家级实验教学示范中心以新生研究性物理实验课为龙头,以 NYPT(NanJing University Young Physicists' Tournament,南京大学青年物理学家锦标赛)等课外活动为载体,以学科竞赛为驱动力,以课题研究为台阶,以日常课程教学体系为基础,全面提升学生的研究创新能力。多年以来,项目团队持续推进课程改革,积极主办参加在全国和区域具有重要影响力的赛事,探索新型创新人才培养模式,以成果育人,师生相长,不仅培育了科研能力突出的学生群体,更打造了综合素质出众的教师团队。

一、守正创新,玉汝于成

习近平总书记在二十大报告中指出,要坚持为党育人、为国育才,全面提高人才自主培养质量,着力造就拔尖创新人才。在该项目的实施过程中,我们始终坚持以物理方向拔尖计划的本科生为中心,构造集实验课程、课外活动、学科竞赛、课题研究于一体的平台,建立跨越院系、年级、课程的教学机制,全方位提升学生的研究创新能力和综合素质。建设全新动态的教学资源;实现教师与学生角色的重塑;形成严谨的学术精神,培养学生的批判性思维和卓越的创造能力。

(一) 持续推进实验课程改革,全力打造创新型实验室

如何实现探究式的一年级教学(Inquiry-based Freshman Year),把一个被动的知识接受者的角色转化成主动探索者,这是高等教育的重点和难点。在实践探索中,本项目尝试通过课程改革,激发学生的兴趣,使其主动发现问题,引发内在学习动机。为了实施探究式的一年级教学,全力打造创新型实验室,我们改进了"新生研究性物理实验"课程,每学期以全新的实验课题从零开始设计和搭建,寻求解释和理论。学生的主动性、好奇心和观察力就在克服困难的过程中逐步形成。项目实施期间,新建设数十个创新实验项目。2018 年,在前期建设的基础上,增设"物理建模与实验方法"课程,按照项目化学习的方式,在培养学生解决具体问题能力的同时,有针对性地培训测量仪器、加工工具、计算、模拟软件等手段的使用能力。

与此同时,项目团队依托物理国家级实验教学示范中心,对标杆课程"大学物理实验(三)"进行改革,重新设计与整合课程实验项目,分层次统筹设计不同类别实验项目,减少验证性实验,增加创新性设计实验和高阶综合研究性实验项目。同时改革课程教学方法,形成以培养创新人才为目标导向的课程教学体系,满足不同层次学生的多样化和个性化的培养需求。

2017 年新增 10 个物理实验项目,新增 1 个高端演示物理实验项目,升级改造 4 个物理实验项目。2018 年度新增 10 个常规物理实验项目,升级 5 个常规物理实验项目;新增 5 组创新拓展实验项目(可做 80 个实验项目);新增 60 个演示物理实验项目,升级 40 个演示物理实验项目。2019 年新增实验项目 20 个,其中大部分是综合性和创新性实验项目。

2017—2018 年创建 PT(Physicists' Tournament)物理创新实验室,包含物理创新实验教学综合系统,每年根据需要更新仪器设备。设立样品制备及元器件加工实验室,配备 DIY 实验器材,包括若干电动工具,3D 打印机、数控机床、五金工具等。学生经过培训即可自己动手制作所需要的样品和元器件。新增了一间 PT 创客空间实验室用于 PT 学术创新交流与研讨。目前创新实验室总面积已达 250 平方米。

2019 年,建成基于美国 PASCO 平台的创新拓展实验室。该实验室提供若干不同类别的模块化元器件,这些元器件具有传感器及数字化接口,通过数据采集控制系统与电脑相连接,可完成近百个实验项目,内容涉及力、热、光、电磁学等。学生利用该实验室设备,可根据自主设计的实验方案完成物理实验系统搭建,深入开展创新拓展实验研究。经过建设,拓展实验室面积约 120 平方米。

实验室建成之后,在江苏省教育厅和南京大学等单位的教改项目支持下,每年的器材设备更新和场地维护都能得到很好的保障。

(二) 主办和参加具有重要影响力的赛事,创立南京大学的品牌活动

以创新型物理实验课程为先导,结合优质的实验室资源,项目团队得已持续 13 年组织和发展 NYPT(南京大学青年物理学家锦标赛)活动。NYPT 主要选取了 IYPT(International Young Physicists' Tournament)的题目,其开放性的课题研究与常规的课堂教学以及实验教学都不同,涉及的实验都经历了从无到有,从想法到实验,从失败到成功等过程。这样独特的经历也激发了同学们的学习兴趣,提高了课程育人实效,锻炼和提高了学生的交流表达能力,同时也提高了他们的中英文学术写作能力,能够在国际刊物及出版社正式发表论文和出版书籍。

在此基础之上,建立跨越学校、院系、年级、课程的沟通和交流平台,积极主办大型区域赛事,组织南京大学代表队参加全国性赛事,并取得优异成绩,获得了广泛的社会影响力和同行好评。

图1 华东地区大学生物理学术交流营暨创新论坛

2017年5月,项目团队举办了华东地区大学生物理学术交流营暨创新论坛,来自复旦大学、华东师范大学、上海交通大学、中国科学技术大学和南京大学等高校的师生参加了此次活动。交流营期间,团队对赛制大胆创新,在传统比赛模式的基础上,提出并尝试了新的赛制和新规则(如工作语言采用英语,各校混编组队),取得了很好的交流效果。在论坛期间,各高校与会教师对该项活动也进行了充分交流和研讨,各自介绍了创新性活动开展的经验和教学情况,对本次交流营赛制的改革产生广泛共鸣,并予以肯定。

图 2 首届中国大学生物理学术竞赛(华东地区)

2018年1月,项目团队举办了中国大学生物理学术竞赛华东地区赛研讨会,并于当年6月成功举办了首届中国大学生物理学术竞赛(华东地区),共有26所高校的27支代表队参赛,另有6所高校观摩比赛。在南京大学NYPT团队的积极推动下,华东赛区的参赛队伍在中国大学生物理学术竞赛活动中,呈现出了"水平高"和"风采好"等优点,整体的综合素质很高。

图 3 2021年第四届南京大学创意物理实验竞赛

2018年起,项目团队每年举办"南京大学创意物理实验竞赛",提倡学生自由命题的创新实验活动。该项活动提倡学生自主出题,充分发挥学生的想象力和创造力,给予学生最大的发挥空间和尽可能的实验条件支持。该项竞赛在学生中广受好评,影响深远,同时也取得了非常积极的成效。比赛一等奖作品与随后发布的国际青年物理学家锦标赛(IYPT)的一个课题不谋而合。这种新型的比赛方式,能在一定程度上解决现有教育及考核体系中,不重视"提出问题"这一弊端。同时在比赛中,还前瞻性地开展了以手机传感器等简易装置为手段的居家/宿舍实验活动。

表1 项目团队承办、主办和参加比赛(部分)

时间	比赛名称	角色
2011年	第二届中国大学生物理学术竞赛(全国)	承办
2017年	第四届全国大学生物理实验竞赛(教学赛)(全国)	承办
2017年	华东地区大学生物理学术交流营(区域)	主办
2018年	中国大学生物理学术竞赛(华东赛区)(区域)	主办
2018年至今	南京大学创意物理实验竞赛(全校)	主办
2011—2019年	台湾物理大专生辩论赛(区域)	参加
2021年	全国高等学校物理演示实验教学研讨会	参加
历年	中国大学生物理学术竞赛(全国赛和华东赛区)	参加
历年	全国大学生物理实验竞赛(创新赛)(全国)	参加
历届	全国高等学校物理实验教学研讨会(本科生论文评比)	参加
历年	江苏省高校大学生物理与实验科技作品创新竞赛	参加

图4 董家豪、罗遥、邰翰文等参加2019年的三月会议

(三)开展多种形式交流,探索准科研人才培养模式

针对大学生创新能力和科研素质培养,以IYPT的科研项目为纽带,以学生的科研兴趣为基础,实现学生、教师、科研三要素的有机结合,激发了同学们的科研兴趣,增强了他们的创新思维能力。在取得一定的成果后,鼓励本科生参加多种形式的交流,促进学生综合素质提升。

在物理学院支持下,NYPT团队频繁推荐本科生参加美国物理学会年会(March Meeting),并做口头报告。

表 2　参加美国物理学会年会(March Meeting)本科生(部分)

时间	姓名	报告题目	备注
2020 年	肖林涛	Nonlinear tuning curves of a tuning fork	报告录用,因疫情未成行
2020 年	贾秋涵	The phenomenon of nonlinear coupling in a asymmetric pendulum	报告录用,因疫情未成行
2019 年	罗 遥	Subharmonic Resonance in Kick-exctied Pendulums	毕业后去往 Caltech
2019 年	董家豪	Solving time-dependent temperature field in a multi-field coupling system	毕业后去往 MIT
2018 年	徐 乾	Surface oscillating modes of star-shaped liquid drops	毕业后去往芝加哥大学
2017 年	赵文定	The research on vibrating modes of Faraday waves	毕业后去往清华大学
2017 年	鹿大川	Acoustic Properties of a Vibrating Plate in the Uniform Flow	毕业后去往 UCSD
2015 年	杜 立	Nolinear Interactions between Slender Structures and Axial Flow	报告荣获 Notable Accomplishments and Presentation,毕业后去往 MIT

(四)学生成果突出,综合素质出众

在新型创新人才的培养模式下,NYPT 团队取得了丰硕的成果。团队师生认真探究创新课题,以严谨求实的态度取得了一系列的高水平研究成果,发

图 5　World Scientific 出版书籍

表在国内外知名期刊上。近 5 年来，累计在 Physical Review B, Physics of Fluids 和 American Journal of Physics 等国际一流期刊发表文章 8 篇，其中 2 篇文章分别在 American Journal of Physic 和 Physics Fluids 获得编辑推荐，成为当期的封面文章。

在此基础之上，王思慧老师带领团队师生整理 IYPT 课题的优秀解答，与 World Scientific 出版社合作，连续 3 年发行书籍 International Young Physicists' Tournament Problems and solutions，获得海内外同行的广泛好评。

图 6　2019 年中国大学生物理学术竞赛团体特等奖合影

创新型教学模式带动课题探究的深入开展，NYPT 团队也在做好课题的基础上，积极参加各种创新比赛，自 2016 年以来，团队组建的南京大学代表队在中国大学生物理学术竞赛的系列比赛中荣获 4 次特等奖和 8 次一等奖，在这项赛事中赢得了卓越的学术声誉。在 2016 年和 2018 年的全国高等学校物理实验教学研讨会（本科生论文评比）中，连续获得一等奖（第一名）。在全国物理实验竞赛和江苏省高校大学生物理与实验创新竞赛中屡创佳绩。

（五）师生相长，培育一流的教师团队

长期以来，项目团队坚持以科研育人为导向，实现教学与科研的良性互动，创新了教学的方式方法，取得了一定的教学成果。

2018 年，项目团队以 NYPT 育人成果为基础，在祝世宁院士的牵头下，申

图 7　国家级教学成果二等奖证书

报了"一流物理学人才培养体系实践"教学项目,并荣获 2017 年度江苏省教学成果一等奖。随后团队申报了"集成学科优势,构建和实践特色物理学专业人才培养体系"项目(完成人:祝世宁、吴小山、王思慧、王炜、李建新、鞠艳、应学农、胡小鹏),该项目荣获 2018 年度国家教学成果二等奖。此外,团队成员王思慧荣获 2016 年南京大学教师教学成果奖教金(一等奖)、2017 年兴全责任奖教金(二等奖)、2018 年南京大学年度奖教金:魅力导师奖和 2019 年同正奖教金(一等奖);团队成员王寅龙荣获 2018 年兴全责任奖教金(二等奖)。

二、铸魂育人,启智润心

项目团队把研究型实验和各项创新学术竞赛等活动当成学术来做,高标准、严要求,有方法,有成效。团队的追求是:做学术,我们是认真的!中国大学生物理学术竞赛(China Undergraduate Physics Tournament,简称 CUPT)选题取自面向中学生的国际青年物理学家锦标赛(IYPT),团队努力把大学生物理学术竞赛做成"大学生"的"学术"的物理竞赛。

首先要解决的问题是破除对"创新"的无所适从和畏惧心理。通过对开放性真实问题进行解构,让"难题"回归学生熟悉的场景和理想化模型。例如某课题:称量沙漏的"重量"对其动态过程进行准确描述和解释,这具有一定挑战性。但是物理学的优势就是善于抓主要矛盾,本题涉及诸如质心、超重、失重等概念,用天平或者力传感器观察,很容易就能发现其失重、超重现象,从整体上理解沙漏视重为何变化。学生进行自主探究实验时,还可以组装、拆解装置,观察记录整个过程,考察分析每个阶段"重量"的来源。通过整体和局部两个视角的分析对比,学生对相关的概念就能够融会贯通。学生关注沙子之间怎样作用之类的细节,就自然而然进入了颗粒物质动力学等专门的课题。学生学会了分解一个复杂问题,逐个解决它们,打破了对未知的恐惧、树立了创新的胆魄,重要的是这个过程也无损他们的好奇心。

其次,注重系统性引导。例如,面对文献中已有的课题,如何展开研究?当一个课题的基本原理已经明确之后,是否意味着该问题就已经解决了呢?事实上,很少有问题会被一次性解决。通常情况下文献对原理的理解也不见得完整和正确,更不可能尽善尽美。即使文献已经为一个现象找到了原理,并不意味着研究的终止,它仅仅是研究的一个阶段——finding,其后还有拓宽加深(extension)、改进、修正(improvement and modification)、模拟、建立联想(connection、analogy)、实际应用等。

再次,重视发现问题的能力。需要指出的是,在现有的教育及考核体系中,提出问题没有被给予足够的重视。经过创新训练的学生,往往能够在常规实验中发现问题并解决问题。例如,音叉的受迫振动是一个基础实验。在这个实验中,音叉被简化为线性谐振子,主要内容是测量谐振曲线等。但在实际测量中,团队学生肖林涛等发现了一些异常:谐振曲线在频率上升和下降过程中存在微小的不重合。由于受过创新型实验课程的训练,他们没有简单地用实验误差来敷衍,而是进行参数控制,多次再现并确认了这一现象。又由于基础扎实、涉猎面宽,他们敏感地意识到这可能是非线性效应中的双稳现象。于是他们进一步自学理论知识,查找各种文献,却没有找到符合主要实验特征的音叉振动模型。最后,他们修改了以悬臂梁为基础的音叉模型,构思了能够描述音叉对称性的较为真实的非线性模型。可以说,学生能够自己发现并提出课题,是教师最最期待的时刻!

从次,重视"老带新"和新人的教育。项目团队十分重视传统的延续和新老之间的传承,每年都会请高年级同学为新生示范他们已经完成的课题,给新生树立榜样和信心,鼓励跨年级的合作。团队成员杨烜同学在分享自己的实验时,谈到考虑了某个毫不起眼的参数后,理论模型竟然与实验结果惊人地吻合,他感叹道:"这时候你就开始相信物理学。"他个人对这件事印象深刻,也深深地感染了在座的同学。

最后,教师与学生角色的重塑。在新型的教学模式中,教师和学生的互动以及学生之间的互动显著提升。一旦接受了挑战性的任务，很多学生的学习能力和创造性是远远超乎指导者的想象的！当课题进展到一定程度以后，教师也会自然而然地从指导转变为向导甚至啦啦队员。在准科研阶段，探索科研导师制下本科生创新人才培养模式，实现学生、导师、科研三要素的有机结合。在此基础上，实现了教与学的互动"教学培养学生，学生回馈教学"，同时也完善了一批教学资源建设。

三、笃行不怠，物道无穷

本课题的核心成果是以研究性实验为代表的创新型实验教学以及学术竞赛等创新实验活动。以研究性实验为代表的创新型实验教学，在人才培养过程中起着举足轻重的作用。尤其是在国家实施自主创新战略、建设创新型国家的大背景下，创新人才的培养问题受到了前所未有的重视。需要积极探索加强课题研究、项目设计、研究性学习等跨学科综合性教学，认真开展验证性实验和探究性实验教学。所取得的一系列学术成果，也受到了国内外师生同行的一致好评。

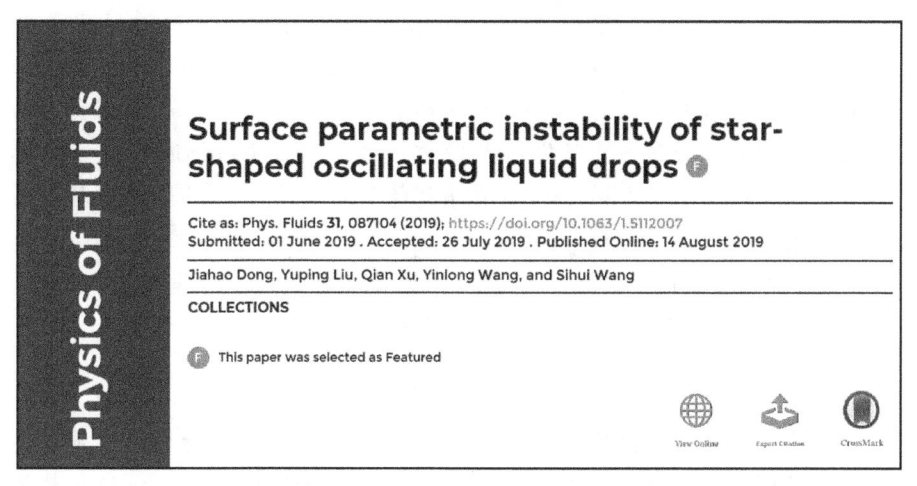

图8　董家豪等投稿的论文被 *Physics of Fluids* 编辑推荐为封面文章

团队学生董家豪等以 IYPT 课题为基础的论文获国际流体力学主流期刊 *Physics of fluids* 审稿人评价："Overall, the paper is clear and scientifically sound, and brings significant contribution to the subject." 并入选其 Featured Article："your article was one of the journal's best, and have chosen to promote it as a Featured Article."

American Journal of Physics 的审稿人在评价团队学生罗遥等投稿的论文时说:"This is an excellent example of a nonlinear argumentally coupled oscillator which exhibits many of the properties of chaotic systems." "This is a good article on an excellent topic, I favor their approach where the authors do not pursue the somewhat unclear issues related to linking classical systems to quantum mechanical discreteness using various versions of discrete amplitudes but instead focus on subharmonic frequencies. The use of fixed points, attraction basins and Poincare plots to analyze this system provides a clear use of the tools for particular applications."

American Journal of Physics 是国际公认的物理教学领域的高水平期刊,其主编 David P. Jackson 曾发文称:"A publication in AJP is more prestigious a publication in PRL."[Am. J. Phys. 85(9)2017]

团队师生所取得的优秀成果,对于全国范围内的创新型物理实验探索也起到了引领作用。仅举一封同行评价的邮件:

> 王思慧教授,在竞赛群里看到您作为通讯作者发表的科研论文 *Surface parametric instability of star-shaped oscillating liquid drops*,读后感觉内容扎实,论证可信,书写严谨。想向您咨询一下,这篇文章的发表是否和您带领竞赛团队对 2017 年竞赛题目 Leidenfrost star 的研究有关联? 因为如果这样,这实在是是值得特别提及的一点,应该是竞赛中最重要的一类成果。因为我们学校几位参与竞赛的老师在梳理竞赛十年的一些成果,以论证竞赛对学生在各方面培养的价值。这里想向您确认。祝工作顺利,节日快乐!

兄弟院校学生在比赛中的评价:

> 得知南大进了决赛的时候特别开心,和南大的那一场比赛也是我觉得我所经历的五场比赛里最舒服的。无论哪一所学校的学生,应该都是因为喜欢物理才来参加比赛,物理这么有意思的事情不应该因为比赛分数变得狭窄,所以能在 CUPT 看到南大这样的风格真的很开心。
> ——2019 年中国大学生物理学术竞赛(CUPT)期间某位参赛选手

四、总结和展望

　　星光不问赶路人,时光不负有心人。在过去的几年中,南京大学 NYPT 团队秉承为党育人、为国育才的使命和初心,面向物理方向的本科生,在实践中对他们的研究与学术能力训练机制进行了探索。在这一阶段的改革和实践中,项目团队取得了一定的成绩,同时也发现了一些不足。比如初期建设中,实验室管理水平尚待进一步提高。在初始的实验教学中,学生个性化培养、学生自主实验、学生课外实验研究方面取得成效的同时,实验室管理需要同步跟上,如仪器的调配、仪器的损耗、实验耗材的储备以及实验技术人员技术的保证等。随着改革的进一步深入,项目团队也采取了有效措施解决这些问题,并且已经取得了初步成效。

　　习近平总书记强调,教育、科技、人才是全面建设社会主义现代化国家的基础性、战略性支撑。必须坚持科技是第一生产力、人才是第一资源、创新是第一动力。如何更好地培育拔尖创新人才,加快建设高质量教育体系,始终是亟待解决的重大命题。目前项目团队在课程的改革和实验室初步建设中,已经探索出了一条独特的南大之路,在接下来的建设中,将进行更深入的探究,从而更加深入地发掘学生的兴趣,更精准地激发他们的探索意识,进一步解决"提出问题难"这一目前教学中普遍存在的问题,为培养党和国家需要的高水平、高素质人才,提供"南大方案",为国家高水平科技自立自强贡献"南大力量"。

物理学科本科导师对拔尖人才成长的影响

南京大学　吴小山

作者简介

吴小山，南京大学物理学教授，担任南京大学物理学拔尖计划学术导师，主讲电磁学课程。主要研究方向为X射线衍射与同步辐射、光电传输的物理机制。曾获江苏省科技进步一等奖、教育部自然科学二等奖等科研奖励，获江苏省教学成果特等奖、一等奖，国家教学成果二等奖、宝钢优秀教师教育奖等，享受政府特殊津贴。

成果摘要

2013—2018年，项目负责人是全国物理学拔尖计划培养研讨活动召集人，每年至少召集一次拔尖人才培养研讨活动，并开展拔尖导师对学生成长的影响研究。进入拔尖学生培养计划1.0的20所高校，对物理学拔尖人才的培养都高度重视，实施了导师制。本文主要研究了南京大学物理学拔尖学生培养的导师设置和对学生的影响。南京大学实行全程导师制，包括生涯导师、课程导师、学术导师和学业导师，经过实施，拔尖计划学生都走上了物理相关的科研之路。如2018年，物理学拔尖计划同学全部成为研究生，其中70%在国际名校深造。文中还对拔尖学生培养中存在的问题和可能的解决方案提出了自己的观点。

研究课题名称

物理学科本科导师对拔尖人才成长的影响

研究课题成果介绍

人才培养是大学的首要任务。为适应社会发展的人才需求和践行立德树人的高校人才培养根本任务,大学培养人才需要更广泛的适应性、创新性,这就要求大学培养的人才具有"厚基础、专业化、国际性、适应性",特别要有家国情怀。这不仅需要加强基础学科人才培养,也就是要加强数学、物理(天文)、化学、生物、计算机科学等基础性学科的顶尖人才培养,还需要引导学生成为未来社会主义国家的建设者,担当中华民族伟大复兴的历史责任。在专业方面,一方面可以推进科学的进步,发现新原理、新规律,另一方面可以服务于人类更高层次文明的推进过程,通过新原理实现新技术,通过新规律实现新器件,推动人类文明进步。在素质方面,要以为人民谋幸福,为实现中华民族伟大复兴为己任。因此具有家国情怀的高端基础性人才培养对社会发展具有强大的驱动力。

目前,世界各国都加强了基础学科人才的培养,并创建了很多人才培养模式。学科教师担任学生导师逐渐成为大家普遍接受的方式。师:授业解惑的主体,承担课程教学并解答学生的疑惑而成为老师,以身作则,言传身教,引导学生发展。当今社会高度信息化和互联网的发展,老师授业的任务减轻,但解惑的需求增加。中学阶段学生主要进行知识积累,通过老师不断"授业"奠定学生吸收知识的基础。进入大学学生在浩瀚的知识海洋,各种网络资源、数据使得学生很容易得到知识,但萃取适合自身发展的知识体系、去伪存真、理解运用各种知识信息才是最关键的。发掘学生兴趣、引导学生个性发展是老师的责任,从而体现本科导师的重要性和必要性。导师如何进入学生心灵、如何发现学生特点、兴趣,如何有效引导学生构建相关知识体系,如何运用已有知识创新知识体系等是我们需要研究的内容。本项目以物理学拔尖人才培养为例,调研国际国内部分高校本科导师的设计、任务和责任等,从理论上分析本科导师制的优劣、导师的职责和培养效果等,在我国拔尖人才培养中充分利用教师资源探索出新的路线。

一、发挥导师在人才培养中的作用

立德树人,导师是关键。选择优秀导师全程参与人才培养是人才培养的关键因素。

1. 明确导师的意义

以学生为中心,就是以国家未来发展需要的接班人为中心,必须发挥高校教师的引导作用，引领学生向着国家需要的方向发展。因此导师制在人才培养，特别是本科人才培养方面，是一种行之有效的手段。新时代大学生由于社会经济高速发展、网络信息化的巨大冲击等，在人生观、价值观、世界观形成方面具有突出特点：他们思想独立、关注社会，喜欢从网络中获得知识和信息，常常难以适应现实生活。在现实生活中引导他们，发挥导师的作用，对塑造他们正确的"三观"具有重要作用，对培养学生的创新精神、批判思维和科学素养，具有重要意义。

根据国内外的教学实践和现有研究成果，实行导师制正是培养创新能力强的拔尖人才的重要途径。所谓导师制，就是在师生双向选择的前提下，由专业造诣深厚、品行兼优的老师担任学生的指导教师，对学生的学习、品德、生活及心理等方面进行指导的一种教学制度。

2. 明确导师的职责和义务

导师制的基本做法是，为确定的导师或导师团队选配一组学生，在导师与学生之间建立起"师徒"关系，由导师对学生的思想、生活和学习进行指导，其最大的特点是师生关系密切，除学业、学术指导外，导师也指引学生的人生道路。国内外大量的实践证明，导师制是教育、培养和管理高层次人才的一种有效的制度。

因此在确定导师或导师团队时，也不一定只考量学术成就，要选择责任心强、责任感强、有担当、有思想、积极向上的老师或团队担任导师角色。要建章立制，有要求、有督促、有考评、有奖惩措施，设立完善的导师管理制度。

图1　邢院士利用上课的余暇与拔尖学生交流

南京大学在设立导师方面,建立了团队导师制度。聘请邢定钰院士担任首席导师,负责导师团队建设。教学院长担任秘书,起草相关规章制度、监督制度和考评奖惩制度。定期召开组织研讨会、师生交流会、午餐会、茶话会等活动,充分调动导师参与度和提升学生认同感。

图2 祝院士在给拔尖计划学生讲解应用研究与基础研究的关系

图3 导师学生面对面

3. 定位导师类型和在人才培养中发挥的作用

南京大学物理学院在培养拔尖学生过程中,为拔尖学生配备高水平青年教师担任班导师,在学业和学术研究等各方面给予拔尖学生科学的引导。班导师都是学术水平高深、德才兼备的优秀老师,有国家杰出青年基金获得者、教育部青年长江学者、中组部青年千人计划学者、哈佛物理系博士后、全国学联副主席等。班导师原则上应具有博士学位或副高职称,每届班导师聘期为三年(从二年级到四年级);班导师的主要工作形式是班会、座谈会、个别交流等,导师和班级建有QQ群、微信群,随时随地与学生进行交流,从理想信念、道德品质、综合素质等方面对学生进行引导,使学生树立正确的世界观、人生观、价值观;为了激励班导师工作,在每学年期末前两周内组织班导师交流一次,取长补短、相互促进。班导师实行自我评价、学生评议和学院考评的三结合评估制度,其中自我评价占10%,学生评议占60%,学院考评占30%。班导师工作考评将列入学院对教师考评的依据(社会服务方面)。

南京大学物理学院不仅为拔尖学生配备班导师,还为每一位拔尖学生配备了四类导师:生涯导师、课程导师、学业导师、学术导师。生涯导师由各年级辅导员兼任,学工书记总体负责;课程导师通常由学院学术造诣高的教师担任,从基础性课程到方向性课程和选修型课程,课程导师负责引导学生根据自身兴趣选择课程群,贴合学生后期发展方向;学业导师主要引导和激发学生学习兴趣,培养学生自主学习能力、创新创业能力,帮助学生设计未来发展途径;学术导师的任务是指导学生学术创新、科研创新等。

南京大学匡亚明学院设有大理科强化班,有物理专业、天文专业、生物物理交叉学科专业,是培养复合型人才的最佳摇篮,匡亚明学院的学生全部进入拔尖计划,学院施行本科生班主任制度以及学业、学术、生涯和朋辈导师制度。要求导师以"学业引导、科研指导、生涯辅导"为核心内容,全程参与育人活动。

班主任制度即由教授担任班主任,体现了匡亚明学院秉承的"以学生为本"的办学理念和管理风格,也充分体现了匡亚明学院对拔尖人才培养的重视和投入。班主任和辅导员将每个班的学生编成若干"学习小组",以"学习小组"为单位组织学生学习讨论和开展活动。另外,班主任还分别找学生谈话,了解学生的想法和需求,根据每个学生不同的特点积极开展对学生学业和创新方面的指导等。班主任与辅导员的通力合作使得学生的学习风气有了较大的转变,业余时间的安排更趋合理,同学们的优势和潜能得到进一步发挥。

南京大学匡亚明学院为提高学生的思想品德修养,引导学生树立中国特色社会主义共同理想和培养学生严谨诚信的学术态度,培养学生认真务实的学习风气,指导学生用科学有效的方法学习专业知识,为学生选派、聘任学术导师,在学生的思想品德培养、学业指导、学术研究、职业规划等方面予以引导和帮助。

4. 学院和导师共同培育学生国际化视野

充分依托基金委、教育部、学校等部门的有利政策,鼓励学生参与国际化交流。学院制定政策,调动导师和学生的积极性,参与各种国际交流:双学位、交换生、开设国际课程、合作课题研究、访学、游学、国际暑期学校、国际竞赛、国际会议等,鼓励学生在导师引导下与国际大咖"交朋友",充分利用导师在国际学术活动中的资源,让学生领略国际科研环境和国际社会环境,彰显中国社会发展魅力。

图 4 李绍春教授带领拔尖计划学生在美国参加联合暑期学校和游学

5. 建立导师考核方法,提升导师主动性和增强导师责任感

学院在尊重导师志向的基础上,为学生选拔导师;同时鼓励学生按照自己的兴趣选择合适的导师,采取双向选择。学生可以在相关专业的学院大范围选择合适的导师,学院引导学生选择自己心仪的导师,双向选择。学院为聘任的各类导师指定岗位职责、考核办法等,确保导师的积极性、责任心。

二、培养成效

南京大学物理学拔尖学生培养在"三制一划"的举措下,学生创新能力得到大幅提升。导师比较早地将创新引入教学、课外创新活动,从解释"茅山军号"的物理机制到验证物理学家的"双光子机制"等,都体现了学生创新能力的提升。学生学分绩点占据物理学院前列,在 2018 年度申请国际前十高校的学生中,7位都是拔尖计划学生。

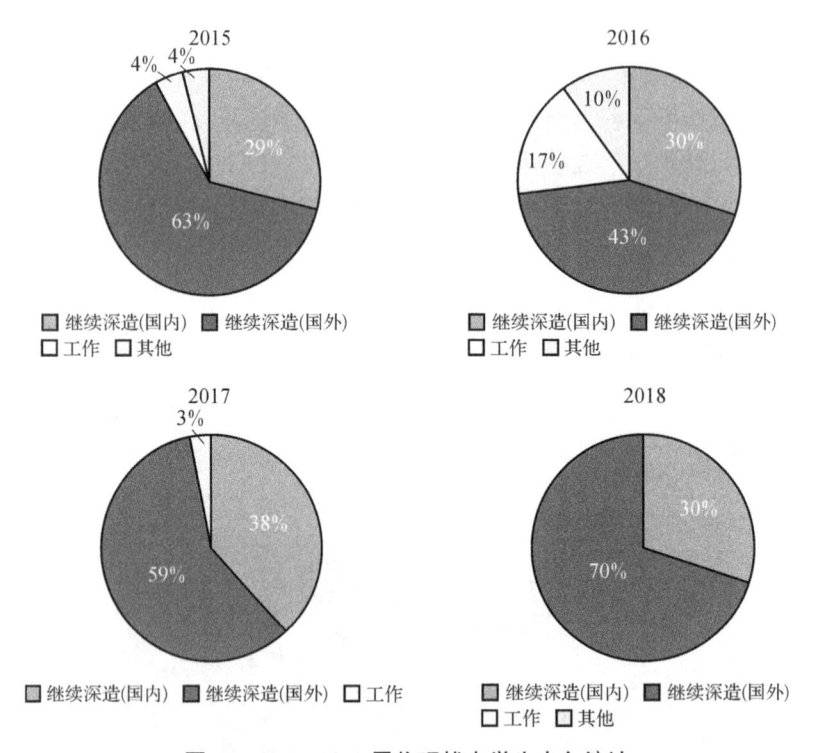

图5 2015—2018届物理拔尖学生去向统计

毕业生对南京大学物理拔尖人才培养充分肯定,下面是摘录的几个同学的感言:

康睿哲:同时被哈佛大学应用物理系,以及康奈尔大学、加州大学洛杉矶分校、奥斯汀大学等学校的物理系PhD项目录取,最终选择去往哈佛大学继续深造。(物理学院2018级本科生,来自辽宁大连,曾发表多篇科研文章)

寄语:南大物院是一个高水平多元化的平台,优秀的你经过四年的锤炼会变得更加优秀。如果你有志于探索自然,物院会给你提供丰富的创新课题,所有高水平实验室也都会为你敞开大门。如果你意在夯实数理基础为今后在其他行业的发展做准备,物院同样有高水平的师资团队,个性化的课程设置。这里不只培养中国未来的科研中坚,还为各行各业输送优质的数理人才。

匡泽宇：同时被耶鲁大学、西澳大学全额奖学金录取。最终选择了耶鲁大学。（2018级物理学院本科毕业生，来自湖北武汉。曾在荷兰、澳大利亚交换学习，发表多篇科研文章）

寄语：即使再艰难，也要坚持，让青春散发万丈光芒。

范铃羚：同时被斯坦福大学电子工程系、加州理工学院应用物理系、康奈尔大学电子工程系等全额奖学金PhD录取，最终选择斯坦福大学继续攻读博士学位。（物理学院2018届本科毕业生，来自山东省德州市第一中学，曾发表多篇科研文章）

寄语：于台前春草枯荣的变换中体悟自然之美好，于书中行云流水的公式中感受知识之玄妙，于师友春风化雨的关怀中领略人情之温暖，南京大学四年岁月一定能成为你生命中最美好的回忆，请好好珍惜并享受它。

三、存在问题

拔尖人才培养是一个长期过程，需要建立良好的跟踪机制。随着拔尖2.0的继续实施，更要做好拔尖1.0的跟踪分析。从分析结果看，拔尖1.0的一些培养环节还有待进一步加强和改善。主要存在以下问题：

（1）如何科学选才。在当前的环节下如何遴选物理学兴趣浓厚，具有创新意识的英才聚而教之需要认真探讨。

（2）导师的作用是显著的，导师的投入程度决定了学生的收益程度。从拔尖1.0实施的导师机制看，存在导师投入与学生期待之间的不平衡，如何平衡两者的需求和供给需要进一步研究。

（3）现在导师队伍的成员中绝大部分有博士学位，很多导师都来自国际著名高校，英语水平高。如何依托这些教师培养学生的国际化视野值得研究。

（4）如何把拔尖人才培养与满足国家重大需求很好地融合起来也需要深入研究。

四、对策建议

选才具有比育才更重要的作用。充分发挥导师识人育人的能动性，遴选真正对物理有持续兴趣、具有自我学习能力、持续创新能力的英才，并通过持续的关心培养，造就未来的物理学英才。

（1）为确保导师指导效果，特别是学业导师和学术导师，拔尖小组要求指导的人数需要有限制,南京大学物理学院要求每位导师负责指导"拔尖计划"学生1—3名。

（2）导师能抽取足够时间和拔尖学生进行科研讨论和指导学生科研训练,由于研究生数量多,可能忽视对本科生的科研训练,南京大学要求导师负责所指导"拔尖计划"学生的课程学习和科研训练。

（3）学业导师、学术导师多为科研活跃度高的教师,同时指导一定数量的研究生,难以保障与负责指导的拔尖学生有足够的交流。南京大学物理学院要求拔尖导师每月两次与所指导的"拔尖计划"学生面谈和交流。

（4）为拓宽拔尖学生学术视野,除学院、学校营造的拔尖氛围,导师还需要营造国际性学术氛围,开阔学生的国际化视野,南京大学物理学院鼓励导师营造各种国际化氛围,包括国际化会议、国际暑期学校、国际论坛等,并现场指导学生如何应用所学知识理解和思考相关物理学问题,每位导师需要提交所指导的"拔尖计划"学生有关发展状况的年度汇报。

五、社会影响

作为全国物理学拔尖人才培养的召集单位,南京大学每年召集国内物理拔尖计划高校进行人才培养研讨,在选才、导师制、国际化、个性化、小班化方面开展全面研讨,共同探讨拔尖1.0的人才培养模式。附表是近10年研讨情况统计表：

表1 近10年研讨情况统计表

年份	承办单位	研讨会地点	南京大学召集人	会议主题
2011年	南京大学	南京	王 炜	全部部署
2012年	南开大学	天津	吴小山 唐 涛	物理竞赛
2013年	中国科学技术大学	合肥	吴小山 唐 涛	选才模式
2014年	四川大学	成都	吴小山 应学农 李绍春 葛 欣	育才方案
2015年	厦门大学	厦门	吴小山 应学农 张海军 葛 欣 邹大维	导师制
2016年	哈尔滨工业大学	哈尔滨	吴小山	课外实践
2017年	武汉大学	武汉	吴小山 应学农	国际化

续表

年份	承办单位	研讨会地点	南京大学召集人	会议主题
2018 年	北京航空航天大学	北京	吴小山 应学农 于葛亮 赵宇心	10 年总结及拟围绕拔尖 2.0 开展讨论
2019 年	吉林大学	长春	吴小山 应学农	10 年总结汇报

全国物理拔尖人才培养多次研讨，形成了"一制三化"拔尖人才培养的 1.0 模式。2019 年，课题组召集全国物理拔尖计划高校，总结各校"一制三化"人才培养成效，形成物理拔尖人才培养的总结材料，并依托高等教育出版社出版《十年追梦，我们在路上——全国物理学科拔尖计划实施十周年总结》（物理学拔尖人才培养总结），2019 年出版。全书约 30 万字，由吴小山策划并编辑完成，教育部原高教司司长张大良教授、清华大学朱邦芬院士都写了序言。更多关于导师对拔尖学生成长影响的研究结果总结在该书中。

图 6 《十年追梦，我们在路上——全国物理学科拔尖计划实施十周年总结》封面

中国研究型大学"拔尖计划"学生的发展成效及学习环境对其的影响机制研究

南京大学　吕林海　蔡颖蔚

作者简介

吕林海，南京大学教育研究院、陶行知教师教育学院教授、博士生导师，南京大学高等教育研究与评价中心副主任，南京大学教学委员会委员。获得第六届全国教育科学优秀研究成果奖二等奖等奖励。

成果摘要

采用基于证据的研究方法，洞悉"拔尖学生"的发展状况及其影响机制，是获得有效实践对策的重要路径。本研究基于国内外有关大学生深度学习理论、大学生学习参与理论、大学生学习动力理论等的最新发展，试图围绕"拔尖学生"学习的各个视角、各个维度的质量检视，剖析"拔尖学生"在知、情、意等多方面的成长特质，找到质量提升的关键策略要点。本研究的结果不但拓展了大学生学习参与理论、大学生深度学习理论和大学生学习动力理论的已有框架，而且构建了面向中国"拔尖学生"独特性的本土教育实践路径，力图为最新开展的"拔尖计划 2.0"贡献理论智慧和实践策略。

研究课题名称

中国研究型大学"拔尖计划"学生的发展成效及学习环境对其的影响机制研究

研究课题成果介绍

本课题于2016年6月由教育部准予立项,获批国家重点课题。课题组随即开展研究,现将计划实施情况、研究亮点及成果效益等方面汇报如下。

一、预期目标

自2009年教育部实施"基础学科拔尖学生培养试验计划"以来,本科阶段的人才培养质量备受关注。针对正处于实践进程中的教育实验,本课题以拔尖学生的学习发展及其影响因素为切入点,使教育者的认知与学生实际相互映照,从而获得教改实验的真实反馈与学生学习的提升空间。唯有如此,才能产生广泛有益的教育知识和改革经验,而非仅仅利用了教育资源。

研究初期对已有拔尖计划人才培养相关文献的梳理,发现存在三种特征:第一,以思辨的形式,探讨拔尖人才的培养规律。这部分文献从不同角度主要以解答"钱学森之问"为着力点,包括传统儒家文化的影响,到宏观院校治理层面,再到微观的课程与教学因素。第二,以经验介绍为目的,展现各校拔尖人才的培养模式与建设经验。这类文献通过文本分析和归纳推理的方法,总结出的有益经验包括建设拔尖学生培养试验区、采用多元选拔方式、聘请国际知名教授、实行院校所协同育人制、推进国际化培养与全面加强素质教育等。第三,从实地调查出发,总结分析拔尖人才试验区的培养模式与运行模式。有些研究主要关注教学与人事等管理层面的问题,另一些研究主要关注招录方式与学习方法等学习过程问题,还有些研究关注拔尖学生的毕业去向选择。除了视角不同使得研究结果不具有可比性以外,这类调查研究的数量并不多。

基于以上分析,本课题计划采用实证的定量方法,以评估和改进拔尖学生人才培养质量为目标,进一步将拔尖学生学习的过程性变化及其影响因素相关研究推向深入。

具体而言,学生学习成效与影响因素是动态与静态两种相对的概念。**将拔尖计划学生与计划外学生、国外一流本科学生的学习成效进行对比,并分析拔尖学生发展成效的变化趋势**。一方面,为教育教学管理部门提供了实验成效的基本数据,作为进一步推进人才选拔与培养工作的抓手;另一方面,积极完善了目前已有相关研究"经验理论成果颇丰、实证案例相对匮乏"的状况。同时,结合**对学生发展影响因素的探究,特别是环境因素(包括知识环境、共同体环境、综合发展环境等)**,为积极干预教学过程、行政管理、制度保障等方面提供了有效措施，也为学生学习发展的理论建设做出了一定贡献。

值得一提的是，本课题实施过程中有两个地方甚至超出预期。其一，在研究对象上，课题立项时计划仅仅将国内拔尖计划学生与非拔尖学生进行发展成效的比较，实际研究中，还拓展到了与美国一流本科院校学生的比较。在"双一流"建设渐趋深入、国际竞争日益激烈的背景下，这极大丰富了研究的参考价值。其二，在研究信度方面，有关拔尖学生能力发展的测量，原计划采用每个同学的专业课任课教师对其"学术能力的认可"进行主观评价，但考虑到评价报告中可能存在刻板印象、个人偏好甚至无法证实的材料等因素影响，决定改用稳定性更强的统一客观标准，将相关问题设计成调查问卷且通过了信效度检验。总的来说，本课题按原计划顺利推进，并实现甚至超出了预期研究目标。

二、研究内容

基于 Alexander Astin 等诸多著名学者的人才培养质量观，不难形成的共识是：不能完全从教育资源供给的视角衡量培养质量，而更应该从学生主体的过程性视角进行质量考察，因为后者聚焦学习经历，相较于"既定事实"的学习结果，具有更强的可变性与可控性，从而更有利于指导教育实践。

本课题以学生的主体过程性视角为切入点，分别对拔尖学生的学习动机、学习方法与学习参与三个方面进行了有益探索，从而在洞悉拔尖计划本科生学习规律的基础上，为推进"拔尖计划 2.0"的有效落实提供实践建议与行动策略。

首先，学习动机方面。早期学习科学的研究者关注学习动机的定义，如 John Biggs 给出了一个"深度动机"的解释——为了学习本身的目的而积极参与的动力意向。然而，这种动力意向究竟是什么，它是如何促进知识的"深度加工和整合"的，这些问题显然没有成为 Biggs 的核心关注点。

随着"情绪"等非认知因素在国内外有关"动机"的研究中备受关注，虽然"兴趣的内涵与特质""兴趣的培养与激发""兴趣的作用与机制"等问题得到了深入探讨，但鲜有研究从一流大学"拔尖计划"学生的角度出发，聚焦该群体的"兴趣"类型。以此为出发点，尝试探究拔尖计划本科生兴趣构成要素对深度学习的影响及其内部机制。

目前心理学界关于兴趣类型的讨论主要集中于两个方面，一种是由活动、情境所引发的、瞬时的积极情绪——情境兴趣，另一种是对于高深价值认同的、长久而深层的情绪动力——个体兴趣。对于本科生,特别是拔尖学生群体而言,一种极为重要的个体兴趣启示是对高深知识的价值认同,即"求知旨趣"。具体的研究内容包括三个方面:

(1)"拔尖计划"本科生在"学习兴趣"与"求知旨趣"上的总体表现如何?

(2)"学习兴趣"与"求知旨趣"如何影响"拔尖生"的深度学习?究竟哪种兴趣的影响更大?

(3)"学习兴趣"是否在"教学感知"与"深度学习"之间存在中介作用?

其次,学习方法方面。从国际高教研究的最新进展来看,学习方法是一个公认的、指向学习质量的重要过程性指标。已有的相关研究几乎一致证明:学习方法与学习结果之间存在显著关联。特别是相较于"浅层学习","深度学习"因其指向知识关联、指向意义生成、指向原理提炼,而更有助于达到高质量学习结果。由此,为考察拔尖学生的学习质量,"深度学习"不失为一个可资借鉴的研究视角与分析工具。

在进行了翔实的国内外文献回顾基础上,确定了三方面的研究内容:

(1)对于拔尖学生而言,更具"特征与内涵的适切性"的深度学习是什么?

(2)具有上述适切性特质的深度学习之达成路径是什么?特别是,"讲授的教学"和"互动的教学"究竟在促进深度学习上,哪种方式更为有效或影响效应更大?

(3)拔尖学生具有什么样的学业动力能够"加速助推"深度学习成效?

再次,学习参与方面。经过对已有文献的分析,发现学习动机、学习方法的相关研究存在着一种"成绩与问题同在"的境况,更深层的追问不禁产生,即我们究竟有没有让这些卓尔不群的"拔尖学生"强烈而炽热的学习渴望真正地燃烧起来,并转化为切实的学习努力和参与行动?

进一步梳理已有文献发现,"学习参与"主要指学生的"课业参与",如两大学情调查 NSSE 和 SERU 均有涉及该板块。尽管"课业参与"非常重要,但对于培养面向21世纪的"拔尖创新人才"而言仍然是不充分的,"科研参与"(或"学术参与")所具有的人才培养价值值得重视。此外,"学习参与"所具有的质量评估意义突出表现为其对于各种学生发展结果所具有的正向影响效应。Astin 曾将"学习参与"所带来的质量增值效应进行了类型学划分,包括认知和非认知结果两大维度。那么对"拔尖学生"而言,什么样的"认知"和"非认知"结果更值得关注呢?通过仔细审视教育部"拔尖计划2.0"的核心培养目标,即"培养具有家国情怀、人文情怀、世界胸怀的勇攀世界科学高峰、引领人类文明进步的未来学术领导者和科学家",不难看出,其实可以定位为两大关键方面——"情怀"和"研究",前者大致归属于Astin所说的"非认知结果",后者大致归属于Astin所言之"认知结果"。

基于以上分析,进一步关注如下三方面未尽之议题:

(1)中国一流大学"拔尖计划"本科生的"学习参与"状况究竟如何？特别是,在群体分布上是否存在差异？

(2)"拔尖计划"本科生的"学习参与"是否以及怎样影响学生的认知结果(即"研究"素养)和非认知结果(即"情怀"素养)？

(3)对"拔尖学生"颇为关键的"学习参与"维度——"学术参与",是否可以从因果推断的视角对其发展效应及其群体异质性进行更加精细与精确的探析与深究？

最后,除了针对以上三方面内容做出详尽分析,已撰写4篇研究论文外,还形成一份《中国研究型大学"拔尖计划"学生学习与发展的调查报告》,在其中将"教学感知"板块也作为一个板块进行考察,并为制度设计、行政管理、教学与学习等方面提出了相应建议。

三、数据收集

课题组从全国19所被纳入"拔尖计划"的高校中抽取了12所进行研究,并在每所高校中随机抽取参与"拔尖计划"的"拔尖学生"填写问卷。这12所高校的相关情况参见下表:

表1 调研的12所"拔尖高校"之基本情况

高校名	所处地域	学校类型	是否C9	样本数量
拔尖高校01	东部	综合性	是	202
拔尖高校02	东部	师范类	否	100
拔尖高校03	东部	综合性	是	56
拔尖高校04	西部	军事类	否	66
拔尖高校05	东部	理工类	是	54
拔尖高校06	西部	综合性	否	89
拔尖高校07	东部	综合类	是	250

续表

高校名	所处地域	学校类型	是否C9	样本数量
拔尖高校08	西部	综合类	否	117
拔尖高校09	西部	理工类	是	208
拔尖高校10	东部	综合性	是	176
拔尖高校11	东部	理工类	是	225
拔尖高校12	西部	综合类	否	67

从表1可见,本次调查考虑到了样本高校所处地域、学校类型、是否属于C9等特征,因此,这12所样本高校具有较好的覆盖度。此外,根据各校"拔尖学生"的数量情况,课题组也进行了相应比例的抽样,以尽可能使各校的样本能较好地代表各校"拔尖学生"的整体分布状况。为了提高问卷填答质量,调查全部采用纸质问卷进行数据收集,并向每位问卷填答者赠送了小礼品。所有的问卷回收后,课题组以人工录入的方式将问卷信息逐一输入计算机。

具体而言,本次调查共收集有效样本1610个。按照本课题所涉及的5个控制变量来分析,其中,男生1179名,占73.2%,女生431名,占26.8%;大一学生372名,占23.1%,大二学生499名,占31%,大三学生365名,占22.7%,大四学生374名,占23.2%;就生源所在地而言,乡镇学生249名,占15.5%,县城学生388名,占24.1%,地级及以上的城市学生973名,占60.4%;就目前的学习状况而言,目前在班级的学习情况属于"优等"的学生为395名,占24.5%,"中等偏上"为541名,占33.6%,"中等"为404名,占25.1%,"中等偏下"为194名,占12.1%,"较差"为76名,占4.7%;就父母对自己的学习期望而言,对自己的期望"非常高"的为272名,占16.9%,"较高"的为877名,占54.5%,"一般"的为384名,占23.9%,"不高"的为77名,占4.8%。

四、研究结果

首先,**理论价值——构建了"环境感知—兴趣—深度学习"的中介模型**。在对拔尖学生学习动机相关议题的分析过程中,为考察"学习兴趣"和"求知旨趣"是否在"教学感知"与"深度学习"之间存在中介作用,结合戴维·H.乔纳森"情景脉络中的学习系统"进行改编,构建出如图1的理论实证模型。在该模型中,"学习兴趣"和"求知旨趣"作为中介变量,构成了学习者在"主观的环境感知"(包括对优质讲授的感知、对互动教学的感知)中所生成的"情绪动力图式",进而对学习者的关键学习表现(如深度学习)产生影响。

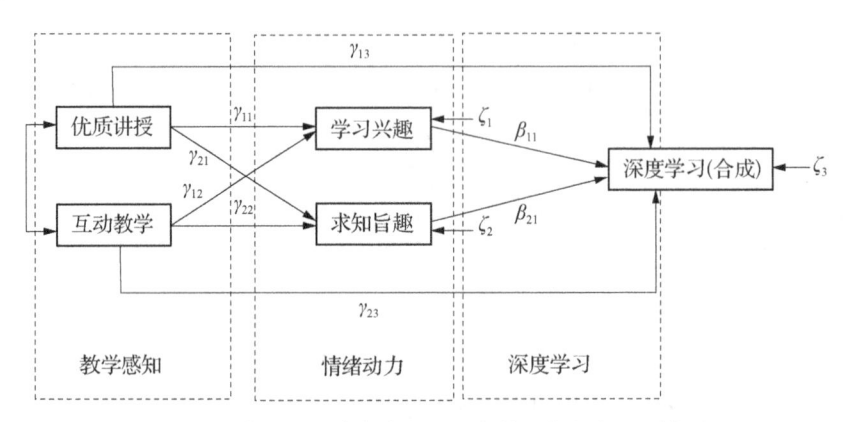

图 1 教学感知—情绪动力—深度学习的中介机制模型

在 stata 软件中采用"自举法(bootstrapping)"进行多重间接效应检验。从直接效应来看,"求知旨趣"对于"深度学习(合成)"的影响($\beta21=0.2268$)明显大于"学习兴趣"的影响($\beta11=0.1812$)。从中介效应来看,以"学习兴趣"为中介的总间接效应为 $\beta=0.1036(p<0.001)$,以"求知旨趣"为中介的总间接效应为 $\beta=0.1065(p<0.001)$。这说明,"兴趣变量"具有显著的中介效应,这对传统的"深度学习的影响机制模型"——"环境感知—深度学习"模型,是一个实证意义上的突破和验证。

其次,实践价值——通过定量分析回答了有关"教育公平"与"教育平等"的争议。在对拔尖学生学习参与相关议题的研究中,为探讨拔尖学生群体内部是否在"学术参与的发展效应"上存在异质性,先采用倾向值匹配(propensity match)的方法,发现"学术竞赛或科创项目的参加"所产生的"精确"且"纯净"的影响效应,即相比于没有"学术参与"经历的"拔尖学生",有"学术参与"经历的拔尖学生在"专业与学术的能力""表达与社交的能力""文化与社会的能力""信息与研究的能力"上都获得了显著的提升。一言以蔽之,"学术参与"经历对拔尖学生具有非常显著的发展效应。而后经过群体异质性检验,以回答随着倾向值的提高(即"参加学科竞赛或科创项目的概率越高"),"学术参与"所带来的发展收益是否也越大? 这里的低倾向值群体就是"参加学科竞赛或科创项目的概率"比较低的群体,高倾向值就是那些"参加学科竞赛或科创项目的概率"比较高的群体。最终,6 个群体(倾向值分别为 2—7)在

4种能力发展效应上的变化趋势参见下图：

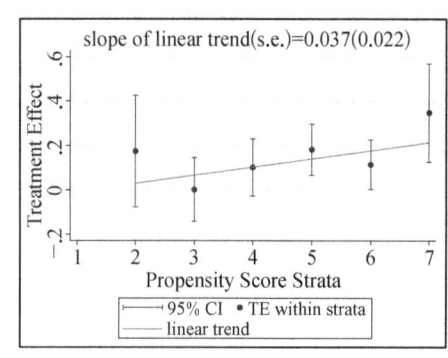

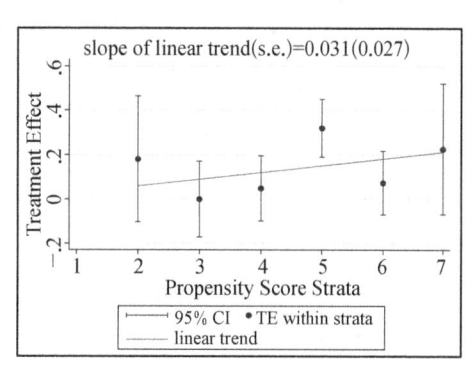

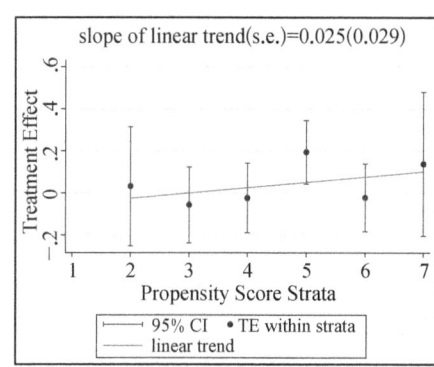

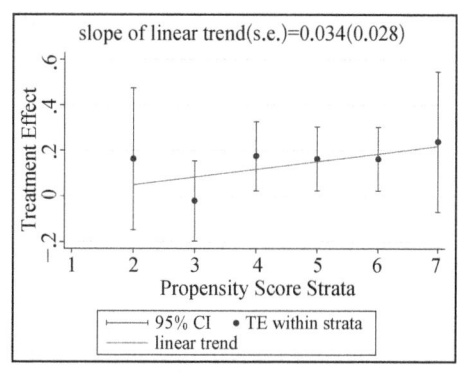

图2 四个发展效应在不同的参与倾向值上的变化趋势（发展效应的异质性检验）
注：左上图对应"专业与学术的能力"效应变化；右上图对应"表达与社交的能力"效应变化；左下图对应"文化与社会的能力"效应变化；右下图对应"信息与研究的技能"效应变化。

图2显示，倾向值越大的群体，发展效应越高，但只有在"专业与学术的能力"发展效应上存在显著的异质性变化。这种"专业与学术的能力"的发展异质性可概括为"优势叠加效应"，即那些基本能力更加突出、整体特质更加优异的群体，他们的"竞赛或项目参与经历"会让他们的"专业与学术的能力"进步更大、收益更多。通俗地说，他们本身所拥有的"发展优势"，将会通过他们的"学术参与"，获得更大的"优势叠加效果"。从更大的角度而言，尽管"学术竞赛或科创项目的参与"对所有的"拔尖学生"群体都有"专业与学术能力"的显著发展效应，但其对于更优秀群体的尽快"脱颖而出"，并加速成为"杰出人才"，尤显意义重大。

因此，为更优秀、更具创新潜质、更有发展前景的学生提供更多的发展渠道与机遇,并不是在削弱教育的公平,恰恰相反,让每个"拔尖学生"获得适得其所的发展通道,为不同的学生提供最具适切性的成长环境,不但是一种个性化的公正,更是一个对国家整体而言的"全局性公正"。

最后,共享价值——《**中国拔尖计划本科生的学情调查问卷**》。该自编问卷是本课题的又一重要成果,共包含八大板块,分别是:批判性思维倾向、课堂教学感知、学习参与、学习方法(即深度学习)、学习情绪、学习动机、能力发展和基本信息。量表的详细信息参见表2:

表2 中国拔尖计划本科生学情调查问卷的量表信息

测量板块	变量维度	题项数量
批判性思维	质疑与探索	6题
	重事实与防偏见	5题
	理性思维	7题
	创造性	5题
课堂感知	优质讲授	5题
	互动教学	6题
	充分课前阅读	3题
	课程考核反馈	3题
深度学习	知识的理解与掌握	3题
	知识的综合与创新	6题
学习情绪	学习兴趣	4题
	求知旨趣	5题
学习动机	掌握目标导向	6题
	避免失败导向	6题
学习参与	课堂讨论与交流	3题
	良好学习习惯	5题
	同伴互助与交流	4题
	师生互动与交流	4题

续表

测量板块	变量维度	题项数量
能力发展	专业与学术能力	5题
	信息与研究技能	5题
	表达与社交能力	5题
	文化与社会能力	5题

其中,"批判性思维"模块在借鉴《加利福尼亚批判性思维倾向问卷》(CCTDI)中的"批判性思维"的基础上,进行了适合我国国情的本土化修正,基本修改了原量表的主要内容,而且维度划分得更清晰、更简洁,抓住了主要矛盾,省略了一些次要因素。"课堂感知"板块是在借鉴了拉姆斯登的"课程经验量表"(Course Experience Questionnaire,即CEQ)的基础上加以改编而成。"深度学习"(学习方法)板块的设计采用了SERU调查中的"深度学习"模块,该模块要求"拔尖学生"对学期整体的学习方法使用情况(而非某一门课)进行判断和选择,经过因子分析,9个题项鲜明地展现了两个认知进阶层面的深度学习维度,这两个维度的划分与加州伯克利SERU研究小组的因子分析结果是一致的。"能力发展"板块也基于SERU调查的问卷加以选择和改编。"学习动机"板块的设计借鉴了ISM(Inventory of School Motivation)工具。其余两个板块为课题组自编部分。

此外,"基本信息"板块主要涉及"拔尖学生"的个人背景信息。课题组选择了性别、年级、生源地、目前的学习情况、父母对自己的学习期望等5个背景变量作为回归分析中的控制变量,以试图在控制有一定背景关联性的变量之影响基础上,获得更加"纯净"和"准确"的关系性结论。

该量表各维度的 Cronbach's Alpha 在 0.8 以上,各题项因子载荷均在0.70以上,达到了问卷测量所需要的信效度标准,具有良好的推广价值。

五、对策建议

第一,中国高教界需进一步明晰"深度学习""学习参与""学习情感"等"学习指标"作为评估拔尖学生培养质量的重要基点,并以此作为向世界一流大学看齐、追赶乃至超越的关键标尺。

第二,要为拔尖生创设进阶性的学习经历,这包含两个方面的内涵。

① 课程上的进阶。使本科四年的课程从广度、难度上构成进阶结构，形成连续提升的、挑战性逐步增强的有机架构。② 科研上的进阶。求知过程不仅是知识的习得，更是一种知识的发现和创造旅程，需要通过配备导师、科研指导、科研活动等系统设计，让学生体验到完整且连贯的知识发现历程，并逐步点燃其内心的求知意愿和探索欲望。

第三，要鼓励"互动性参与"的真正产生，这需要教育实践从"形式"和"实质"两方面进行考量。"形式"是指鼓励教师在教学形式上有所改进，包括增加学生展示、师生交流、小组活动等。但仅有"形式"还远远不够，更要"实质"地跟进，即让课堂互动、师生互动等真正有内涵、有品质、有思维挑战，让"互动"触及知识的深度、经验的广度、思想的峰度。

第四，要在学习方法环节上加大"开放性"以激活学习方法中的"创新要素"，这包含两个关键方面：①"作业"环节。将以解题为主的作业模式改为增加开放性内容，如设计性作业、实验性作业、调查性作业、文献阅读作业等，从而激发学生"习作中的创新思维活力"。②"评价"环节。变革现有的"试卷""解题"型评价为将小组合作表现、日常学业表现与课程考试结合起来，并且考试要着力体现设计导向、创新导向、发现导向，让考试成为引发学生思维活动、激活日常创新的"引导棒"。

第五，要为学生创建课前阅读和教学互动相互关联的学习体验。没有课前的阅读，课堂的互动就无法深入。因此，建议加强"课前研读—课上研讨—课后研究"一贯制的"研究型课堂"之实践，让"研"贯穿课堂之始终，使课堂活跃超越表层的热闹氛围，触及思维的深处，最终使拔尖学生真正享受到求知生活的欢愉和思维激荡的挑战。

拔尖学生培养教学质量评价机制研究

浙江大学　唐晓武

作者简介

唐晓武，浙江大学国际教育学院副院长，建筑工程学院教授，浙江省青少年科技教育协会理事长，新高考综合改革咨询专家，中国土工合成材料学会监事长。1984年进入浙江大学首届混合班，获土木工程学士和硕士，1998年获日本佐贺大学博士。2002年受聘浙江大学教授。2009—2017年任竺可桢学院副院长，创建求是科学班、启真班、神农班等特色班级。

成果摘要

十年树木，百年树人。项目组（唐晓武、叶景佳、章志英、楼杨钇）从荣誉学院培养本科拔尖创新学生初心出发，从世界荣誉学院的国际视野出发，以浙江大学竺可桢学院为例结合兄弟院校荣誉学院的发展开展研究，建立了培养单位的声誉/品牌、教学质量、国际化水平、组织与管理、硬件支持等五个维度的本科拔尖创新学生培养质量评估指标体系。明确了教学质量在荣誉学院中的根本地位，荣誉课程是教学质量的核心。同时为"浙大拔尖计划 2.0 方案"即"一是强化学生使命驱动，推动个人成长与全球担当；二是促进学生交叉培养，推进选才育才与创新立业同步；三是重视本科通识教育，倡导科学精神和人文素养并重"提供了坚实基础。

研究课题名称

拔尖学生培养教学质量评价机制研究

研究课题成果介绍

一、背景

拔尖创新人才的培养是提升国家核心竞争力的关键因素。创新高层次人才培养机制，建设和完善我国大学拔尖创新学生培养体系，是适应教学形势的发展变化，培养高层次创新人才的必经之路，也是发挥高校的引领作用，为拔尖创新人才的培养提供强大支撑和保障的迫切需要。

在高等教育大众化背景下，拔尖学生培养作为追求高教育质量的精英教育，其自身定位和特色决定其教学质量必然接受来自多方面多角度的考查和审视。其教学质量的构成中有可以量化的部分，也有不少无法量化的部分，是目前的质量评估体系无法准确体现的。因此拔尖学生培养的质量评价机制也应与时俱进，构建一个由所有利益相关者共同参与、相互协调的，全方位、多角度，并与国际接轨的评价机制，以适应拔尖人才培养的需要。

拔尖学生作为基础学科拔尖人才培养最重要最根本的利益相关者，目前尚缺乏关注其成长和发展的系统研究，针对这一现象，通过拔尖学生就读体验调查和成长轨迹追踪开展相关研究，作为拔尖学生培养的教学质量评价与保障的重要组成部分。

二、荣誉课程

（一）本科拔尖创新学生培养质量评估指标体系

十年树木，百年树人。本项目秉持荣誉学院培养本科拔尖创新学生的初心，从世界荣誉学院的国际视野出发，以浙江大学竺可桢学院为基本案例，并结合兄弟院校荣誉学院（中国科技大学少年班学院、西安交通大学钱学森学院、哈尔滨工业大学英才学院、南京大学匡亚明学院、北京大学元培学院、上海交通大学致远学院、复旦大学望道计划、清华大学清华学堂）的发展开展研究，建立了培养单位的声誉/品牌、教学质量、国际化水平、组织与管理、硬件支持等五个维度17个二级指标的本科拔尖创新学生培养质量评估指标体系，见表1。

一级指标各权重基本达成共识，二级指标涉及内容达成共识，但权重偏差较大，可由各单位自行决定。本科拔尖创新学生培养质量评估指标最重要的两项分别是教学质量和国际化水平，分别占45%和25%；而声誉/品牌、组织与管理、硬件支持三者相差无几,则均设为 10%。

表 1 本科拔尖创新学生培养质量评价指标体系

	一级指标	二级指标
本科拔尖创新学生培养质量评价指标体系	1. 声誉/品牌(10%)	1—1 选拔申请人数与实际选拔人数比例
		1—2 新生达到标杆院校录取线的人数比例
		1—3 用人单位满意度
	2. 教学质量(45%)	2—1 拔尖创新学生培养师生比
		2—2 为拔尖创新学生培养特设课程比例
		2—3 PHD 师资占比
		2—4 国内外一流大学深造率
		2—5 生均优质成果获得比例
		2—6 学生对课程师资满意度
	3. 国际化水平(25%)	3—1 国际师资比例
		3—2 有国际交流经历学生比例
		3—3 有高端国际交流经历的学生比例
		3—4 教职工国际交流比例
	4. 组织与管理(10%)	4—1 培养单位具有充分自主的制度设计权
		4—2 稳定运行的网络平台及系统软件
	5. 硬件支持(10%)	5—1 拥有独立物理空间(宿舍及办公场所等)
		5—2 配置相应先进设备仪器用于工作开展

(二)荣誉课程质量评估体系和推广

竺可桢学院自 1984 年创设混合班开始即进行高起点、高难度、高淘汰率的"老虎课程"的教学实践。2009 年浙江大学竺可桢学院开创中国教育之先河,创设荣誉课程。在荣誉课程建设中设计了任课教师用"浙江大学荣誉课程评审自我评价表",以及评审专家用"浙江大学荣誉课程评审意见表",从定性、定量两个角度对荣誉课程进行质量评估,实现了自查和评审相结合,也是对荣誉课程任课教师的尊重。

荣誉课程经过 10 年的发展,2019 年制定《浙江大学竺可桢学院荣誉课程建设委员会章程》(浙大竺发〔2019〕4号),与本科生院共同确定按理科和文科两组确定《浙江大学竺可桢学院荣誉课程建设委员会名单》(浙大竺发〔2019〕5号),并将竺可桢学院荣誉课程资源向全校的优秀学生开放。

在竺可桢学院、多个试点院系经验积累的基础上,经过全校多年的共同努力,2020年9月《浙江大学本科课程课堂教学质量评价实施办法》(浙大发本〔2020〕53号)在全校范围内实施,实现了荣誉课程评价体系与全校课程评价体系的接轨。

(三)建立荣誉课程与普通课程的换算关系

拔尖计划并未配套单独的保研指标,要从全校大蛋糕中切取。如何设定拔尖计划班级的保研比例,考验着教学校长、教务处长以及荣誉项目负责人的智慧。结果是肯定的,三方都差评。没有拿到保研名额的同学,不论是荣誉班学生还是普通班学生,都认为自己吃了大亏。这也是很多教改项目短命的病根之一。

普通课程之间的难易程度一般用学分来大致体现,难的课程,花的时间多,一般课时会多配,相应学分也多。然而荣誉课程只增加难度,不增加课时,学分也无法增加,体现不出荣誉课程的含金量。有没有一套较公正的算法体现荣誉课程与普通课程两者之间的难易程度?

2009年浙江大学竺可桢学院从创设荣誉课程开始,就从强制和激励两方面积极鼓励学生选读荣誉课程。强制要求混合班大一学生荣誉课程门数或学分不少于要求的80%。对荣誉课程给予10%的绩点奖励,同时为抵消平均绩点排名和累计绩点排名两者的弊端,提出以下竺可桢学院排名方案:

学业成绩学年排名值
=主修专业课程学年平均绩点排名×30%
主修专业课程学年总绩点排名×30%
+所有课程学年平均绩点排名×15%
+所有课程学年总绩点排名×15%
+荣誉课程学年平均绩点排名×5%
+荣誉课程学年总绩点排名×5%

该排名方案鼓励学生挑战高难度荣誉课程,有奖励,虽然只有10%,足以让每位学霸乖乖地把荣誉课程选上。此方案绝妙之处还在于,任何大家觉得划算的方案,由于选择的人变多造成内卷,反而变得不划算。譬如,大家觉得平均绩点划算而去减少学分不肯多学，在累计绩点排名方面这批人反而很容易获得高排名。该排名方案让学生放弃了为排名而学，是一种防止内卷的方案。

上述方案还适用于不同专业同学之间的混排，浙大混合班50多个理工类专业学生采用同一个公式。数学系同学认为自己的主修专业课程相比工科类学生少，在排名上吃亏，就"集中精力将主修专业课程学到极致，平均绩点这块排名就高了"。学生总能找到自己吃亏的地方，学院总能找到他们占便宜的地方，这就是该方案的魅力所在，防止内卷的生命力所在！没有吃亏，也不占便宜，按自己的兴趣去学，走自己的路，不用看别人，给拔尖创新人才培养创造良好的学业评价体系。

三、拔尖学生学习成长轨迹研究

（一）拔尖学生就读体验

竺可桢学院2020年结合纪念"基础学科拔尖学生培养计划"实施十周年，邀请了25位来自数学、物理、化学、生物、计算机方向的求是科学班同学以回忆录的形式撰写了在求是科学班的成长经历，同时邀请18位任课教师、导师、求是班项目负责人和竺可桢学院教学管理人员对求是科学班的经验以"经验分享"和"人物访谈"的形式加以总结。上述43篇文章收录在《十年探索，追求卓越——"基础学科拔尖学生培养计划"十周年纪念》中，并由浙江大学出版社出版。浙江大学校长吴朝晖院士以《在新十年打造更加卓越的拔尖人才高地》为题作序，并作为"浙大拔尖计划2.0方案"的指导方针，即"一是强化学生使命驱动，推动个人成长与全球担当；二是促进学生交叉培养，推进选才育才与创新立业同步；三是重视本科通识教育，倡导科学精神和人文素养并重"。

（二）学习成长轨迹追踪

项目负责人唐晓武利用微信公众号"我们在世界名校（wmzsjmx）"邀请了100多位从2002—2017级共16届在哈佛大学、麻省理工学院、耶鲁大学、普林斯顿大学、东京大学、京都大学、剑桥大学、伦敦政治经济学院、香港大学、北京大学、清华大学、浙江大学等世界名校攻读博士学位，在微软、苹果、高盛、华为等世界名企就业的浙江大学优秀学生分享从进浙江大学开始的就读体验和到世界名校的成长轨迹，使教育工作者、相关专业的学弟学妹、家长能够理解拔尖创新人才的成长要素及培养途径。

经过总结发现,"更快、更高、更强、更团结"的奥林匹克精神可以体现在拔尖学生的培养和成长中。

更快,主要体现在成才速度和更早入学年龄上。2010级求是数学班的王六权在2017年获博士学位,是全国基础学科拔尖学生计划的第一位博士,有不少兄弟院校的拔尖计划是从2009年开始的。从高二选拔的启真班宋础良(编入2013级求是数学班)只用了7年时间就完成了浙江大学的本科和麻省理工学院的博士学业。启真班整体成功,说明高二选拔拔尖学生的策略是可行的,为全国知名高校的英才班所仿效,也为西湖大学等新型高校从高二学生中遴选拔尖创新人才提供了先例和依据。

更高,主要体现在更高的志向和更高的平台上。2012级求是数学班的盛弘毅,其博士论文选题源自2020年诺贝尔物理学奖得主、英国物理学家Penrose的猜想:黑洞的表面积与黑洞的质量存在一个不等式关系,对黑洞和广义相对论的相关研究意义非凡。他的博士论文成功地将Penrose不等式由七维空间推广到八维及以上。2014年竺可桢学院开始启动的世界一流名校(主要为哈佛大学和麻省理工学院)暑期科研训练计划和长期科研实习计划(半年和一年)是非常成功的,2016年竺可桢学院获世界前十高校的全奖博士生名额达到23人。

更强,主要体现在荣誉课程挑战度和学生身体素质上。从出国留学世界顶级名校博士学生奖学金的质量和数量来看,竺可桢学院荣誉课程挑战度获得各世界名校的高度认可。2012年竺可桢学院开启全国高校体能测试之先河,项目包括1000米、引体向上等硬核五项,体测成绩计入录取总分,为学生后续发展奠定了坚实的身体基础。

更团结,2021年为全球抗击新冠肺炎而提出的新奥林匹克精神,主要体现在学科交叉上。竺可桢学院源自1984年的混合班,不同学科同学一起学习共同探讨互相启发的传统深入骨髓,延续至今。2014级求是化学班的梁绮珊充分实践了混合培养交叉创新的理念,在美国加州大学圣地亚哥分校两个课题组指导下攻读化学生物学和生物物理学博士。

(三) 社会影响和效益

《拔尖学生培养生态圈的创建——竺可桢学院近九年来的创新与发展》作为特邀文章,收录浙江大学成立120周年献礼文库之一《从求是书院到新浙大记述和回忆》。《基础学科拔尖创新人才培养的探索与实践》作为《新时代一流本科教育改革的浙江实践》的首篇文章。论文 *Interdisciplinary Learning: A Strategy of Chinese Honors Education for providing depth and scale of learning* 刊登在欧洲荣誉教学理事会会刊上。《十年探索,追求卓越——"基础学科拔尖学生培养计划"十周年纪念》和《我们在世界名校(二)》由浙江大学出版社出版。微信公众号"我们在世界名校 wmzsjmx"介绍优秀学生成长轨迹的微文阅读量超万人次。2020 年 9 月《浙江大学本科课程课堂教学质量评价实施办法》(浙大发本〔2020〕53 号)在全校范围内实施,实现了荣誉学院研究成果向全校的辐射。

四、结论

"拔尖学生培养教学质量评价机制研究"课题取得的主要研究成果包括以下两方面:

(1) 针对目前荣誉课程评价方式单一,过程环节评价指标相对缺乏的现状,制定多角度荣誉课程质量评估方案以及教学效果个体化评估指标。通过学业成绩学年排名值计算方案建立的荣誉课程与普通课程之间的换算关系,鼓励学生挑战高难度荣誉课程。

(2) 拔尖学生作为基础学科拔尖人才培养最重要、最根本的利益相关者,其就读体验调查和成长轨迹追踪应作为拔尖学生培养质量评价的重要组成部分。"更快、更高、更强、更团结"的奥林匹克精神可以体现在拔尖学生培养和成长的全过程中。

"计算+X"创新人才培养的探索与实践

中国科学技术大学 安 虹

作者简介

安虹,教授,博导,省教学名师。现任 ACM SIGHPC China 副主任、CCF 高性能计算专委会和体系结构专委会常务委员。长期从事高性能计算芯片和系统结构方面的研究工作。曾获得国家科技进步二等奖、中科院科技进步二等奖、中科院杰出科技成就奖、国家教学成果二等奖、中科院教育教学成果一等奖、全国计算机专业优秀教师等二十余个奖项和荣誉。

成果摘要

以"培养拔尖学生在本科阶段对交叉学科领域的科研兴趣和科研能力"为目标,以"计算+X"为特色,以"重实践、求创新"为内涵,以研究型学习与高水平科研相结合为支点,以组织高水平学科竞赛为牵引,探索高性能计算创新实践教育模式,培养具有国际竞争力的"计算+X"创新人才。主要成果概括为:① 形成了三轮驱动的"计算+X"交叉学科教育体系;② 提出培养拔尖学生自主发现问题和解决问题能力的平台建设方案;③ 构建能够在交叉学科领域从事高性能并行计算教育和人才培养的师资队伍;④ 组织大学生参加国内外高水平超算竞赛,引导和激励学生投身研究型学习和创新性实践活动;⑤ 举办全国高性能计算教育论坛。

研究课题名称

拔尖学生本科阶段交叉学科领域科研兴趣和科研能力培养研究

研究课题成果介绍

一、项目简介

本项目以"培养拔尖学生在本科阶段对交叉学科领域的科研兴趣和科研能力"为目标,以计算机与基础科学的交叉"计算+X"为特色,以"重实践、求创新"为内涵,以研究型学习与高水平科研相结合为支点,以充足有效的资源配给为保障,以组织和参与高水平学科竞赛为牵引,探索高性能计算创新性实践教育模式;在与计算机交叉的新型学科和研究方向上培养具有国际竞争力的"计算+X"创新人才。

通过四年的探索与实践,我们论证了教育理念,试验了教学效果,形成了建设思路:依托超算,将计算机学科与中国科大许多走在世界前列的科学、工程、医学领域的一级学科交叉,发挥中国科大在计算机系统结构与高性能并行计算方向上的传统教育和科研优势,与其他学科一起,为拔尖学生奠定坚实的人文、数学、物理和计算机通识教育基础,围绕"世界一流、特色鲜明"的"计算+X"学科发展目标,在高性能计算这一交叉学科领域探索交叉学科拔尖人才的培养模式,创建相适应的实践教育支撑环境和平台。

2019年,在中国科大启动实施的新一轮"一流本科教育质量提升计划"中,本科生院在本项目研究成果基础上采纳了我们的建议,把计算机与数学、物理一样纳入全校本科生的通修课程体系,提出了三轮驱动的"计算+X"交叉学科教育体系,即理论课"计算机系统概论"、实践课"计算之美与乐趣"、特色课外科技活动"计算+X大学生前沿交叉研究中心",将"计算+X"的交叉学科教育由学院第一课堂开设的两门"课程"延伸到书院第二课堂开展的"课外科技创新活动"。

本项目教学成果概括为:① 形成了三轮驱动的"计算+X"交叉学科教育体系,解决课程体系跟不上新技术发展的问题。② 探索培养拔尖学生自主发现问题和解决问题能力的平台建设方案,满足交叉学科人才培养需要。③ 构建一支能够在交叉学科领域从事高性能并行计算教育和人才培养的师资队伍,解决高性能计算教育师资不足的难题。④ 组织大学生参加国内外高水平超算竞赛,引导和激励学生投身研究型学习和创新性实践活动,解决大学生对交叉学科学习兴趣和动力不足的问题。⑤ 开办超算学堂,举办高性能计算教育论坛,解决高校普遍存在的HPC实践教学条件缺乏的难题。

图1 《中国科大"一流本科教育质量提升计划"》中的部分指导意见

项目期内,我们共组织和指导了中国科大超算鸿雁队20支队伍参加各类国内外大学生超算竞赛并全部获奖,取得8项冠军、2项银奖、8项铜奖和2项特别奖;"计算机系统概论"获首批国家级一流课程;"高性能计算创新人才培养的探索与实践"获得中科院教育教学成果一等奖。项目负责人安虹获得全国计算机优秀教师奖,以及安徽省教学名师、安徽省模范教师、安徽省教书育人楷模等荣誉称号;中国科大超算鸿雁队获评"2019年度合肥十大创新人物";超算鸿雁队队长林晗获聘华为首批8位"天才少年"计划。

二、成果研究内容及方法的创新程度、突出特色和主要建树

(一)形成了三轮驱动的"计算+X"交叉学科教育体系

我们研究了具有跨学科教育意义的"计算+X"综合教育体系,探索以理论教学和实践教学两种方式开展的交叉学科课堂教学和课外实践内容的构建。

一是依托计算机学院,面向全校低年级本科生开设零基础的计算机理论课"计算机系统概论",这门课为那些从未正式接触过计算机的非计算机专业的学生而设计。在一个友好的编程学习环境中,自顶向下介绍计算的各种核心概念、重要思想和实际应用,包括计算+X、人工智能+X、互联网+X等,探

索计算机如何以令人兴奋和惊人的方式改变我们所知道的世界。这门课程不仅能为学生进一步学习计算机课程提供指导,更能让他们学会在自己的专业领域中自觉地运用计算思维和系统思维来求解各种各样的科学、工程和社会问题。

二是依托其他学院和全校的学科基地,构建交叉学科、新兴学科的实践课"计算之美与乐趣",按照交叉学科、新兴学科设计独特的课程实践教学内容,依托全校的学科资源进行课程建设,在科学计算、工程计算和社会计算等领域应用问题的驱动下,探讨算法、编程和系统结构的一体化设计思想,理解程序并行性和局部性的来源,掌握并行程序计算、访存、通信和 I/O 行为特征分析方法,初步了解不同并行计算系统结构上的并行编程模型和语言,学习综合运用各种编程环境和工具实现对本领域应用问题的建模和模拟,设计大规模并行应用软件。在这门课程中探索研究性课堂教学和实践教学方式。研究性教学是充满探究的教学方式,在教学过程中需要发挥教师教学的主导作用,形成学生学习的主体意识,教师通过互动,引导学生主动学习、主动思考和主动实践。研究性教学对培养高素质、拔尖创新人才具有十分重要的意义,是新世纪高等教育教学发展的重要方向。在本科教学中推进研究性教学,将科学研究的思想和方法引入教学过程,能够有效地培养学生的创新精神和实践能力。本课程要求学生:① 尝试构建自己的超级计算机——"雏雁"机群,通过一组基准测试程序来指导系统设计的优化,在给定的 3000 W 功耗下达到性能最高,了解并行程序性能和可扩展性的评估方法。② 从科学计算、工程计算、医学计算、社会计算等领域选择一个应用主题的并行软件,尝试分析、优化和运行真实的工作负载,达到最好的应用可扩展性和性能。在解决问题的过程中理解高性能计算系统求解问题的重要思想和基本原理,如软硬件协同一体化设计、并行处理、局部性、大概率事件优先、性能度量和优化、系统可靠性与稳定性等,探索高性能计算机系统如何以令人兴奋的方式改变我们的世界。③ 参加校园大学生超算竞赛(SCCC),完成课程书面研究报告和口头报告。

此外,我们还将交叉学科教育从第一课堂延伸到第二课堂,为学生搭建起更广阔的科技创新舞台,包括由教授指导学生自主管理的"计算+X 大学生前沿交叉研究中心(简称研究中心)",和由大学生互助完成学习的"计算机语言和工具软件自修中心(简称自修中心)"。研究中心下设"计算化学实验室""计算物理实验室""计算生物实验室""计算医学实验室""计算机系统实验室"等等,均由学生担任实验室主任,聘请各学院教授担任学术指导,参加至少一

图 2 "计算之美与乐趣"课程介绍

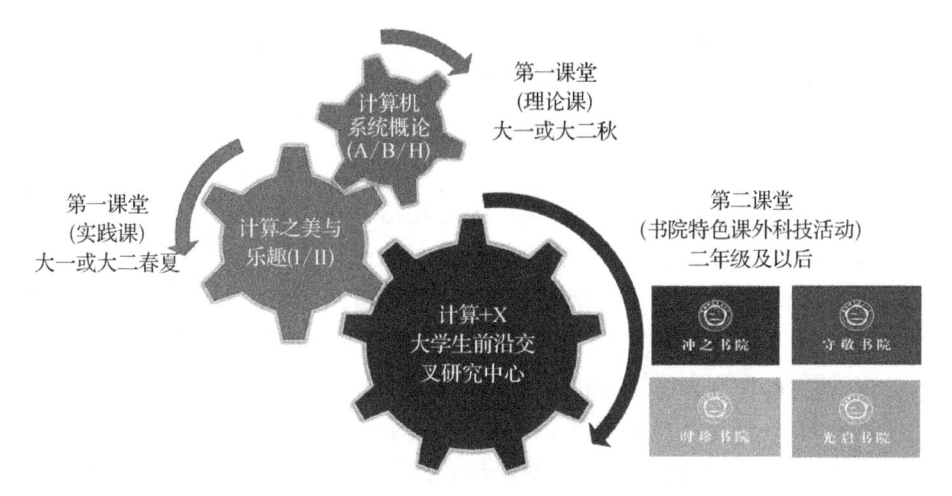

图 3　三轮驱动的"计算+X"交叉学科教育体系

年的研究性学习、参加国家创新创业计划项目或大学生研究计划和校内外学科竞赛活动。自修中心选聘高年级本科生和研究生在老师的指导下，设计课程学习路径，开发和集成优质的自学课程资源，提供上机辅导，由教务处组织命题考试和学分认定，该学分不包括在学校要求的标准毕业学分内。

（二）探索培养拔尖学生自主发现问题和解决问题能力的平台建设方案

我们依托"计算+X 大学生前沿交叉研究中心"，开展以高性能计算为纽带的交叉学科研究，引导优秀学子进入跨专业的学习，对接跨专业的教授、参与跨领域的交叉研究课题。中心开展的教育活动与科学研究的最新进展紧紧联结在一起，层次分明，内容多样。交流与合作不仅在中心的各小组成员之间开展，而且在中心、工业界、资助机构、其他研究机构之间开展。例如，可以动态组建生物计算研究小组、材料计算研究小组、量子计算研究小组、核能计算研究小组、深度学习研究小组、医学影像研究小组、图计算研究小组等等。中心的交叉学科小组往往是围绕某一具体问题来组建的，为了解决这些问题，机动灵活地组建许多临时性的跨学科研究小组，从其名称可以了解其主要研究方向，这些小组在研究任务完成后解散。

高性能计算机系统教育的实践性、工程性很强。要让学生深刻理解现代高性能计算机系统设计的指导思想、真正掌握核心设计技术，还得让他们有机会"折腾"系统。这些设备应当允许学生想怎么"玩"都行，甚至可以将其"大卸八块"，这对学生深入理解高性能计算系统协同设计思想有很大帮助，对于培养他们自主发现问题和解决问题的能力具有非同寻常的意义，同时始终保持对最新技术的了解和掌握。研究中心的计算设备主要由学校投入，部分来自企业捐赠，构建允许学生"破坏"的创新实践教育平台的建设方案，解决学生难以获得对系统软硬件相互作用的深入理解的问题。不提供这样的锻炼机会，就没办法让学生理解系统设计中深层次的问题。围绕高性能计算基础型、系统型和创新型三个层次的实践课程体系，我们依托国家级实验教学示范中心，共享中国科大超算中心、中科院超算中心、国家超算中心的超算系统资源，构建多层次 HPC 教育实践平台，支持与高性能计算相关课程的基础实验。

作为学校、中科院和国家的公共实验基础设施的超算系统，是不允许学生随便拆装的，并且也不可能始终及时地全面更新换代。因此，基于上述指导思想，我们还面向各类大学生 HPC 创新研究计划和竞赛项目，积极寻求更多企业的高端实验设备支持，先后获得曙光、华为、英特尔、英伟达、AMD、Xilinx、Mellanox 等公司的实验设备捐赠和教改资金资助，搭建了允许学生"破坏"的创新实践教育平台——高效能计算机系统与应用创新教育联合实验室，加强高性能计算应用与计算机算法、编程、系统全线贯通的系统能力培养实践教学环节，让学生通过"破坏"昂贵的并行计算机系统的软硬件环境，经历反复的系统重建和恢复，获得对系统软硬件相互作用的深入理解，为学生提供能够洞察并行计算机系统软件与硬件协同设计本质的创新实践条件。

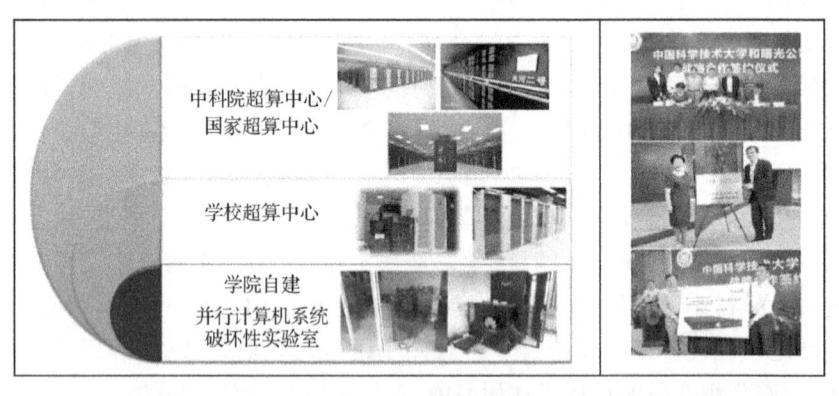

图 4　允许学生"破坏"的三层资源结构的高性能计算创新实践教育平台

（三）构建一支能够在交叉学科领域从事高性能并行计算教育和人才培养的师资队伍，满足交叉学科人才培养需要

高性能计算教育涉及众多科学与工程计算领域的交叉学科知识，也涉及计算机系统设计与实现方法的工程实践内容，需要不同学科的教师共同参与，为创新实践教育提供高水平教练，才能满足交叉学科人才培养的需要。为此，我们借助中国科大"全院办校，所系结合"的办学优势，组建了内外结合、跨学科的高性能计算实践教学团队，聘请中科院各相关院所的优秀计算科学家担任兼职教授，与校内导师合作，共同指导本科生的研究性学习。此外，还常年邀请中国科大校内、中国科学院计算所、软件所、物理所、高能所、大气所等单位计算科学专家，北大、清华、国防科大、台湾清华大学的教授，来校讲授计算机系统实践课或讲座，联合指导我校大学生参加高性能计算相关国家创新实践研究项目和竞赛活动。我们通过CCF的"HPC走进高校""PAC走进高校""HPC教育论坛"等教学和研讨活动，也面向全国高校培训能够在交叉学科领域从事HPC教育和人才培养的师资，实现了一流教师和一流教学方法的全国分享。

图 5　向科学家和工程师学习

图 6　内外结合、多学科交叉的创新型人才的教育环境

(四)组织大学生参加国内外高水平超算竞赛,引导和激励学生投身研究型学习和创新性实践活动

自 2007 年以来,在世界顶级超算大会 ISC 和 SC 上有一项专门鼓励 HPC 人才培养的活动:大学生集群竞赛(Student Cluster Competition,简称 SCC)。根据赛制规定,每支队伍由 6 名大学生和 1 名指导老师组成。这些学生在老师的指导和赞助商的支持下,自己设计、组装、搭建、调试和优化一套小规模的集群系统,并在 ISC 和 SC 大会期间参与比赛,旨在鼓励业界培养下一代高性能计算人才。SCC 每年的竞赛规则不断创新,全面检验了参赛队员的 HPC 技术水平和应变能力,是一场挑战大学生临场智力发挥和心理承受极限水平的世界顶级赛事。

参加 ISC-SCC 或 SC-SCC 这样的国际竞赛,从组队、设计方案到最终比赛,前后大概需要一年的时间。在这个过程中,参赛学生与厂商一起设计和组装一套小规模的超级计算机,通过对参赛系统方案的设计与优化,在领域科学家的指导下,在自建的参赛系统上根据参赛指定应用的特征优化软件性能,然后带到国际舞台上去,与来自其他世界各地著名大学的参赛选手过招,这是一段很有趣且值得骄傲的人生经历。比赛的结果虽然重要,但学生们真正的收获却体现在训练和竞赛的过程当中。参加竞赛并力图取胜,这个过程对学生的综合能力提出了挑战,他们需要承受巨大的心理压力,并在半年时间内快速学习并行计算以及物理、化学、生物等交叉学科领域的知识,投身研究型学习

图 7　在竞赛中展示中国科大"计算+X"学科交叉教育成效

和创新性实践,比赛现场需要经历几天加班加点甚至通宵达旦的紧张工作,这些会让学生的综合能力在短时间内快速得到提升。在竞赛过程中,学生们经历了解决工程实际问题面临的种种困难。看到工程师面对出现的问题,马上就能找出问题所在,让大学生们体会到了动手实践的重要性。

参赛题目来源广泛,涉及能源、气象、计算流体力学、化学、粒子模拟、宇宙暗物质、航空航天、图像动画到金融分析等从高性能计算到大数据分析领域。选手们通过参加竞赛,将课本知识与实践应用相结合,激发了学生的学习兴趣与创新能力,有效促进了学生并行计算思维和方法的学习。通过比赛训练,学生们不仅可以学到最新的高性能计算技术;而且还要根据比赛要求做一些系统软硬件的设计和开发,为大学生的创新能力培养提供强大的驱动力,可以很好地引导学生对高性能计算这一交叉学科的专业学习兴趣,激发出他们的学习和创造热情,以及对未来职业理想的重新思考,培养学生创新最需要的素质,如:跨领域、多元化思维,自我表达,沟通合作等方面的能力。

通过参加比赛,教师也能从中体悟到在高性能计算这一交叉学科领域国际同行新的教学思路和创新的教育方法,并应用到今后的实践教学中;还可以发现一些计算机系统设计新的研究课题,开辟新的研究方向。大学生超算竞赛也给了学校与企业牵手合作的契机,通过合作开展高性能计算教学和培训项目、开设实践课程,更多的学生和教师能够直接从合作中受益。结合专家走进高校授课的活动,竞赛还有效带动了国内高校并行计算课程的普及,吸引越来越多的教师加入并行与分布式计算的课程建设中,在教材、课程资源、实践等环节不断积累经验,以期形成更多优秀的课程。

中国科大自2012年组建了超算鸿雁队,先后组成了40余支队伍,200余人次参加了国内外高性能计算相关竞赛,所参加的赛事均取得优异成绩,在国内和国际舞台上充分展示了我校的"计算+X"教育水平,获得国内外同行的高度评价。由参赛队员主持完成的大学生国家创新实践计划项目被推荐到全国大学生创新创业年会发表,多名参赛队员的本科毕业论文获校优秀毕业论文。

(五)开办超算学堂,举办高性能计算教育论坛,扩大教育影响

我们参加了十三五"高性能计算"国家重点研发计划项目,研究基于国家HPC环境,面向不同领域、不同层次的教育对象,定制个性化的学习模式,开办了虚拟HPC课堂—超算习堂。在HPC虚拟课堂上,用户可以不受时间限制,通过远程调用可运行在国家超算中心系统上的相应教育资源模块,定制和

推送渐进式的学习指导方案和课程内容;在 HPC 虚拟实验室里,学习者能按需定制与实践教学内容相匹配的软硬件环境,获得并行程序调试的在线反馈和指导。

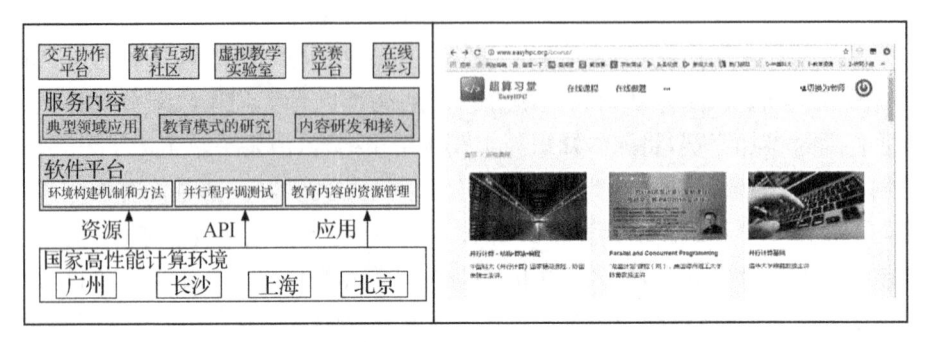

图 8 虚拟高性能计算教育平台架构和访问入口主界面

图 8 是虚拟高性能计算教育平台架构(左)和访问入口主界面(右),在多家参研单位的共同努力下,目前已建设了 20 多门高性能计算相关课程,提供利用国家超级计算中心资源开展实践教育的免费机时,入口网址为:easyhpc.net。

我们每年都在中国计算机学会高性能计算专业委员会的学术年会 HPC China 上,举办高性能计算教育论坛,迄今已举办了 8 届,成为国内外高校、研究单位、企业研讨高性能计算教育合作,展示高性能计算教育成就的主要交流平台。

三、成果的学术价值和应用价值,以及社会影响和效益

我们的这些教育成果引起了国内外同行和社会的广泛关注,通过国内外媒体的大量报道和宣传,成为社会了解高性能计算意义和中国科大高性能计算教育水平的窗口,产生了良好的社会影响和效益。项目实施期间,我们共组织和指导了中国科大超算鸿雁队 20 支队伍参加了各类国内外大学生超算竞赛并全部获奖,其中取得 8 项冠军、2 项银奖、8 项铜奖和 2 项特别奖;"高性能计算创新人才培养的探索与实践"获得中科院教育教学成果一等奖;"计算机系统概论"获首批国家级一流课程;项目负责人安虹获得全国计算机优秀教师奖,是安徽省教学名师、安徽省模范教师、安徽省教书育人楷模;中国科大超算鸿雁队获评"2019 年度合肥十大创新人物";超算鸿雁队队长林晗获聘华为首

批 8 位"天才少年"计划。

2019 年,中国科大启动实施的新一轮"一流本科教育质量提升计划"中,学校采纳了我们的建议,把计算机与数学、物理一样纳入全校本科生的通修课程体系,还为此提供了配套的学生实验室和实验环境建设经费,通过"计算+X"交叉学科教育体系建设,依托超算,计算机学科与众多理、工、医一级学科交叉,培养大量与计算机交叉的新兴学科和研究方向的创新人才。

近年来,成长起来的鸿雁队队员参与完成了多项国内外首创的超算重大应用成果。其中,"神威·太湖之光超级计算机首次实现千万核心并行第一性原理计算模拟"作为我国近年来在"战略高技术领域取得的新跨越"的 10 项代表性成果之一,习近平总书记在 2021 年两院院士大会上的讲话中提及;两项成果分别获得 2021 年度和 2022 年度戈登·贝尔奖提名、2021 年度首届中国超算年度最佳应用奖。

生物学拔尖学生自主创新能力和科研能力的培养与训练

中国科学技术大学　臧建业

作者简介

臧建业,2003年毕业于中国科学技术大学生命科学学院结构生物学专业,获理学博士学位。现任中国科学技术大学生命科学学院教授、博士生导师,贝时璋生物科学基础学科拔尖学生培养基地负责人。2018年获国家级教学成果二等奖(第一完成人)。主要研究方向为染色质高级结构的调控与功能。

成果摘要

引导学生参与科研项目、加强科研训练是培养创新能力的有效途径。我们通过构建拔尖学生自主创新能力和科研创新能力的培养训练体系,真正实现以本科生为主体的科研训练,达到提高本科生创新实践能力的目标。培养训练体系包括建立科研创新思维培养课堂教学体系和建立以学生自主科研创新项目为主的创新能力训练体系两部分:第一部分包括前沿导向课程、基础课堂教学和文献阅读与分析课程,使学生了解和掌握完整的科学研究过程和方法;第二部分强调以学生为主体的科研训练理念,学生自主选择研究课题,自主设计实验方案,自主完成实验过程和结果展示,通过对学生科研训练管理模式和指导模式的创新,调动学生积极性,激发创新思维,锻炼自主科研能力。

研究课题名称

生物学拔尖学生自主创新能力和科研能力的培养与训练

研究课题成果介绍

基础学科拔尖学生培养计划的目标是建立拔尖人才培养体制机制，吸引最优秀的学生投身基础科学研究，形成拔尖创新人才培养的良好氛围，努力使受计划支持的学生成长为相关基础学科领域的领军人才，并逐步跻身国际一流科学家队伍。在拔尖创新人才培养的实践中，鼓励学生自主学习和自由探索，提高大学生的创新能力，提高大学生在学习及研究中的独立性和创造性，是我们创新教育培养模式的一个重要部分。

引导学生参与科研项目、加强科研训练是培养创新能力的有效途径。本科生参加科研训练和项目，以学生进入某一科研实验室，在老师的指导下参与或完成导师所承担课题的一部分为主要方式。由于对指导教师的实验室条件及课题的依赖和学生前期相关训练的不足，导师为保证实验室所承担课题的顺利完成，通常不会让本科生参与课题设计等过程，只是让学生按部就班完成一些既定的实验过程，获得实验数据和结果。虽然在这个过程中，学生也受到了科研方法的训练，在促使学生逐渐掌握思考问题、解决问题的方法，提高其创新实践能力方面起到了相应作用，但常常有所限制，不利于激发学生对研究工作的兴趣，也不利于学生批判性思维和创新潜能的开发。

为解决本科生参与科学研究项目时存在的上述问题，我们在拔尖学生培养的实践中，根据自身的实际情况，积极探索培养本科生创新思维、创新研究能力、独立工作能力的方法，做出了很多有益的尝试。在此基础上，我们通过建立科研创新思维培养课堂教学体系和设立学生自主科研创新项目，构建拔尖学生自主创新能力和科研创新能力的培养训练机制，真正实现以本科生为主体的科研训练，达到培养学生掌握提出问题、思考问题、解决问题的方法，提高其创新实践能力的目标。

一、拔尖学生自主创新能力和科研能力培养训练机制

拔尖学生自主创新能力和科研创新能力的培养训练机制，包括建立科研创新思维培养课堂教学体系和建立以学生自主科研创新项目为主的创新能力训练体系两部分，其中创新能力训练体系是培养训练机制的主要部分。

（1）建立科研创新思维培养课堂教学体系。通过建设以"生命科学前沿""生命科学与医学导论"为主的前沿导向课程，讲解和讨论目前生命科学的研究前沿和进展，激发学生的兴趣，初步确立学生感兴趣的研究方向。在理论课堂教学中,学生通过阅读原始文献阐述相关经典理论发现的方法和过程,介绍相关研究最新进展,初步掌握科学问题的提出和解决方法;在实验实践教学中,结合模拟科研过程的综合实验和自主探究性实验与实践课题,了解开展创新性科学研究的实际过程,掌握开展科研的最新技术和方法。通过专门设计的"生命科技文献阅读"课程,训练批判性思维,学习和掌握如何发现和提出科学问题、如何进行可行的实验设计、如何展示研究结果等完整的科学研究过程。学生在完成文献阅读课程后,通过文献调研自主确定下一步的研究课题,进行立项申请。

(2)建立以学生自主科研创新项目为主的创新能力训练机制。拔尖计划学生在基本完成上述课程和相关训练后,根据学生个人兴趣和爱好,由3—5名学生组队(鼓励队伍中包括非生物学专业的学生),在相关老师的指导下,独立自主地进行文献调研、选题、课题立项申请并完成课题研究的全过程,得到科学思维和科研工作的实际训练、激发创新思维和能力。学生的具体研究内容为学生通过文献调研自主确定的研究课题。项目由学院直接负责组织和实施,每个方向由若干名教师组成指导小组,负责具体指导学生的文献阅读、选题、提出立项申请和完成课题研究。学院组织专门的委员会,负责学生创新项目的立项经费和结题管理。

二、拔尖学生自主创新能力和科研能力培养训练实践

学生创新能力和科研能力训练的具体安排是:拔尖计划学生在一年级和二年级上学期学习相关的知识和技能,通过相关引导性课程和创新思维的课堂训练,了解学科前沿和动态,初步掌握科学研究的方法;二年级下学期的前半学期进行文献阅读和分析的专门训练,然后学生根据相关文献的调研,选择感兴趣的研究课题,在相关教师的指导下完成创新科研课题的申请。部分同学通过参加国际遗传工程机器竞赛(International Genetically Engineered Machine Competition,iGEM)、全国大学生生命科学竞赛等学术竞赛,锻炼自主完成科研工作的能力。

学院通过学生的课题立项申请后,研究团队即可获得科研能力训练项目的经费支持。从大二暑假开始,通过一年或更长时间完成课题的研究,并向学院汇报研究成果,项目结题。

1. 科研创新思维培养课堂教学体系

自2009年我们与中科院生物物理研究所、原上海生命科学研究院共同建

立"贝时璋科技英才班"起,我们就设置了"生命科学前沿"课程,聘请院所专家,采取了全新的教学模式介绍生命科学的前沿课题,每次课程均设置课内讨论,提高学生的兴趣和探究能力,传递科学研究的方法。课后作业也以开放性的选题为主,学生可通过文献的查阅和对科学问题的思考,提出自己的设想和解决方案。在课后总结和交流环节,由英才班学术班主任和助教等一起,对学生的设计和设想进行交流和指导。利用院内师资,我们还采取相同的模式,开设了"生命科学与医学导论"课程。

表1 近5年引导性课程主要讲授和讨论内容

膜蛋白结构功能研究	表观遗传原理与结构生物学基础
非编码RNA	植物—病原真菌分子互作
细胞中的相分离、相变与人类疾病	生命的化学
我们的细胞	为什么肿瘤是可控的
生命的物流系统	细胞的分泌途径
获得性免疫的信号与代谢基础	干细胞与再生医学
免疫治疗创造奇迹	生物技术带来医药变革
吾即吾脑	脑成像与神经科学
"给我光"——从光子到感知	人工耳蜗听世界
记忆的神经基础	神经元、环路和行为
认知神经科学	我们为什么需要睡眠
阿尔兹海默症:世纪之难题	生物信息学进展
代谢工程与合成生物学	生物组学数据的计算建模分析
植物营养与离子组学	植物改变我们的生活
为什么还要相信达尔文	血液病与脐血移植
蚊媒传染病与控制新策略	骨发育与骨疾病
大脑与感知觉、注意和意识	昆虫与植物的攻防互作
光与生命	神经发育、疾病与再生
运动控制、障碍与重建	神经细胞的起源与分化

在理论课堂教学方面,我们在生物化学、生理学等课程教学中,通过翻转

课堂等形式,要求学生针对课堂教学内容中的某一经典理论,找出最原始的文献资料,讲述理论的发现和形成的过程,并经过课堂讨论,锻炼提出科学问题、进行实验设计的能力。在实验实践教学中,通过以完整科研项目转化的综合性实验,开展模拟实际科学研究的过程的训练;通过自主设计的小型实验课题,开展创新研究的训练。如在生态学实习时,由 2—3 名学生组成小课题研究组,自主选题和设计研究方案,经答辩后修订研究方案,然后根据课题需要到野外进行实验和调查,最终完成数据处理,实验结果也按科学论文发表的形式提交。

通过专门设计的"生命科技文献阅读"课程,学生完成自主科研创新训练项目的立项。该课程由学生在教师的指导下,解读和讲解生命科学研究的经典文献或最新文献。在教学过程中,教师就什么是科学问题、如何提出一个科学问题、如何进行实验设计、实验设计的完整性和可行性、实验结果的分析和展示等进行具体的指导,引领学生了解科学研究的严谨性,掌握对研究结果的展示方法,学会提出科学问题的方法和批判精神。在此基础上,学生通过自身文献调研,对感兴趣的问题提出科研创新项目立项申请。

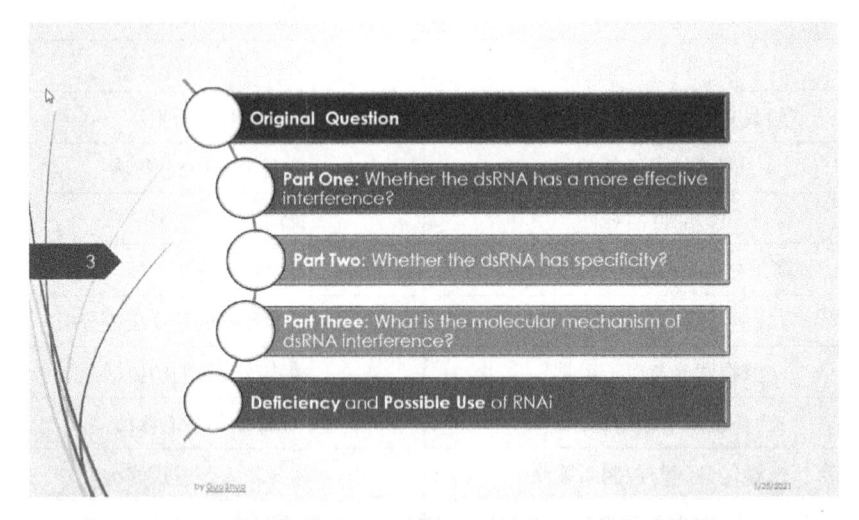

图 1 "生命科技文献阅读"课程上学生的文献阅读报告

2. 以学生自主科研创新项目为主的创新能力训练

根据学院教学和科研的实际情况,学生的创新科研训练课题主要按生物化学与分子生物学、细胞生物学、神经生物学、合成生物学 4 个主要研究方向设计课题。每个方向由若干名教师组成指导小组,负责具体指导学生的文献调研、选题、课题立项申请及课题实施。生物化学与分子生物学方面,我们以参与表观遗传修饰调控的酶的酶学研究、细胞内重要生物大分子机器的结构与功能等作为生化与分子生物学方向科研能力训练的主要内容;细胞生物学方面,我们将以微管可塑性调控的机理,免疫相关疾病的发病机理与药物靶点,肿瘤发生、发展、代谢和治疗等作为细胞生物学方向科研能力训练的主要内容;神经生物学方面,我们将围绕从分子、网络到整体探索神经与精神疾病的发病机制、治疗的可能靶点等展开科研训练;合成生物学方面,我们将围绕设计和实现具有特定生物学功能和应用前景的生物分子系统而展开科研训练。学生也可以选择其他感兴趣的方向和课题,学院将根据学生的课题选择,为其匹配相应的指导教师。学生的创新训练项目在生命科学实验中心创新实验室完成,不受指导老师实验室条件和经费的制约。近5年来,学生参与创新能力和科研能力训练的项目过百项。

图 2 学生在进行自主科研项目的数据采集

  iGEM 竞赛也是我们组织学生参与自主科研创新项目的途径之一。每年,以生命科学学院的本科生为主,同时吸收全校非生物专业的学生组队参加 iGEM 竞赛。通常由上一届比赛队伍的骨干队员发起新一届队员的招募,新一届队伍成立后,通过文献查阅、组会讨论和头脑风暴,选择感兴趣的研究课题,并对可行性进行分析,最终确定课题,在学院创新实验室完成课题研究工作,在赛会上向国内外同行展示自己的成果。指导老师主要对课题的可行性、实验过程中的问题进行必要的指导,从选题到成果展示的全过程都由学生自主完成,不仅锻炼了学生综合利用不同学科知识和分析手段开展创新研究工作的能力,也取得了良好的成绩。

图 3　iGEM 参赛学生向评委介绍研究成果

三、拔尖学生自主创新能力和科研能力培养训练的作用

通过探索与实践,我们逐步建立起一套培养本科生自主科研能力的科研训练体系。通过学生创新课题的选题、课题申请与立项、课题执行等完整的科研过程,激发学生探索生命奥秘的兴趣,使学生熟悉和掌握了现代生物学研究的全过程,培养了学生的创新意识、研究能力和自主工作能力。

拔尖学生自主创新能力和科研能力培养训练体系突出强调了科学创新训练中以学生为主体的理念,尊重学生的自由探索和兴趣,学生自主选择研究课题,自主设计实验方案,完成实验过程和结果展示,极大地调动了学生的积极性。在以学生为主体的科研训练过程中,学生必须通过不断学习新知识来提出新的问题并解决问题,最大地激发了学生的兴趣和能力。

科研创新能力培养机制的建立,不仅促进了学生创新能力的培养,同时对促进学科交叉,培养学生的团队合作精神起到了积极的作用,全面提高了学生的综合素质。在学生的自主科研活动中,项目特点决定了不可能由 1—2 名未受过系统训练的本科生完成,而是需要一个团队共同协作才能完成。在项目完成过程中,学生们要相互配合、取长补短,在实验中既有分工,也有合作。通过与人协作,提高学生的社会交往能力,培养良好的团队精神。

拔尖学生自主创新能力和科研创新能力的培养训练机制的建立与实践,

探索了研究型大学拔尖创新人才的培养模式和科研与教学相结合的有效途径,促进学生知识、能力和素质的全面协调发展。通过对学生自主科研能力的培养与训练,使学生在掌握生物学研究的基本知识和技能的同时,具备了从事生物学研究与创新的基本素养和能力,为基础学科拔尖人才的脱颖而出创造了条件。同时,通过鼓励各小组吸收非生物学专业本科生参加自主科研创新项目,在促进学科交叉的同时,也使更多的学生能够受益。

华罗庚数学科技英才班代数系列课程改革和教材建设

中国科学技术大学　欧阳毅

作者简介

欧阳毅，中国科学技术大学教授，安徽省教学名师，华罗庚数学科技英才班主管教授和数学核心课程组组长，是华罗庚班培养体系、荣誉课程和核心课程体系主要设计者，并负责代数系列课程的改革、优化和教材编写出版。曾荣获2022年霍英东教育教学奖、2017年宝钢优秀教师奖、2020年拔尖计划优秀导师奖和2021年拔尖计划2.0优秀管理人员奖等。

成果摘要

为培养中国科学技术大学华罗庚数学科技英才班学生坚实的代数基础知识和敏锐的代数思维能力，课题负责人主导了中国科学技术大学数学科学学院代数系列课程的改革和教材建设。本课题成果总结中国科学技术大学代数系列课程改革的起因、具体改革措施、实施情况和改革成效。

研究课题名称

数学精英人才培养模式研究

研究课题成果介绍

代数方法和分析方法是最重要的数学研究方法，代数思想的训练对于数学精英人才的培养至关重要。自中国科学技术大学华罗庚数学科技英才班于

2009年底成立起,中国科学技术大学数学科学学院就计划对代数系列课程进行重新设计。2012年在本课题负责人欧阳毅的主导下,中国科学技术大学数学科学学院通过了代数系列课程的改革方案《代数系列课程纲要》,优化课程体系,重新设计教学内容,将代数学课程优化整合为"代数学基础""近世代数"和"代数学"3门课程,分别在华罗庚班第1学期、第4学期和第5学期授课。改革后的代数课程教学从2012年秋季学期开始实施,并同时开始相应的教材建设。

自2012年纲要实施以来,我们围绕数学精英人才培养,在代数系列课程改革和教材建设中取得系列成果。经过多年的试用,2016年8月欧阳毅和申伊塄合编的教材《代数学Ⅰ:代数学基础》首先在高等教育出版社正式出版发行。"代数学三部曲"后两部教材,即《代数学Ⅱ:近世代数》(欧阳毅、叶郁、陈洪佳编)于2017年1月出版,《代数学Ⅲ:代数学进阶》(欧阳毅编)则于2019年1月出版。欧阳毅还进一步总结了中国科学技术大学代数课程改革和建设的具体经验,写作教学论文《基于代数学课程教学改革的探索与实践》,于2018年8月在《大学数学》第34卷第4期发表。

我们在本文详细汇报课题在代数系列课程改革和教材建设方面取得的主要成果。本成果曾被收入教育部拔尖计划十周年丛书《仰望星空 脚踏实地——"基础学科拔尖学生培养计划"十周年回顾》中的《前沿探究:"拔尖计划"研究成果汇编》(高等教育出版社2020年),此处的版本是扩展版本。我们在教学论文《基于代数类课程教学改革的探索与实践》中曾详细介绍中国科学技术大学数学科学学院从2011年来对代数系列进行课程改革的背景和具体做法,以及代数课程改革的实际执行情况,包括课程体系和教材建设等方面进行详细回顾与总结。本成果的一些细节可以在该文中找到。

进入二十一世纪以来,新一代中国科学技术大学学生入学时的数学基础和二十世纪八九十年代学生有较大区别。大部分学生在初、高中时代受到题海战术的锤炼,但在数学领域的独立探索能力和抽象思维能力受到很大压制。他们更早接触到微积分的思想,对于高考中出现的题型十分熟练,但在平面几何、因式分解和三角函数等方面的基本训练远不如从前,在数学证明和逻辑严格性方面的训练也不如从前。学生很少接触到深刻的代数思想,对代数思维畏之如虎。他们常常将数论和代数基本思想与方法当作老师传授和赐予的技巧,是竞赛天才才能掌握的技巧。当进入大学阶段数学学习时,很多学生不愿意从根本上去理解代数思维,一遇到稍微困难的问题,就产生畏难和放弃情绪。基于这些原因，中国科学技术大学的代数教学在二十世纪前十年受到比较严重的挑战。我们的教材也未能及时体现新时期学生的最新情况，需要在新形势下进行及时更新。

2011年，随着华罗庚班课程体系建设的逐步展开，数学科学学院从事线性代数、解析几何和代数课程教学以及代数、数论和代数几何研究的老师，参考巴黎高师、莫斯科大学、剑桥大学等著名学府的代数课程设置，经过多次火力十足的集中讨论，形成了代数系列课程的调整和改革方案《代数系列课程纲要》，数易其稿后，最终于2012年春季在教授全会上得以通过，于2012年秋季从新生开始实施。

纲要对代数教学涉及的6门课程，特别是"初等数论""近世代数"和"代数学"进行全面改革和优化。原来的"初等数论"课程由"代数学基础"课程替代，它与"近世代数""代数学"一起构成代数系列三门核心课程。纲要仔细规划了每门课程的教学内容、教学目的、调整情况和必要性。课程设计由浅入深，目标是为数学专业学生、特别是拔尖计划学生奠定扎实的代数基础。基于课程改革的需要，纲要还建议同时进行代数学系列教材建设。

"代数学基础"源自科大传统课程"初等数论"。大一新生对数论课程有畏难情绪，一见到数论的名字就敬而远之，而实际上本课程主要还是为线性代数、近世代数等数学基础课程服务，特别是提供整数与多项式的基本知识、提供群、环的一些例子，所以课程名"代数学基础"比"初等数论"可能更为妥当。纲要提出，本课程的主要目的应该包括三个方面：线性代数、近世代数等课程的预备课程；数论的启蒙课程；提供给大学新生一些他们本应该在高中阶段具备但实际上并不具备的数学基础知识。纲要在保留"初等数论"传统的整数理论和多项式理论的基础上，建议引入群、环、域的基本概念，以便降低"近世代数"课程的难度，并能够在后续线性代数课程教学体现这些抽象概念（比如矩阵环和典型群等）。有了这些概念，通过统一的代数方法，还可以使整数理论（例如费马小定理的证明）和多项式理论的阐述得到优化，让学生尽早从代数思维观点研究数学问题。

"近世代数"是数学各专业的核心课程，也是难度最大的大学数学课程之一。纲要主要牵涉到教学内容上的变动，一是将一些基础概念挪到"代数学基础"中，原因见前，二是调整群论部分的教学。群论是"近世代数"课程最难的一部分，在原课程中，需要花一半时间来讲述群论。但是原来的教材和大纲成书于有限单群分类研究如火如荼的二十世纪八十年代，因此对于有限群知识的讲授占了教材很大篇幅。从近年数学的发展来看，我们认为群在集合上的作用是群的思想最光芒闪耀的部分，结合国际上著名教材（比如 M. Artin 的 *Algebra*），也可以看出群的作用是应该得到特别强调的思想，它对于数学精英人才走上数学研究前沿是十分重要而且必要的。

"代数学"课程是华罗庚班学生的必修课程，主要目的是让修读课程的华罗庚班学生、研究生和其他感兴趣的高年级本科生具备基本代数素养，顺利通过本校（或者国际著名高校）的博士资格考试。它的教学内容，由从事代数、数论和代数几何研究的老师反复仔细讨论，最终确定为模论、有限群表示论和交换代数初步。纲要希望经过此课程的学习，学生将具备扎实的代数基础和代数修养，能顺利进入交换代数、同调代数、代数数论、代数几何和李代数等专门课程的学习。

从 2012 年秋季学期开始，中国科学技术大学数学学院开始实际执行《代数系列课程纲要》提出的创新举措，为大一新生开设了"代数学基础"课程，并按照课程纲要的要求讲授"解析几何""近世代数"和"代数学"课程。伴随代数系列课程改革的顺利进行，我们完成了相应代数学系列教材《代数学基础》《近世代数》和《代数学》讲义的编写，经过多年试用和反复修改后，"代数学三部曲"由高等教育出版社相继出版。

《代数学 I：代数学基础》是代数系列教材三部曲的第一部。我们参考冯克勤教授和余红兵教授编著的教材《整数与多项式》，和 Artin，Lang，Hungerford，Dummit-Foote 等著名英文教材，对群、环、域的定义和基本性质，循环群和对称群，整数理论，多项式理论等进行介绍，目的是为后续的线性代数、近世代数和数论（包括数论的应用）等众多课程提供基础和例子。在保留原来初等数论课程整数理论和多项式理论的基础上，教材增加了复数、韦达定理等高中忽视的内容，强调了等价关系这个大学数学教学难点，增加了群、环、域的基础知识特别是循环群的知识，对线性代数教学急需的置换的概念进行讨论。其目的首先是让学生较早接触到群、环、域等抽象概念，尽早锻炼学生的抽象思维能力，为后续的近世代数课程降低难度。其次教材统一使用代数的思想介绍整数和多项式的理论，希望同学们能够了解初等数论不是数学竞赛中高不可攀的一道道难题，而是在统一逻辑框架下的优美理论，它不仅在今后数学各方面学习中有很多用处，而且是数学在实际生活中应用的重要理论基石。

《代数学 II：近世代数》紧接《代数学 I：代数学基础》，是"近世代数"课程的教材。我们重点参考了已经使用近三十年的老教材《近世代数引论》，并参考了 Artin，Lang，Hungerford，Dummit-Foote 等著名英文教材，讲述了群、环、域的基本理论和伽罗瓦理论。在保留原《近世代数引论》核心内容的基础上，除去文字叙述方面有所改变外，着重于本课程与线性代数等前置、后续课程的衔接，并对当今数学研究出现的群、环、域的实例进行介绍。本书增添了很多例子，特别是矩阵和线性变换等来自线性代数的例子，减少了有限群的篇幅，但增加了对矩阵群的讨论。这样更能体现代数方法在现代数学研究中最核心的应用。教材特别强调群在集合上的作用，并从这一观点引出群论的核心内容。在伽罗瓦理论方面，本教材更强调它的计算和应用。除此之外，我们对习题进行了大量更新，增加了大量来自线性代数、解析几何甚至数学分析的习题。

《代数学Ⅲ：代数学进阶》是代数系列教材三部曲的最后一部，是研究生和高年级本科生数学核心课程"代数学"的教材。我们重点参考参考了 Artin，Lang，Hungerford，Dummit-Foote 等著名英文教材，特别是 Rotman 的 *Advanced Modern Algebra*，介绍模论、交换代数初步和有限群表示理论基本知识，为学生的研究生学习奠定扎实的代数基础。本教材内容与"代数学"教学内容一致，共分三个部分：模论、交换代数初步、半单代数和有限群表示论。教材紧密联系三部曲的前两部教材，论述严谨，并精心配备了大量习题。中国科技大学陈小伍教授在《代数学进阶》的评审意见中如此说："笔者相信，这本教材将在很大程度上满足'代数学'这门课程的需要，也填补了本科生代数课程与研究生代数学课程之间的空白。《代数学进阶》既可以作为高年级本科生选修课教材，也可以作为研究生的必修课程教材。……我相信《代数学进阶》将受到很多同学和老师的热烈欢迎……某种意义上来说，《代数学进阶》为研究生阶段的代数学学习开了一扇窗，有一定的先导性意义。"

通过代数系列课程优化和改革，中国科学技术大学数学学院已经建成一整套完整的从大学新生到研究生的代数课程教学体系，《代数系列课程纲要》提出的创新举措得到落实，为培养具备坚实代数基础的数学精英人才提供了体系保证。

课程改革实施以来，我们的创新性举措帮助华罗庚班培养了一大批具有坚实代数基础的数学精英人才，在丘成桐数学竞赛和全国大学生数学竞赛等高端竞赛方面表现卓越，绝大部分华罗庚班毕业生进入海内外著名高校深造，受到兄弟院校的高度赞扬和普遍关注。我们的建设成果获得了教育部和中科院的高度肯定。除去前述研究成果入选拔尖计划十周年成果汇编外，作为参与单位,我们与大连理工大学和中科院数学与系统科学研究院的项目"基于科教协同的'华罗庚班'数学拔尖创新人才培养模式的构建与实践"荣获 2018 年国家教学成果二等奖。中国科学技术大学的教学成果"中国科学技术大学英才班人才培养模式探索——科教结合、所系结合、理实结合"荣获 2020 年中科院教育教学成果特等奖,而华罗庚班正是该教学成果所覆盖的中国科学技术大学 5 个主要的拔尖人才计划英才班之一。"代数学三部曲"系列教材使用期间,深受学生好评,也得到全国其他高校(包括国科大、上海交大、首都师大、北航等)代数教学和研究的教师和学生的一致好评,成为代数学习的重要参考书籍,具有较高的学术价值。值得一提的是,《代数学Ⅲ:代数学进阶》作为华罗庚班特色课程和研究生基础课程"代数学"的教材,还被评选为 2020 年安徽省一流教材(研究生教育优秀教材)。

厦门大学"化学学科拔尖学生培养试验计划"学生科研能力培养探索

厦门大学　朱亚先

作者简介

朱亚先，教授，曾任厦门大学化学化工学院副院长、化学拔尖计划和化学人才培养基地负责人。主持"无机化学原理Ⅰ、Ⅱ"国家级线上一流课程，作为主要完成人之一获得国家教学成果奖一等奖1项和二等奖3项、福建省教学成果奖8项；主持或作为骨干成员参加国家、省级教改项目20余项，发表教学改革研究论文30余篇。

成果摘要

本项目建立了初级、中级、高级循序渐进的科研训练平台，达到启迪学生科研意识、保持学生科研兴趣、培育学生科研能力、提高学生科研素养的目的；同时，本项目尝试探究高层次创新人才科研能力培养模式与规律，分别对拔尖班与普通班学生科研训练进行跟踪调研，统计相关数据，提供了分析比较报告。

研究课题名称

厦门大学"化学学科拔尖学生培养试验计划"学生科研能力培养探索

研究课题成果介绍

厦门大学化学学科具有雄厚的科研基础，本项目依托学科优势，以"启发创新意识、注重训练过程、提高综合素质"为原则，制定了系统的本科生科研训练方案,包括:科研素养、文献检索、项目申请、实验方案设计、科研能力、论文撰写、化学交流表达能力的训练等。

一、本科生科研能力的培育与训练

(一)科研素养培育

为营造浓厚的学术氛围,本项目设立了"学术报告"学分,为低年级学生开设了系列前沿讲座课程、杰青讲坛,同时要求高年级学生参加学院组织的"诺贝尔获奖者系列讲座""南强系列讲座""卢嘉锡系列讲座"等学术活动。

为了使学生在科研训练的初期就建立正确的科研道德观、了解科学研究的基本方法,开设了"化学科研素养与方法"课程。该课程分为"如何树立正确的科研道德观和价值观""如何培养批判性思维和创新思维""如何有效地在科研中发现问题""如何建立科学的研究方法"四个部分,由院士、杰青等优秀教师主讲。他们结合科研案例,从追求真理、实事求是、团结协作、探究质疑、自主创新等方面培养学生的科学精神。

科研训练项目指导教师在实验中也十分注重学生科研素养的培养,引导学生做到学术道德规范、原始记录规范、学术引文规范、成果署名规范、论文写作规范等科研学术规范要求。

(二)科研能力训练

化学拔尖计划结合课程设置文献研讨课,该类课程要求学生查阅文献,提出问题,讲授并讨论。讨论题目由老师或学生提出,以课程核心知识为基点,向学科前沿、实践应用、交叉学科发散,通过文献阅读、报告、讨论/辩论等环节,着力引导学生独立思考、启发其开放性思维,引导学生主动学习。同时,要求学生们进入课题组听组会,有针对性地阅读文献,并在组会上汇报。

拔尖试验班学生需经过循环参加 2—3 个课题组后选定科研训练导师,然后进入导师课题组展开科研活动,化学拔尖计划学生的导师均为院士、杰青、优青等,科研能力强、责任心强。拔尖试验班学生根据自身情况,可申请"育苗基金""创新基金""大学生创新创业基金"等各类科研训练项目。在导师的指导下,学习查找文献资料、选题、设计研究路线、大型仪器使用、实验操作、分析数据、归纳总结、撰写论文等,本科生经过项目预研立项、申请、评审、签订项目责任书、过程检查、阶段报告、结题汇报答辩等,受到了系统和完整的科研过程训练,提高了综合素质。

二、学生科研训练的管理

（一）科研训练平台构建

本科生科研训练需要循序渐进，本项目结合实际，构建了初级—中级—高级三个层次、循序渐进的科研训练平台，形成系统和完整的科研训练体系，从而起到引导学生科研兴趣、发现学生科研潜质、培育学生科研能力的作用。

初级平台主要使学生初步接触科学研究过程，有初步的探究体验，培养学生对化学的兴趣和参与科学研究的热情。

中级平台以教师的科研课题为依托，培养学生立项申请、文献检索、实验设计、实验操作、仪器使用、论文写作、结题报告、成果展示、学术交流与表达等基本的科研方法与科研能力。

高级平台学生可结合教师的研究方向自行提出研究课题，也可以根据兴趣自主提出研究课题。要求学生独立开展研究工作、独立完成课题。

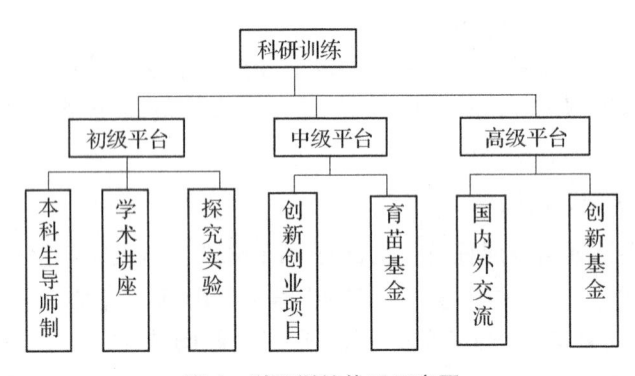

图 1　科研训练体系示意图

我们制定了具体的政策，每年组织立项、申请、评审、签订项目责任书、过程检查、中期检查、结题墙报展示、汇报答辩、评奖等。

（二）强化拔尖计划科研训练的过程管理

本项目对拔尖计划培养模式、运行管理再次进行整合、优化，对二年级及以上的拔尖计划学员强化科研部分的过程管理和考核：

（1）制定"拔尖计划学期科研训练过程管理情况表"，每学期定期发予每位导师对拔尖计划学员进行评价，对学生在科研训练过程中出现的问题及时进行纠正；

(2) 调整拔尖计划学年报表:"科研活动"栏增加"实验室情况自查表",二年级及以上学生根据各学期在实验室的表现进行自查,并在学年汇报会之前提交相应的实验室记录本,在报告会上由评委老师进行检查,此将作为学年考核重要评价依据内容;

(3) 对拔尖计划过程管理办法进行调整,增加科研过程管理办法,对未达到科研训练要求的学员提出警示或动态处理等。

(三) 选送拔尖试验班学生到国外进行科研训练

为了给学生提供对外交流的机会,拓宽学生视野,使学生在交流中成长,化学拔尖计划设置专项学术活动资助基金,为学生参加国外学术活动、到国(境)外进行短期访学、科研训练等提供学费、生活费、往返机票费,并制定了系列政策对此进行规范管理。2012年8月至2016年8月,已先后派出化学拔尖班学生53人次到国(境)外名校进行交流学习、科研训练。

三、学生科研训练的成效

科研训练使拔尖班学生参与科学研究的全过程,受到科学研究的思维方式和技能训练,培养了创新意识和创新能力。学生在各自的实验室中了解并学习了前沿的研究项目、研究方法、研究设备及技术,感受到了优良的研究氛围,从而拓宽了自己的知识视野,增长了知识,提高了科学素质,培养了科学精神,为今后从事更进一步的研究学习奠定了扎实的基础。

学生在与导师的接触中,也领悟到导师的科研思路和科学思维,这些也是从书本和课堂上无法学到的。教师对事业的追求、教师对人生的理解、教师在科学研究过程中所体现出的求实和探索精神,构成一种重要的人文环境,有助于培养学生严谨实际的科学精神、敬业奉献的高尚品格和相互协作的团队精神,相信对本科生今后的人生道路、职业发展会产生积极而深刻的影响。

四、调研与数据分析

(一) 调研提纲设计

为了解拔尖试验班学生参加科研训练的情况,我们设计了问卷调查并进行分析,见表1。

表 1　调查项目

调查项目
1. 参加科研训练的目的
2. 科研训练课题的来源
3. 参加科研训练前是否有总体规划
4. 科研训练中参与了哪些工作
5. 在科研训练过程中,感觉最困难的环节
6. 在科研训练中遇到困难时,首先选择求助方式
7. 在科研训练中,指导教师在哪些方面给予的帮助最多
8. 参加科研训练后,学习成绩是否受到了影响
9. 参加科研训练,对文献检索、发现问题、解决问题和科研的方法与手段的影响
10. 参加科研训练,对专业学习、自主发展能力的影响
11. 参加科研训练,对克服困难、承担责任和心理承受能力、抗压能力的影响

我们在 2016—2018 年连续三年对拔尖试验班学生和参加育苗基金的非拔尖试验班学生进行了问卷调研,调查问卷共发放 274 份,回收 201 份,回收率为73.4%。

我们将拔尖试验班学生和参加育苗基金的非拔尖试验班学生的数据进行了对比分析。

(二) 问卷分析

1. 你参加科研训练项目主要出于哪些方面的目的? [多选题] (图 2)

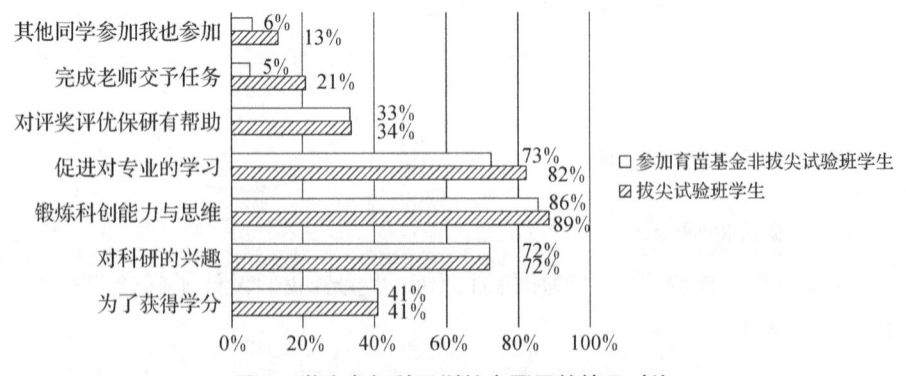

图 2　学生参加科研训练主要目的情况对比

从图2可以看出,拔尖试验班和非拔尖试验班学生参加科研训练主要是对科研的兴趣、锻炼自身的思维能力和促进专业的学习等内在动力,外在动力占比相对较低。

2. 你的科研训练项目课题的来源[单选题](图3)

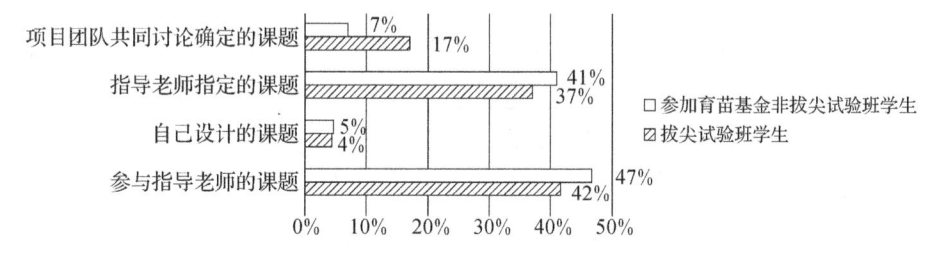

图3 学生参加科研训练课题来源情况对比

项目团队共同讨论确定的课题：7% / 17%
指导老师指定的课题：41% / 37%
自己设计的课题：5% / 4%
参与指导老师的课题：47% / 42%

□ 参加育苗基金非拔尖试验班学生
☒ 拔尖试验班学生

从图3可以看出,学生的科研训练项目课题多数来自参与指导教师的课题或指导教师指定的课题,多数学生在课题选择上的自主性和原创性等意识较弱,对指导教师的依赖程度较高。从调查结果看,拔尖试验班学生通过项目团队共同讨论确定课题的比例比参加育苗基金的非拔尖试验班学生相对要高,体现了拔尖试验班学生的团队合作能力、自主学习能力相对较强。

3. 你在参加科研训练前是否有总体规划？[单选题](图4)

没有：46% / 36%
有：54% / 64%

□ 参加育苗基金非拔尖试验班学生
☒ 拔尖试验班学生

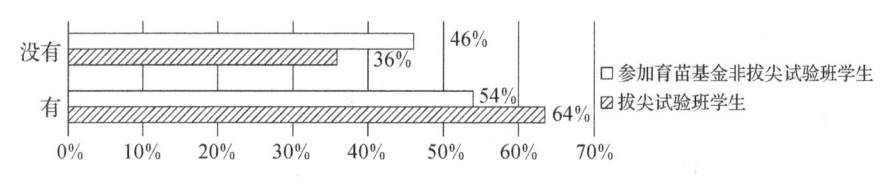

图4 学生参加科研训练前是否有总体规划情况对比

从图4可以看出,超过半数的学生在参加科研训练项目前已经具有进行总体规划的意识,其中拔尖试验班学生的比例更高一些。我们认为,这是因为拔尖试验班学生通过研讨课的训练,思辨能力增强了,总体规划意识也自然增强。

4. 在科研训练中你参与了哪些工作？[多选题](图5)

从图5可以看出,学生在科研训练中参与课题设计、文献检索、实验操作、数据整理、项目归纳总结答辩等(个别学生参加计算类课题,因而没有参加试验操作过程)情况。其中,拔尖试验班学生参与科研训练各项工作的比例更高,从侧面也反映了拔尖试验班学生科研训练目标定位和要求比参加育苗基金非拔尖试验班学生更高。

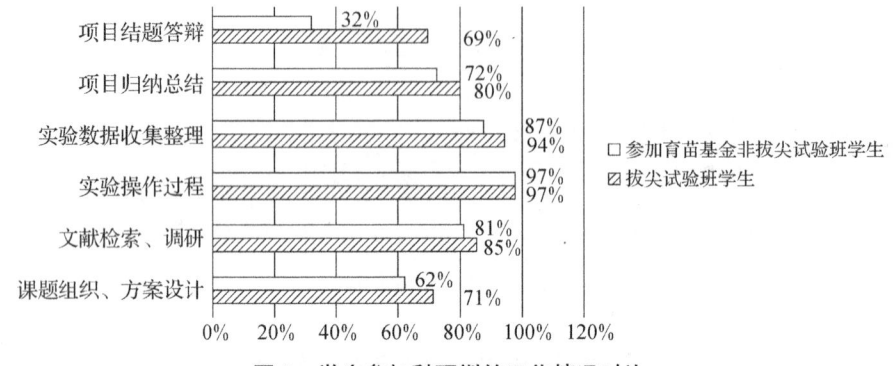

图 5　学生参加科研训练工作情况对比

5. 在科研训练过程中,最困难的环节是什么?[单选题](图 6)

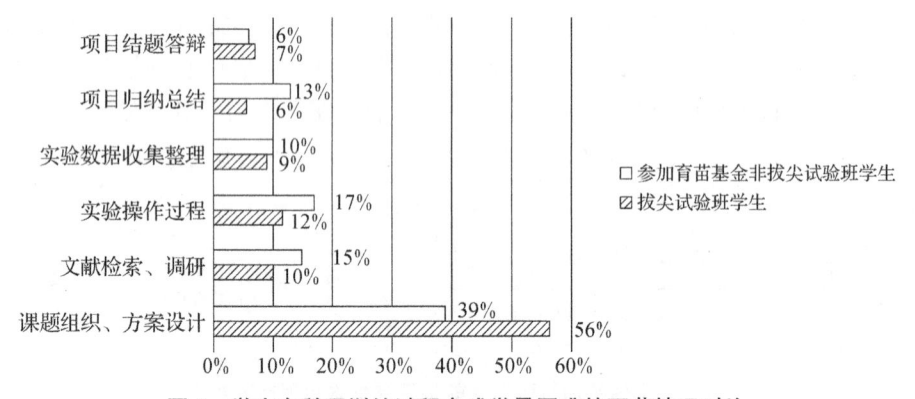

图 6　学生在科研训练过程中感觉最困难的环节情况对比

从图 6 可以看出,因为拔尖试验班学生基础比较扎实、动手能力强,因此他们在文献检索、数据收集、实验操作方面感觉困难不大;通常情况下,指导教师对拔尖试验班学生的要求更高,督促他们自己设计实验方案与规划课题,因此拔尖试验班学生多数认为课题组织、方案设计是最困难的环节。

6. 在科研项目训练中遇到困难时,你首先选择如何求助?[单选题](图 7)

从图 7 可以看出,在科研训练中遇到困难时,拔尖试验班学生更倾向于自己独立思考和求助于实验室高年级学长学姐,特别是选择自己独立思考的比

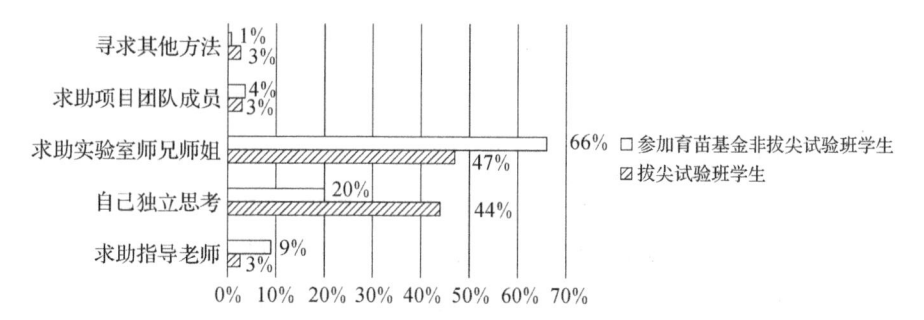

图 7　学生在科研训练中遇到困难时首选求助情况对比

例远高于参加育苗基金非拔尖试验班学生。说明通过文献阅读、科研素养与方法的训练,拔尖试验班学生具有更好的独立思考能力。

7. 在科研项目训练中,指导教师在哪些方面给予你的帮助最多?［多选题］(图 8)

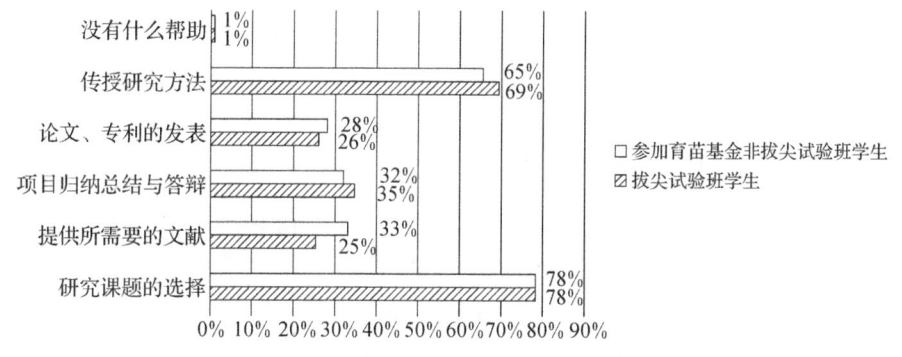

图 8　指导教师在科研训练中给予学生帮助最多方面情况对比

从图 7 可以看出,该项拔尖试验班学生与参加育苗基金非拔尖试验班学生的选择差别不大,指导教师在研究课题选择和传授研究方法方面给予学生的帮助最多。"提供所需要的文献"选项,拔尖试验班学生比例明显偏低,说明受过文献阅读与提问的训练、参加研讨课等,拔尖试验班学生在查询文献方面更加熟练。

8. 你参加科研训练后学习成绩是否受到了影响?［单选题］(图 9)

从图 9 可以看出,大部分学生参加科研训练对学习成绩影响不大;少部分学生的学习成绩有所上升,这是因为在科研训练中遇到问题,促使学生阅读专

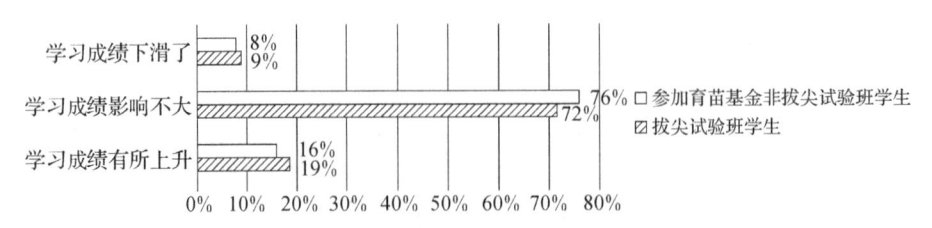

图 9　学生参加科研训练学习成绩受到的影响情况对比

业书籍、查找资料以寻找解决方法,科研训练起到提高自主学习能力的作用,进而促进了学生专业课程学习质量的提高。从图 9 可以看出,拔尖试验班学生相较于参加育苗基金非拔尖试验班学生学习成绩下滑比例稍高,更具针对性的调研表明,这是由于拔尖试验班少数学生的科研训练占用了过多的课外时间,基础课程的学习时间过少。因此,有必要加强此类学生的时间管理能力。

9. 参加科研训练项目,对文献检索、发现问题、解决问题和科研的方法与手段有怎样的提升?〔矩阵单选题〕,选择"明显提升"的学生比例如图 10 所示

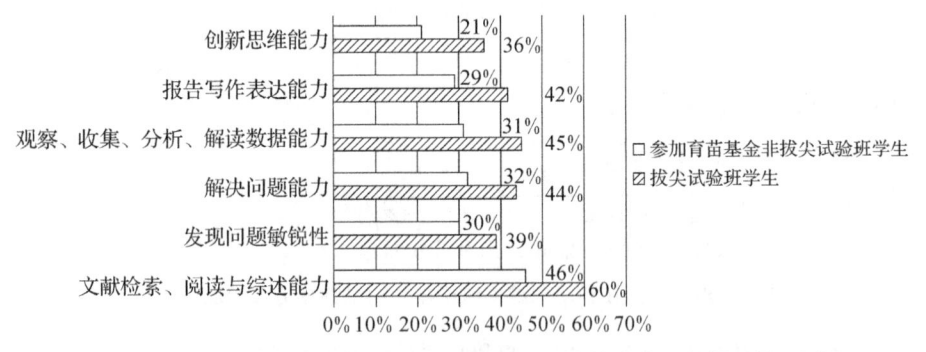

图 10　学生参加科研训练促进文献检索、创新思维等能力明显提升情况对比

从图 10 可以看出,拔尖试验班学生认为通过科研训练,自身在文献检索、发现问题、解决问题等六个方面有"明显提升"的比例均明显高于参加育苗基金非拔尖试验班学生。

10. 参加科研训练项目,对专业学习、自主发展能力有怎样的提升?〔矩阵单选题〕,选择"明显提升"的学生比例如图 11 所示

从图 11 可以看出,拔尖试验班学生认为通过科研训练,自身在专业学习、自主发展能力等八个方面均有"明显提升"的比例高于参加育苗基金非拔尖试

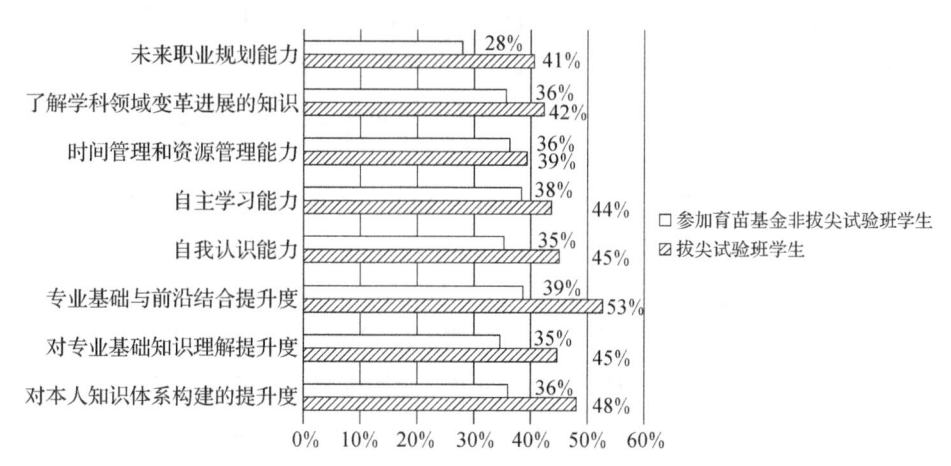

图11 学生参加科研训练促进专业学习、自主发展能力等明显提升情况对比

验班学生。

11. 参加科研训练项目,对克服困难、承担责任和心理承受能力、抗压能力的影响[矩阵单选题],选择"明显提升"的学生比例如图12所示

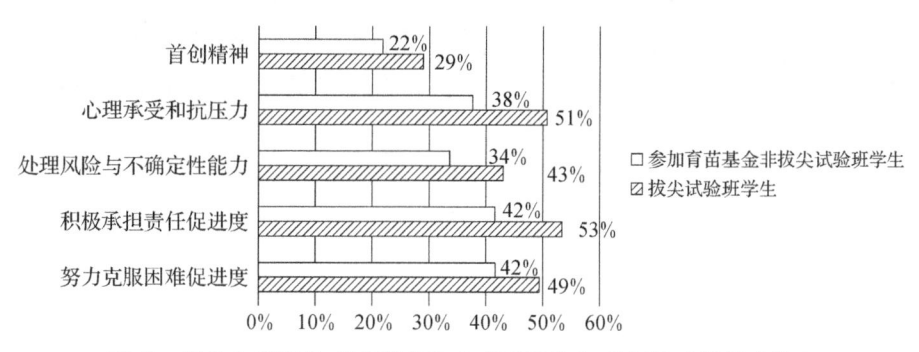

图12 学生克服困难、承担责任和心理承受能力、抗压能力的影响情况

从图12可以看出,拔尖试验班学生认为通过科研训练自身克服困难能力、承担责任和心理承受能力、抗压能力有"明显提升"的比例高于参加育苗基金非拔尖试验班学生。

五、讨论与总结

(一)培养目标的高定位,可为学生保持科研兴趣提供持续的动力

拔尖试验班学生作为高层次创新人才的储备力量,即未来学科领域领军

人物,需要及早建立自我的高定位、树立高目标,并制定合理的发展阶段目标,以保持科研兴趣,维持其自身成长过程中源源不断的发展动力。

(二)完善和系统的课程体系,可为学生科研能力培养提供扎实的基础

虽然高校针对拔尖试验班学生的科研能力培养要求和方向设置了相关探究性质、技能训练性质的课程,对学生各方面的能力和素质的提高起到显著的作用;但是,若与之相关的课程能更系统化,能从知识结构、教学方式的设计上思考如何更好提升对高层次创新人才的科研能力培养所需要的知识和训练,形成一套完善的课程体系,将为学生科研能力培养提供更扎实的基础。

(三)高水平师资队伍的全程投入,为学生提供强力示范和引导

师资水平的高低是影响人才培养质量的关键因素。通过调研问卷可以看出,高水平师资队伍的全程投入,在课程学习、科学研究、发展规划等方面对学生给予全方位的指导,通过自身高素质影响感染学生,有利于激发学生的学术兴趣和创新潜力,因此应进一步加强高水平师资投入。

(四)管理的组织化与制度化,为学生科研能力培养提供有力保障

科研训练管理条例、定期检查、成果汇报、考核机制的制定十分重要,如期中考核、过程检查、循环淘汰、结题报告等。同时还要鼓励学生、资助学生参加学术交流会议、发表论文等,从而拓宽学生的研究视野,进一步提升其科研能力。

培养化学拔尖人才的"强化实验"课程平台建设研究与实践

厦门大学　任艳平

作者简介

任艳平，厦门大学教授，曾任厦门大学化学国家级实验教学示范中心主任，现任厦门大学化学国家级实验教学示范中心荣誉主任。主要从事本科生化学实验教学指导等工作。首批国家级一流本科课程"基础化学实验（一）"课程负责人，福建省三八红旗集体负责人；2018年被评为厦门大学本科教学示范岗教师；曾获"唐立新奖教金优秀教学教师奖"等奖项；主持教育部、福建省等教改项目多项；获得省级教学成果一等奖1项，校级教学成果特等奖1项、一等奖2项。多次应邀在全国大学化学实验教学研讨会上作大会报告，在《大学化学》等杂志发表有关论文近40篇。

成果摘要

该项目着眼于"化学拔尖计划"学生创新实践能力培养，搭建衔接基础实验教学与科研实践的桥梁，提出并建立了包括3门独立的"强化实验"课["基础化学实验（一）强化实验""基础化学实验（二）强化实验""基础化学实验（三）强化实验（物理化学）"]以及"仪器分析拓展性实验"课在内的拔尖学生"强化实验"课程平台。

研究开发了具有问、教、学、思、感、悟特色，旨在促进拔尖计划学生个性化创新实践能力提升的系列"强化实验"项目30多个和"动态"教材2本。

建立了融合多学科背景的"一课多师""一项目多师"的"强化实验"教学团队，探索实施了"先做后教、以做定教"的实验教学"翻转课堂"，创新实践教学模式,取得了显著的人才培养效应。

项目成果多次受邀在全国化学实验教学研讨大会上以及中山大学、北京理工大学等高校作报告;项目主要成果以论文形式在《大学化学》杂志发表,发表论文14篇。

项目成果获得专家、同行的高度认可,并于**2020年获得福建省教学成果一等奖**,在福建省乃至全国高校产生了强烈的示范、辐射效应,也为今后更好地实施"基础学科拔尖学生培养计划2.0"提供了重要参考。

研究课题名称

"化学学科拔尖学生培养试验计划""强化实验"课程平台建设与实施的研究

研究课题成果介绍

一、研究背景和意义

课程是人才培养的核心单元和核心要素。突破原有的实验教学体系,构建培养化学拔尖人才的一流化学实验课程一直是实验教学改革的目标。

现国内各高校给化学类本科生开设的基础实验课有无机化学及化学分析实验、有机化学实验、物理化学实验、仪器分析实验或类似课程以及综合实验。学时及教学方式等限制,使得基础实验课主要培养学生基本操作技能以及基础理论知识的应用等,但实验课与理论课基本是同行不同步,实验课大多超前于理论课,而实验教材在原理部分却经常忽略对实验项目理论背景的介绍,造成少有学生会利用所学的理论知识来解释实验现象和分析实验结果。有些理论知识在实验过程中无法得到正确的理解和应用。在实验教学过程中也经常发现,尽管很多学生可以顺利地完成实验,但并不清楚所测物理量与化学性质之间的内在关系,缺乏独立思考,没有自己的理解和思辨,这也是各高校学生普遍存在的问题。而这些正是一个人是否具有创新能力最重要的基础。

为了加强化学拔尖计划学生理论与实验的相互融合能力以及创新实践能力培养,厦门大学"化学学科拔尖学生培养试验计划"(后简称"化学拔尖计划")于2010年启动时,首次提出并建立了"强化实验"课程平台,包括图1所示的3门独立的强化实验课["基础化学实验(一)强化实验""基础化学实

(二)强化实验""基础化学实验(三)强化实验(物理化学)]以及"仪器分析拓展性实验"课,并于2014年正式列入厦门大学"化学拔尖计划"学生培养教学计划。这犹如在基础理论课与基础实验课之间架起的一座高架桥,是系统地让学生更深入巩固、拓展、感悟、发展基础理论知识、基本实验操作技能的"研究型"实验教学过程;"强化"不是简单、机械的重复,也不是无限、任意的拔高,而是理论与实验的深度融合和感性认识到理性认识的高度升华过程,是在更高层次上培养学生会"想"、会"做"、会"表达"的能力;承载了能力、素质的全方位培养。

"化学拔尖计划""强化实验"课程平台
— 基础化学实验(一)强化实验 40学时,1学分
— 基础化学实验(二)强化实验 40学时,1学分
— 基础化学实验(三)强化实验(物理化学) 40学时,1学分
— 仪器分析拓展性实验 30学时,1学分

图1 "强化实验"课程及其学时、学分情况

尽管"强化实验"课程平台是厦门大学专门为"化学拔尖计划"学生量身定制的个性化培养方案的内容之一,但鉴于"强化实验"课程平台的建设以及实施过程的方法等还处于摸索阶段,需要在"强化实验"课程内容、实验教学方法等方面进行深入探讨和研究,使其逐步完善。如何设计"引人入胜"的实验项目和实验内容;实验教学过程中,如何引导学生对实验项目的理论背景知识深入"挖掘",启发学生对实验过程进行探究,深层次培养学生发现、分析和解决问题的兴趣和能力、创新意识等,实现理论与实验的高度有机融合,是我们要深入研究和探索的问题。所以,申请人特提出"'化学学科拔尖学生培养试验计划''强化实验'课程平台建设与实施的研究"这一具体课题。

二、研究内容

(一) 创建"强化实验"课程平台

该项目着眼于"化学拔尖计划"学生理论与实验的相互融合能力以及创新实践能力培养,提出并建立了包括3门独立的"强化实验"课["基础化学实验(一)强化实验""基础化学实验(二)强化实验""基础化学实验(三)强化实验(物理化学)]以及"仪器分析拓展性实验"课在内的拔尖学生"强化实验"课程平台。

随着"强化实验"课程平台的创立，也由此形成了以学生为本的基础→强化→综合→科研训练等多层级、多层次，不同层级、不同层次间纵向交错的一体化实验实践教学体系，学生的社会服务和课外实践贯通于从入学到毕业的全过程(图2)。同时，将安全教育及德才兼备、家国情怀的人才培养目标也贯穿于实验实践教学始终，达到教书育人的目的。

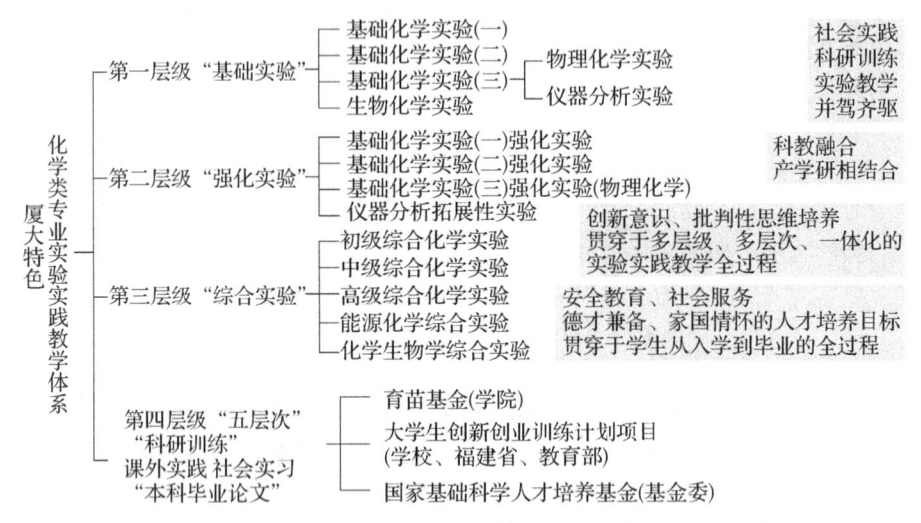

图2 厦大特色的化学学科拔尖学生培养的实验实践教学体系

(二) 研究设计"强化实验"课程内容，开发"强化实验"项目

"强化实验"教学内容的设计、研究和开发是第一位的，"强化实验"教学内容是教学的核心要素，教学内容的设计是教学的灵魂。

我们依据上述化学学科拔尖学生培养的实验实践教学体系以及化学一级学科的整体性对基础化学实验教学内容进行了梳理，并在调研和对比国内著名高校有关化学实验项目和实验内容的基础上，针对"化学拔尖计划"学生个性化培养理念，设计了与"基础化学实验"既有衔接与联系而又独立，并蕴涵着很多可引导学生深层次思考的问题的实验内容。如"基础化学实验(一)"中有两个实验[分光光度法测定磺基水杨酸合铜(Ⅱ)配合物稳定常数、分光光度法测定碘酸铜溶度积常数]是分光光度法在测定热力学常数方面的应用，而在"基础化学实验(一)强化实验"中设计了分光光度法在水解反应动力学常数测定方面的应用，即"$trans-[Co(en)_2Cl_2]Cl$配合物的制备及其酸水解反应动力学常数测定"，目的是让学生通过实验对照分析该实验与相关实验所包含的不同思想与方法,在对比中学习与提高。在设计"强化实验"内容时,也尽可能以经典有趣的实验项目来负载艰涩难懂的化学概念或原理,如学生在无机化学理论课中对配合物中心离子 d 轨道的分裂及分裂能的概念有所认识,但总体感觉还是非常抽象、模糊的,所以,我们专门在"基础化学实验(一)强化实验"中设计了"系列 Cr(Ⅲ) 配合物的合成及其光化学序列测定"实验。先从合成系列 Cr(Ⅲ) 配合物入手,学生看到自己所合成的不同颜色 Cr(Ⅲ) 配合物以及先前合成的同一配体不同颜色 Co(Ⅲ) 配合物,不禁会问,中心离子相同,尽管配位体不同,但配位体均为无色的,为什么形成的配合物有颜色,且颜色不同?这是我们亲眼所见的实验事实,需要解释,或者说给个"说法"。达尔文说:"科学就是整理事实,以便从中得出普遍的规律或结论。"这规律或结论也许就是"理论"或理论的前身,也就是"科研"中常讲的"基础研究"的创新所在。

配合物中心离子 d 轨道的分裂及分裂能是人们基于同一中心离子的不同配位体配合物颜色不同这样一个实验事实的"说法",而颜色与光的吸收有关,使学生进一步清楚了分裂能与 λ_{max} 的关系。实验事实也告诉学生配合物分裂能大小与金属离子以及配位体都有关。引导学生从实验现象入手去考虑、分析和研究问题,使学生不仅能够切身去体会和了解以往抽象的化学概念在实验中如何具体化、形象化,也进一步体会到理论与实验的关系以及认识理论与实验关系的科学思想和方法。

每门"强化实验"课的设计思路一样,但设计理念不完全相同,如"基础化学实验(三)强化实验(物理化学)"项目以物理化学基本原理和物理化学实验研究方法为载体,贯穿了拓展性和研究性实验内容,重点培养学生文献查阅和实验设计等方面的能力。

在遵循教学规律的前提下,以经典有趣或学科发展的新成果为载体来负载艰涩难懂的化学概念或原理,使"强化实验"内容"有血有肉"。通过"强化实验"的问、教、学、思、感、悟,即通过实验现象和实验过程感悟和体会化学理论的同时,也让学生切身体会到化学是有用的、化学是活的,进一步激发学生的实验兴趣。

(三)建设"强化实验""动态"教材

在"强化实验"课程建设的同时独立组编了"动态"实验教材 2 本:

(1)《基础化学实验(一)强化实验》"动态"教材(2011 年第 1 版—2018 年第 6 版);

(2)《基础化学实验(二)强化实验》"动态"教材(2015 年第 1 版—2019 年第 4 版);

用于一年级"化学拔尖计划"学生的《基础化学实验(一)强化实验》"动态"教材(图 3)中所给出的每个实验项目的内容风格也不完全一样,部分实验项目只有引导性内容,需要学生自行设计和查找资料完善操作步骤去实施;在《基础化学实验(一)强化实验》"动态"教材中也特别列出了与本实验内容相关的、基础实验做过的实验项目名称,以培养学生的分析辨别能力,让学生在对比中学习与提高。而《基础化学实验(二)强化实验》"动态"教材中没有提供具体实验内容和实验步骤,只列出实验指南和参考文献,让学生根据自己的"理解"来完成特定的实验,激发学生的探索热情,培养学生的综合能力。相关"强化实验""动态"教材在教学实践的基础上多次拓展修改而再版,实现了教材建设与课程建设同步发展。

"动态"实验教材是我们在"强化实验"课程教材建设过程中提出的一个有关实验教材建设的新思路。

所谓"动态"实验教材,就是将编写好的每一个实验项目转换成一个二维码(图 3),也可以将所有实验项目转换成一个总码,这样"一本书"就变成"一页码"[或"一个(总)码"]。学生通过"动态"下载或扫码"定向"获取所需内容,可随时作为进行预习和实验时的参考及实验后的复习巩固等。扫取总码,整本获取,方便保存;单个扫码,单项获取,方便翻看。

图 3 《基础化学实验(一)强化实验》"动态"教材

"动态"实验教材更方便教师随时修改和更新其内容,使其内容与时俱进而保持其"活力",使教材建设与课程建设协同发展。

（四）建立融合多学科背景的"一课多师""一项目多师"的"强化实验"教学团队

建立融合多学科背景的"一课多师""一项目多师"的"强化实验"教学团队，并通过建立健全的架构、彼此坦诚的沟通以及科学严密的顶层设计等措施充分发挥来自不同学科教师专业及科研优势，共同设计实验内容，各展所长，并将他们"所学""所做"融入实验教学中，发挥教师的群体效应及协同效应。

（五）探索实践"先做后教、以做定教"的实验教学"翻转课堂"模式

针对"化学拔尖计划"班学生个性化培养理念专门"量身定制"的系列"强化实验"课程主要是引导学生感悟、拓展的研究型实验教学课程。因此，在具体的"强化实验"教学过程中，除安全问题和基本实验技能规范必须由教师向学生在课前讲解外，教师不作课前实验原理、具体实验步骤的讲解，而将重点放在实验中实验技能规范的指导和整个实验过程的引导性分析讨论环节等，学生自主研究设计实验方案、学生自主进行实验操作。学生以个人或分组或数据共享的多样性模式探索完成实验和递交报告，允许客观的"负面"结果，激发学生的探索热情。让学生体会真实科研中的"喜怒哀乐"，并认识自身的科研兴趣和能力；强化课前的问题式、课中启发式等灵活多样的互动式实验教学模式，重点实践"先做后教、以做定教"实验教学的"翻转课堂"模式，即学生每做完一个实验，根据具体情况安排专门时间进行讨论、总结和反思，培养学生的分析、推理、归纳、总结和探索规律的能力。

以小班化实验教学和多媒体网络辅助教学模式以及现代教育技术在实验教学中的应用为基础，突破一贯的"预习""讲解""实验""写报告"的实验教学四部曲，创新灵活应用"先做后教、以做定教"的实验教学"翻转课堂"模式，即学生先做实验，具有亲身经历和切身体会后，以"问题"为导向，通过师生相互讨论（有时伴随着实验演示）以及指导教师"画龙点睛"式总结等方式使学生对整个实验原理、条件和过程等进行再思考、感悟，实现理论与实验的相互融合及其横向拓展和纵向深入，并使学生能"**内化于心——会想、外化于行——做好**"而达到实验教学的最高境界。

三、研究成果

本项研究开发了具有问、教、学、思、感、悟特色，旨在促进拔尖计划学生的

理论与实验的相互融合能力以及个性化创新实践能力提升的系列"强化实验"项目30多个和"动态"教材2本。

《大学化学》杂志审稿专家认为"强化实验教学体系完备,特色鲜明,特别是'动态'实验教材建设很有特色,具有很好的指导、借鉴意义"。

建立了融合多学科背景的"一课多师""一项目多师"的"强化实验"课程教学团队,如在该项目的研究实施过程中,我们也加强了各门实验课的师资力量以及注重对年轻教师的培养,如仪器分析实验课程组"青年千人"吴川六教授积极投身于仪器分析实验课程内容的优化和整合过程中,在针对"化学拔尖计划"学生"量身定制"的"仪器分析拓展性实验"内容中融合了他的科研"背景",他对有关实验内容就有更深刻的理解及拓展,在有关实验教学过程中也就能够应对自如,取得了良好的实验教学效果,因此也获得了2016年厦门大学青年教师教学技能竞赛一等奖,这也是实验教学与科研有机融合"教研"相长的典型例子。也印证了"教而不研则浅,研而不教则空;教而又研则活,研而又教则精"的道理。

在"强化实验"课程建设以及教学实施过程中,我们也及时对有关课程建设的基本思路、实验内容设计、"动态"教材建设与教学方式等方面的体会、感想等进行了初步总结,并以论文形式在《大学化学》杂志上发表,具体情况如图4所示。

1 量气法的改进及应用,大学化学,2016,31(11):51,被百度百科收录.
2 "化学学科拔尖学生培养试验计划"课程平台——"基础化学实验-强化实验"课程设计与实践,大学化学,2017,32(1):15.
3 在基础化学实验教学过程中如何培养学生"想"的意识——以"经典合成实验"教学为例,大学化学,2018,33(9):55.
4 对"硫酸亚铁铵制备"实验的再认识——批判性思维教育的最好案例之一,大学化学,2018,33(9):88.
5 如何精准做好化学教学实验室的建设,大学化学,2018,33(12):39;本期亮点文章,重点推荐给读者.
6 科学做好基础化学实验的细化准备,大学化学,2019,34(2):37;本期亮点文章,重点推荐给读者.
7 基础化学教学实验室试剂和仪器的科学细化管理,大学化学,2019,34(5):57.
8 "我""三草酸合铁(Ⅲ)酸钾晶体"的生长及影响因素,大学化学,2019,34(8):137.
9 "化学拔尖计划"强化实验"课程平台建设与实践,大学化学,2019,34(10):75.
10 仪器分析实验课程对拔尖人才培养的探讨与思考,大学化学,2019,34(10):119.
11 "基础学科拔尖学生培养试验计划"中的有机模块化实验探索,大学化学,2019,34(10):105.
12 对"Co^{2+}鉴定"实验的再认识——批判性思维教育的最好案例之一,大学化学,2020,35(9):89.
13 trans/cis-[Co(en)$_2$Cl]Cl配合物的制备及其水解反应动力学常数测定——面向大一学生的基础型综合化学实验,大学化学,2021,36(4):2005062.
14 "trans/cis-[Co(en)$_2$Cl$_2$]Cl配合物的制备及其光谱鉴定"实验教学实施结果与探讨——培养学生批判性思维的典型案例之一,大学化学,2021,36(3),2006069.

图4 《大学化学》杂志发表论文展示(扫码,可查看论文内容)

四、研究成果的创新性

（一）创立"强化实验"课程平台，构建厦大特色的实验实践教学体系

厦门大学针对"化学拔尖计划"学生个性化培养理念，首次提出并建立"强化实验"课程平台，研究设计了"强化实验"课程内容，开发"强化实验"项目 30 多个。随着"强化实验"课程平台的创立，也由此形成了"以学生为本"的基础→强化→综合→科研训练等多层级、多层次，不同层级、不同层次间纵向交错的一体化的厦大特色"化学拔尖计划"学生培养的实验实践教学体系。

（二）提出了"动态"实验教材建设的新思路

"动态"实验教材是我们在"强化实验"课程教材建设过程中提出的一个有关实验教材建设的新思路。"动态"体现在内容的"动态"和使用者的"动态"上，即内容可随时修改，使用者在不同时间扫码能获取最新内容。

（三）探索实践了"先做后教、以做定教"的实验教学"翻转课堂"模式

建立融合多学科背景的"一课多师""一项目多师"的"强化实验"教学团队，灵活实践"先做后教、以做定教"的实验教学"翻转课堂"模式，以实现"超越教学""超越学科""超越教师"的教学效果。

五、研究成果的应用效果及交流与辐射

针对"化学拔尖计划"学生探讨、讨论、实践而成熟的实验项目已有选择性地、逐步地引入充实到基础化学实验教学中。

本成果所包含的经过多轮教学实践的"强化实验"教学理念以及"先做后教、以做定教"的实验教学模式等不仅使近 300 名"化学拔尖计划"学生受益，而且使全校 23 个有关化学实验的专业近 2 万名学生受益，并辐射全国。

（一）成果应用效果

该项目着眼于"化学拔尖计划"学生创新实践能力培养，建立了融合多学科背景的"一课多师""一项目多师"的"强化实验"教学团队，通过灵活实践以"问题"为导向的具有问、教、学、思、感、悟特色的"先做后教、以做定教"的实验

教学"翻转课堂"模式,得到了学生良好的反馈,学生的实验和科研综合能力提升显著,多名学生获得"科创竞赛"奖项,"拔尖计划"学生参与发表科研论文100多篇。

(二) 成果交流与辐射

近几年来,我们通过"走出去"和"迎进来"方式与国内高校专家、同行就有关成果进行了深入交流。

项目组成员多次受邀在全国化学实验教学研讨大会、四川省"第三届大学生化学实验竞赛"暨实验教学研讨大会以及中山大学、北京理工大学及忻州师范学院等高校作报告,通过实例阐述了有关该项目实施过程的体会和感悟等,**并把我们有关"动态"实验教材建设的新思路和具体做法推广给大家,引起了与会者的强烈认同。**

2019年,厦门大学化学国家级实验教学示范中心与忻州师范学院等建立了帮扶关系,签订了帮扶合作协议,开展了行之有效的帮扶活动,把我们的有关成果直接应用于忻州师范学院的化学实验教学中,取得了很好的效果,做到了精准帮扶,为中西部地方一般院校的发展和提升做出了厦大贡献。厦门大学化学国家级实验教学示范中心也是全国50多个化学化工国家级实验教学示范中心中唯一一个与其他院校建立帮扶合作关系的示范中心。

近年来,我们先后接待了中国科学技术大学、北京化工大学、福州大学等30多所高校的同行300多人次前来交流学习"强化实验"教学理念、教学内容以及"先做后教、以做定教"的实验教学"翻转课堂模式"和"动态"实验教材建设的新思路及具体做法。有关成果获得专家、同行的高度认可,在全国高校都产生了强烈的示范、辐射效应,也为今后更好地实施"基础学科拔尖学生培养计划2.0"提供了重要参考。

在"拔尖计划2.0"实施过程中,我们也在积极探索和实践如何通过"活化"强化实验教学内容、创新应用灵活多样的实验教学方式,以达到多渠道、全方位提高学生实验兴趣的目的,并使学生的实验兴趣叠加而产生倍增效应,进而达到培养学生创新意识和创新能力的目的。

本项目中的化学实验"动态"教材建设情况还需要进一步进行探讨,如逐步探索设计和建设化学实验"动态"项目群和化学实验"动态"教材库,探索和实践承载"动态"教材库的网络平台的免费开放共建、共享机制及管理模式等。

数学学科"拔尖计划"小班教学的内容与方法研究

厦门大学　金贤安

作者简介

金贤安,厦门大学数学科学学院教授、博士生导师、副院长。长期在教学一线从事本科课程教学和本科生指导工作,主持"离散数学"福建省一流本科课程。分管学院本科教育教学工作,牵头申请获批教育部强基计划和拔尖计划 2.0 基地。曾获宝钢优秀教师奖、国家教学成果奖二等奖和福建省教学成果奖特等奖。

成果摘要

厦门大学数学科学学院 2010 年入选教育部"基础学科拔尖学生培养试验计划(数学)",对数学拔尖计划学生采用了"大锅"＋"小灶"培养模式,其中"小灶"的主要内容之一即是实行小班教学。本文介绍了课题执行情况,对小班教学内容与方法上的思考、研究以及若干做法,在学生培养、成果总结等方面取得的若干成绩,最后提供了学院小班课程开设情况和拔尖生毕业去向方面的数据。

研究课题名称

数学学科"拔尖计划"小班教学的内容与方法研究

研究课题成果介绍

一、课题执行情况

学院 2010 年入选教育部"基础学科拔尖学生培养试验计划(数学)"。对入选拔尖计划的学生采用了"大锅"+"小灶"培养模式,其中"小灶"的主要措施之一即是实行小班教学。

(1) 自 2014—2015 学年开始针对当时本科课程体系内的部分学科通修课程和专业方向课程实施了小班教学,对课程内容拓宽加深,意在夯实拔尖计划学生的数学基础,同时尝试改革教学方式和考核方式等。具体要求如下:

① 以原教学大纲为基础,提高难度与广度,制定新的教学大纲;

② 不配备助教,由任课教师本人批改作业;

③ 每学期,除期末考试外,平时另单独安排 3 次及以上小测试(包括期中考试)以加强过程考核。小测试的成绩按一定比例计入学生最终成绩。

对任课教师实行聘任或半聘任制,即不计算工作量或计算工作量的一半,聘任酬金由拔尖计划专项经费支付。任课教师根据需要任选一种方式。

在执行过程中主要遇到了以下两个问题:

① 由于经费使用规定的变化,在 2018 年左右,拔尖计划专项经费不能再支付校内教师授课酬金;

② 拔尖小班课程难度大、内容宽,导致拔尖学生与平行的普通班学生相比,成绩偏低,影响了学生境内推免或境外留学,进而导致学生加入拔尖计划的热情降低。

针对第一个问题,学院继续配备优秀师资为拔尖班授课,拔尖小班课程乘以一定的系数核算工作量,不再发放拔尖小班课酬金;针对第二个问题,学院实行了"教考分离"的制度,即小班课程内容继续拓宽加深,但与平行普通班一起统一试卷考试,同时不再强制拔尖计划学生在拔尖班学习,非拔尖计划学生经任课老师同意也可在拔尖班学习,拔尖班仍维持小班规模。

(2) 自 2013—2014 学年开始实施拔尖特设课程,即在当时的本科课程体系外,针对拔尖计划学生,每学年增设了若干课程,供学生选修。这些课程主要基于我院相对优势的若干研究方向,瞄准前沿领域,促使学生从事一定的科学研究工作。

这些课程多为短课程,20 课时左右,任课教师由拔尖计划专项经费聘任,不计算教师工作量。在拔尖计划专项经费不能再支付校内教师课酬后,部分课程随着 2017 年和 2020 年本科培养方案修订逐步融入了正常的课程体系,成为荣誉课程。继续外聘专家开设短课程(包括暑期学校课程)。

二、思考、研究和做法

1. 在教学内容方面,思考了以下问题

(1) 如何将课程基础内容与学科前沿内容结合起来?

2019 年,学院对 23 门课程(学科通修或专业必修)教学大纲进行了修订。由各系系主任负责组织,每门课程成立教学大纲修订小组,设组长 1 人、组员 3 人或以上。每个小组调研了 3 个或以上国内外著名高校该课程情况,进行了充分研讨,结合我院实际情况,从教材选用、授课内容和考核方式等方面入手进行了修订。教学大纲的修订,优化了课程基础内容,融合了学科前沿内容。

为拔尖计划特设的短课程和为丘成桐大学生数学竞赛开设的强化短课程中有的课程已连续开设多年,不断成熟。这些课程中有的包含不少比较前沿的内容,我们逐渐将它们融入正常的本科生课程体系中或将其内容融入正常的本科生课程体系的相关课程中。

(2) 如何将教学与科研结合起来?

在三、四年级新设"交换代数""半单李代数及其表示""代数几何""黎曼曲面""微分流形""多复变函数论""随机分析""数据分析与矩阵计算""高等数值分析""偏微分方程数值分析"和"数值最优化"等研究型荣誉课程,拔尖生与低年级研究生一起小班上课,接轨研究生教育。

注重研究型教学,培养学生的批判性思维和创新能力。典型案例:2016 年秋季"数学分析Ⅲ"课程由课题成员刘轼波教授授课,他结合自身研究自编了部分定理的新的简洁证明,注重讲解反函数定理并以之证明代数基本定理与 Brouwer 不动点定理,强调向量的记号和用法,介绍若干与课程内容相关的论文供学有余力的学生自学等。

2. 在教学方法方面,思考了以下问题

(1) 如何开展启发式和互动式教学?

积极推动以学生为主体、教师为主导的教学模式。强化师生互动、生生互动,坚决杜绝教师满堂灌、学生被动听的现象,推动教学从以教师为中心向以学生为中心的转化;通过习题课、论文、报告、小课题等,积极引导学生探究式学习,提升学生自主学习能力。

(2) 如何将现代科技手段有效应用于教学?

大力推进现代信息技术与教育教学深度融合。目前普遍采用了板书和课件相结合的教学方式;积极推动慕课建设,进行混合式教学、翻转课堂等,构建线上线下相结合的教学模式。

(3) 如何实行全英文或双语教学以与国际接轨等?

邀请境外专家来院开设短课程;选派优秀青年教师到马来西亚分校全英文授课;选派优秀拔尖计划学生出国(境)赴名校进行长学期课程或假期课程学习;开设"抽象代数"等双语课程等。

三、若干成绩

"拔尖计划"实施以来,至今学院已完整培养9届拔尖计划毕业生116人。升学率近100%(除1人),其中QS排名前100高校(包括中国科学院在内)升学率79.3%。许多拔尖生在哈佛大学、加州大学伯克利分校、英国帝国理工学院和北京大学、清华大学等名校继续深造。

一批优秀拔尖计划学生在国际知名学术期刊发表学术论文。例如:课题组成员刘轼波教授与2014级拔尖生刘鹏合作的学术论文 *On the surjectivity of smooth maps into Euclidean spaces and the fundamental theorem of algebra* 于2018年发表在《美国数学月刊》上。

"拔尖计划"的实施带动了全院本科人才培养工作和全校公共数学教学工作。十多年来,数学学科吸引力持续提升,每年2/3左右的本科毕业生继续深造。科创竞赛成绩优异,是全国唯一两次获得全国大学生数学建模竞赛本科生组最高奖"高教社杯"的高校,获丘成桐全国大学生数学竞赛铜奖1个、优胜奖10多个,2018年以来获全国大学生数学竞赛决赛获一等奖5个、二等奖15个。

以拔尖人才培养为主要内容之一,教学成果"遵循教育规律,培养数学一流人才"获2017年福建省高等教育教学成果奖特等奖,教学成果"打造精品资源,构建多元化、个性化数学人才培养模式"获2018年国家级高等教育教学成果奖二等奖,教学成果"面向基础研究国家战略,构建本硕博贯通的高层次数学创新人才培养模式"获2021年福建省高等教育教学成果奖特等奖。

课题组在拔尖计划小班教学内容和方法等方面的思考、研究和做法,已经经总结提炼发表以下教学研究论文2篇:

[1] 金贤安、黄晨龙:《数学类专业课程建设的若干思考和实践》,《2021高等教育教学实践探索——厦门大学解决方案》,2021年;

[2] 刘轼波:《数学专业多元微积分教学的几点体会》,《大学数学》,2021年第3卷,第84—92页。

四、有关数据情况

1. 2016—2020 年拔尖小班课开设情况

序号	开课学年学期	课程名称	人数	任课教师类别	备注
1	15—16—2	数学分析Ⅱ	17	教授	
2	15—16—2	高等代数Ⅱ	17	厦大特聘	
3	16—17—1	数学分析Ⅲ	14	教授	
4	16—17—1	常微分方程	13	教授	
5	16—17—1	概率论	13	助理教授	
6	16—17—1	数学分析Ⅰ	40	教授	理学试验班
7	16—17—1	高等代数Ⅰ	40	副教授	理学试验班
8	16—17—2	高等代数Ⅱ	27	厦大特聘	理学试验班
9	16—17—2	数学分析Ⅱ	27	厦大特聘	理学试验班
10	16—17—2	复变函数论	13	教授	
11	17—18—1	数学分析Ⅲ	24	闽江特聘	理学试验班
12	17—18—2	实变函数	13	教授	
13	17—18—1	微分几何	9	青千	
14	17—18—2	拓扑学	10	教授	
15	17—18—1	抽象代数	13	优青	
16	17—18—1	常微分方程	12	教授	
17	17—18—2	数学分析Ⅱ	11	厦大特聘	
18	17—18—2	高等代数Ⅱ	11	厦大特聘	
19	17—18—2	复变函数论	11	教授	
20	17—18—2	实变函数	11	教授	
21	17—18—2	拓扑学	11	教授	
22	18—19—1	数学分析Ⅲ	22	教授	
23	18—19—1	抽象代数	18	教授	

续表

序号	开课学年学期	课程名称	人数	任课教师类别	备注
24	18—19—1	微分几何	17	副教授	
25	18—19—1	偏微分方程	22	教授	
26	18—19—2	数学分析Ⅱ	27	厦大特聘	
27	18—19—2	高等代数Ⅱ	26	厦大特聘	
28	18—19—2	复变函数论	12	教授	
29	18—19—2	拓扑学	36	教授	
30	18—19—2	实变函数	20	教授	
31	19—20—1	数学分析Ⅲ	31	教授	
32	19—20—1	抽象代数	18	教授	
33	19—20—1	微分几何	16	副教授	
34	19—20—2	数学分析Ⅱ	33	厦大特聘	
35	19—20—2	高等代数Ⅱ	32	厦大特聘	
36	19—20—2	微分几何	16	教授	
37	19—20—2	复变函数论	44	副教授	
38	20—21—1	数学分析Ⅰ	22	厦大特聘	强基班
39	20—21—1	高等代数Ⅰ	22	厦大特聘	强基班
40	20—21—1	数学分析Ⅲ	30	教授	
41	20—21—1	概率论	38	副教授	
42	20—21—1	抽象代数	20	教授	

2. 2016—2020 年拔尖特设课开设情况

序号	开课学期	课程名称	人数	职称	备注
1	15—16—2	分析与方程	20	教授	丘赛课程
2	15—16—2	图的计数	5	教授	
3	15—16—2	高等概率论	17	助理教授	

续表

序号	开课学期	课程名称	人数	职称	备注
4	15—16—2	计算与应用	15	副教授	丘赛课程
5	15—16—2	分析与偏微分方程前沿	5	教授	
6	15—16—2	代数与组合	17	副教授	丘赛课程
7	15—16—2	几何与拓扑	9	教授	丘赛课程
8	15—16—3	数论——精华和传奇篇	12	教授	外请专家
9	15—16—3	Basics of Knot Theory and Virtual Knot Theory	8	教授	外请专家
10	15—16—3	The heat equation and its applications	41	教授	外请专家
11	15—16—3	Introduction to vertex algebras and their representations	41	教授	外请专家
12	15—16—3	微分几何初步	41	教授	外请专家
13	16—17—2	分圆域和卡特兰问题	5	教授	外请专家
14	16—17—2	计算数论和密码学	16	教授	外请专家
15	16—17—2	组合计算	14	教授	外请专家
16	16—17—2	Actuarial Loss Modeling from a Data Analysis Perspective	7	教授	外请专家
17	16—17—2	黎曼 zeta 函数和素数	12	研究员	外请专家
18	16—17—3	几何变换学	22	教授	外请专家
19	16—17—3	曲面内曲线的拓扑性质	17	教授	外请专家
20	16—17—3	一维可压缩 Navier-Stokes 方程组	16	研究员	外请专家
21	16—17—3	双曲型守恒律方程的数值方法	12	教授	外请专家
22	17—18—1	交换代数引论	10	教授	外请专家

序号	开课学期	课程名称	人数	职称	备注
23	18—19—3	李代数及其表示	53	教授	外请专家
24	18—19—3	闭曲面的分类及拓扑性质	55	教授	外请专家
25	18—19—3	低秩矩阵重构——算法、理论和应用	45	副教授	外请专家

3. 2019—2020 年荣誉课程开课情况

序号	开课学期	课程名称	人数	教师类别	备注
1	19—20—1	多复变函数论	17	教授	
2	19—20—1	代数几何	8	教授	
3	19—20—1	高等数值分析	2	教授	
4	19—20—2	微分流形	6	副教授	
5	19—20—2	数值最优化	29	副教授	
6	20—21—1	半单李代数及其表示	9	教授	
7	20—21—1	多复变函数论	45	教授	
8	20—21—1	微分流形	6	副教授	
9	20—21—1	交换代数	6	教授	
10	20—21—1	高等数值分析	2	教授	

4. 2010—2018 级拔尖生毕业去向情况

序号	姓名	年级	读研学校	读研专业或方向
1	陈**	2010级	香港中文大学	基础数学
2	李**	2010级	北京大学	基础数学
3	吴*	2010级	哥伦比亚大学	基础数学
4	夏**	2010级	复旦大学	基础数学
5	徐**	2010级	新加坡南洋理工大学	应用数学

续表

序号	姓名	年级	读研学校	读研专业或方向
6	何 * *	2011 级	中国科学院	基础数学
7	刘 * *	2011 级	罗格斯大学	金融数学
8	刘 *	2011 级	中国科学院	基础数学
9	牛 * *	2011 级	哥伦比亚大学	统计学
10	吴 * *	2011 级	佛罗里达州立大学	工业统计学
11	许 * *	2011 级	中国科学院	应用数学
12	张 * *	2011 级	哥本哈根大学	统计学
13	张 * *	2011 级	中国科学院	计算数学
14	赵 * *	2011 级	密歇根州立大学	数学
15	钟 * *	2011 级	清华大学	统计学
16	王 * *	2011 级	英国帝国理工学院	数学
17	李 * *	2011 级	纽约大学	金融数学
18	王 * *	2012 级	北京大学	基础数学
19	郇 * *	2012 级	中国科学院	运筹学与控制论
20	狄 *	2012 级	哥伦比亚大学	金融数学
21	陈 * *	2012 级	清华大学	基础数学
22	钱 * *	2012 级	新加坡南洋理工大学	金融工程
23	刘 * *	2012 级	北卡罗来纳大学	生物统计
24	刘 * *	2012 级	中国科学院	基础数学
25	王 *	2012 级	中国科学院	计算数学
26	刘 * *	2012 级	普渡大学	数学
27	陶 * *	2012 级	纽约大学	应用数学
28	吴 * *	2012 级	浙江大学	统计学
29	何 * *	2012 级	哥伦比亚大学	企业风险管理
30	高 *	2012 级	哥伦比亚大学	金融数学

续表

序号	姓名	年级	读研学校	读研专业或方向
31	王**	2012级	麦吉尔大学	生物统计
32	崔*	2013级	哥伦比亚大学	金融数学
33	韩*	2013级	复旦大学	基础数学
34	何**	2013级	浙江大学	应用数学
35	胡**	2013级	复旦大学	统计学
36	李**	2013级	北京大学	基础数学
37	文**	2013级	厦门大学	基础数学
38	赵*	2013级	清华大学	基础数学
39	柯**	2013级	复旦大学	应用数学
40	梅**	2013级	上海交通大学	统计学
41	郑**	2013级	厦门大学	统计学
42	宋**	2013级	中国科学院	计算数学
43	李*	2014级	纽约大学	电子与计算机工程
44	陈**	2014级	中国科学院	统计学
45	吴**	2014级	厦门大学	基础数学
46	宋*	2014级	清华大学	应用统计
47	宋**	2014级	清华大学	数学
48	陈*	2014级	中国科学技术大学	基础数学
49	张**	2014级	乔治城大学	基础数学
50	蔡**	2014级	中国人民大学	统计学
51	陈**	2014级	北京大学	数据科学
52	陈**	2014级	纽约大学	数据科学
53	高*	2014级	香港科技大学	大数据技术
54	刘*	2014级	北京大学	基础数学
55	喻**	2014级	纽约大学	金融工程

续表

序号	姓名	年级	读研学校	读研专业或方向
56	于*	2014级	卡内基梅隆大学	Business analytics
57	傅**	2014级	康奈尔大学	运筹与信息工程
58	刘**	2014级	北京大学	应用数学
59	陆**	2014级	北京大学	基础数学
60	何*	2015级	明尼苏达大学	工业与系统工程
61	王**	2015级	中国科学院	计算数论与密码学
62	焦**	2015级	英国帝国理工学院	数学
63	许**	2015级	北京大学	基础数学
64	李**	2015级	哥伦比亚大学	运筹学
65	初**	2015级	罗格斯大学	数学
66	李**	2015级	浙江大学	计算数学
67	吴*	2015级	厦门大学	计算数学
68	谢*	2015级	密歇根大学	生物统计
69	罗*	2015级	北京大学	计算数学
70	徐**	2016级	北京大学	基础数学
71	向*	2016级	哈佛大学	数据与科学
72	刘*	2016级	卡内基梅隆大学	商业智能与数据分析
73	卓**	2016级	北京大学	应用数学
74	刘**	2016级	复旦大学	基础数学
75	张**	2016级	加州大学伯克利分校	金融工程
76	施**	2016级	阿尔伯塔大学	统计机器学习
77	叶**	2016级	清华大学	基础数学
78	刘*	2016级	纽约大学	金融数学
79	俞**	2016级	清华大学	工程教育
80	冷**	2016级	上海交通大学	数学类专业

续表

序号	姓名	年级	读研学校	读研专业或方向
81	张*	2016级	复旦大学	应用统计
82	李*	2016级	厦门大学	信息与计算科学
83	苗*	2016级	中国科学院大学	应用统计
84	祝**	2016级	伯明翰大学	金融数学
85	乔**	2016级	埃因霍温理工大学	工业与应用数学
86	加**	2016级	威斯康星大学	经济学
87	贾*	2016级	伦敦大学学院	金融学
88	陈**	2016级	浙江大学	应用数学
89	蔡*	2017级	厦门大学	基础数学
90	王**	2017级	中国科学院	概率统计
91	赵**	2017级	复旦大学	金融
92	黄**	2017级	中国科学院	控制论
93	薛**	2017级	索邦大学	数学与应用数学
94	刘**	2017级	清华大学	基础数学
95	罗*	2017级	深圳前海铸融科技有限公司	量化研究员
96	刁*	2017级	复旦大学	数据科学与商务分析
97	姜*	2017级	复旦大学	应用数学
98	苗**	2017级	复旦大学	基础数学
99	张**	2017级	上海交通大学	应用统计
100	王**	2017级	复旦大学	应用统计
101	彭**	2017级	北京大学	计算数学
102	刘**	2018级	清华大学	数学系应用统计
103	张**	2018级	清华大学	基础数学
104	黄**	2018级	清华大学	基础数学
105	张**	2018级	复旦大学	应用数学

续表

序号	姓名	年级	读研学校	读研专业或方向
106	扈＊＊	2018级	同济大学	运筹学与控制论
107	王＊＊	2018级	北京大学	统计学
108	陈＊＊	2018级	复旦大学	数学系应用统计
109	易＊＊	2018级	厦门大学	应用统计
110	雷＊＊	2018级	上海交通大学	管理科学与工程
111	周＊＊	2018级	香港中文大学	数据科学
112	邓＊＊	2018级	北京大学	数据科学(数学)
113	常＊＊	2018级	中国人民大学	金融
114	唐＊＊	2018级	上海交通大学	信息与计算科学
115	袁＊＊	2018级	清华大学	计算数学
116	陈＊＊	2018级	中国人民大学	数学

五、致谢

感谢学院为课题组提供平台,感谢学院拔尖计划工作小组和课题组成员的支持。作者水平有限,敬请同行和专家批评指正。

书院模式的拔尖人才培养体系的建设成效

厦门大学生命科学学院 周大旺

作者简介

周大旺，1998年厦门大学有机化学专业本科毕业；2002年美国纽约城市大学生物化学专业硕士毕业；2006年美国耶希瓦大学微生物与免疫学专业博士毕业。2006—2011年任哈佛大学医学院博士后/讲师；2011年起任厦门大学生命科学学院教育部"长江学者"特聘教授，国家重点研发计划项目首席科学家、院长。2020年4月起任厦门大学副校长。

成果摘要

厦门大学生科院书院模式人才培养体系的建设融合了与生物医学相关的多个学院，采取"普适计划"与"拔尖计划"结合并行的人才培养模式。在管理上实行多导师制，在师资上聘请多名世界顶尖科学家授课，在教学模式上大力推进小班化教学，建设了多门国家级及省级精品课程，形成了完善、科学的课程体系。该体系培养了学生的科学精神，提升了学生的人文素养、拓展了其国际视野，并显著提高了学生的科研创新能力。该体系还充分发挥了区位优势和辐射带动效应，对海峡两岸的高校开放，为兄弟院校培养高素质人才。项目成果得到了兄弟院校、教育专家、社会各界的高度认可，对我国创新型人才的培养具有重要的实践意义。

研究课题名称

书院模式的拔尖人才培养体系的探索

研究课题成果介绍

2015年初,博伊特勒书院以2011年诺贝尔生理学或医学奖得主布鲁斯·博伊特勒(Bruce Beutler)的名字命名成立,至今已经顺利运行六年。书院"普适计划"已培养了约900名校内本科生,"拔尖计划"培养了来自两岸高校共计76名大三、大四学生。书院在管理制度、学生培养方案、硬件配备、师资建设等方面形成了一套具有厦门大学特色、高效完善的人才培养体系,在突破专业壁垒和校级选课障碍方面取得重要突破,打造了生命科学领域杰出人才培养的优秀平台,并取得了突出的育人成果。

本研究项目创新性地采取"**普适计划**"与"**拔尖计划**"结合并行的人才培养模式。"**普适计划**"从学生入学起即开展通识教育,旨在培养学生独立思考的能力,促进学科交叉,提高学生知识的广度与深度,拓宽学生视野,使学生兼具人文素养与科学素养,最终培养全面发展的人。该计划每年从厦门大学4个与生物医学相关的学院遴选150名新生进行培养,设通识导师、专业导师、朋辈导师和思政导师。通识导师聘请人文、管理等方向的知名教授、企业家、行业精英担任,专业导师由海归科研一线专业教师担任,朋辈导师由优秀的高年级拔尖学生担任,思政导师由学生工作经验丰富的辅导员担任。各类导师通过与学生交流、座谈、开展主题活动等,引导学生建立正确的世界观和人生观,并树立远大理想;启迪学生的智慧,培养学生的科学精神和人文情怀,在学生迷茫时给予方向性指导。同时,书院设立学生联合会,由学生自主选举产生,帮助学生建立有序、积极向上的生活秩序和氛围,组织学生的课外活动、创新项目等,这种学生"自治"很好地培养了学生的积极主动性及学生间的友谊和协作精神;"**拔尖计划**"通过精心打造专业核心课程,聘请多名世界顶尖科学家授课,以全英文授课环境,创造卓越的国际化科研学习平台,最终培养顶尖创新型人才。该计划每年由博伊特勒先生从海峡两岸多所著名高校(厦大、科大、浙大、中南大学、南开大学、山东大学、台湾大学、台湾长庚大学等)遴选约20名大三、大四学生,由博伊特勒先生亲自规划设计培养方案,建立了与国际名校相似的课程体系,由博伊特勒本人及其邀请的来自美国、英国等国的院士和多名牛津大学、美国NIH等机构的顶尖科学家为书院拔尖班开设4门全英文核心课程,即"高级遗传学""免疫学""细胞信号传导与疾病"和"英文写作与报告",营造了国际一流的学习环境,让更多学生在本土成长成才,达到甚至超过了在国外培养的效果。

书院普适计划和拔尖计划二者结合可以针对不同层次的学生因材施教，既能让拔尖人才脱颖而出，发挥带动示范效应，又能激励其他学生努力奋进，培养出满足社会需求的不同层次的创新型人才。为充分发挥本项目的育人特色和优势，**在师资队伍建设方面**，书院同时整合了海峡两岸和新加坡多所著名高校的 51 位知名教授为本科生授课。书院院长韩家淮院士率先垂范，坚持教书、科研与育人相统一，以韩家淮院士为首的团队获得"黄大年式教学团队"称号。**在教学模式改革方面**，制定了一系列"本科教学工作规范"文件，建立"学院、教学部、课程组"三级教学管理体制；大力推进小班化教学、慕课和微课建设，建设了 4 门国家级和 7 门省级精品课程，形成了完善、科学的课程体系。通过课程观摩，提升学院老师的授课水平，多位老师教学比赛获学校特等、一等奖，并在全国微课教学比赛中获多个奖项。**在教学技术方法方面**，为应对疫情背景下远程授课师生互动不足的问题，书院采用由牛津大学和剑桥大学首创的 Oxbridge Tutorial System（导师辅导制），由外籍任课教师对学生进行一对一的课后辅导，答疑解惑同时增强学生英文表达及沟通能力。此外，书院充分利用 JoVE 实验视频期刊的线上实验视频资源，指导学生实验操作，解决了实验课部分线上无法授课的难题。

书院人才培养体系整合了优质教学科研资源，形成了符合人才培养规律的培养体系，打造国际顶尖的师资队伍并取得了如下成效：**培养了学生的科学精神，提升了学生的人文素养、拓展了学生的国际视野**。培养了范婧雯、吕炳男等一批优秀的青年创新人才。范婧雯同学和吕炳男同学被剑桥大学医学院录取为 PhD 学生，并获得代表剑桥大学学生至高荣誉的盖茨奖学金，成为厦门大学历史上唯一的两名盖茨学者，也分别是 2017 年和 2019 年唯一一毕业于国内高校的盖茨学者；**打破院、校藩篱，充分发挥了区位优势和辐射带动效应，构建了一个辐射带动效应强、推广性好的高效的拔尖人才培养体系**。在校内，书院人才培养在厦门大学内部辐射到生命科学学院、医学院、药学院及公共卫生学院，促进了 4 个学院学生的交叉融合。在校外，与台湾大学、台湾长庚大学、浙江大学、中国科学技术大学、福建师范大学、南开大学、山东大学、中南大学及四川大学等 9 所大学的生命科学学院签订院际合作协议，就博伊特勒书院项目开展合作。通过举办两岸大学生生物知识竞赛、开放实践教学基地、互派师生交流等措施辐射到海峡两岸十几所高校，充分发挥了区位优势，促进了海峡两岸人才培养的交流和合作。近 6 年我院陆续与台湾大学、台湾清华大学等学校互派本科生学习交流 137 人次，互派教师讲学 40 人次，并为兄弟院校培养了22名拔尖学生,有力地促进了海峡两岸人才培养的交流与合作;**显著提高了学生的科研创新能力**。近6年,本科生共主持大学生创新计划项目472项,稳居全校第一;并有382人次参与发表SCI论文208篇,其中IF>5.0的论文95篇,IF>10.0的论文40篇;在各项竞赛中共获得国家级、国际级奖项30人次。本科生毕业后进入世界排名前40的名校深造的达43人,培养了李阳、张宸崧、吴甜甜等一批杰出的青年创新人才。

本项目创造了国际一流的办学条件,不仅在拔尖人才培养中取得了突出的成绩,而且得到兄弟院校、教育专家、社会各界的推崇和好评。**本项目辐射效果显著**。书院"普适"培养计划辐射到校内生命科学相关的四个学院;书院拔尖培养计划整合了浙江大学、中国科学技术大学、台湾长庚大学等兄弟院校的优势资源,加强了成员之间在学生培养、师资交流、平台共享上的辐射效应;通过师生互访、开放实习基地、邀请参与竞赛、参与书院拔尖班课程等多种途径,促进了海峡两岸高校的交流与合作。2017年,澳门大学张昆仑书院师生来访博伊特勒书院,双方在书院模式及运行等方面进行深入探讨交流;**项目成果得到教指委专家的高度认可**。由国家级教学名师乔守怡、林志新,国家"万人计划"教学名师肖蘅,教指委顾问周海梦及滕脉坤教授组成的成果鉴定委员会一致认为:"该项目提供的验收资料齐全,人才培养模式理念具有创新性,实施方案体系完整,行之有效,取得了突出的成果,达到国内领先水平,在全国具有广泛的影响和示范辐射作用。"**以全国"基础学科拔尖学生培养试验计划"生物学科工作研讨会为契机,促进交流**。学院高度重视与其他"拔尖计划"入选院校的交流,在近几届的研讨会上,积极介绍书院的建设情况,推广书院先进的办学理念,起到了良好的辐射示范作用。承办2015年全国"拔尖计划"生物学科工作研讨会,16所院校100余名师生代表实地考察了书院的建设情况,高度肯定了书院模式拔尖人才培养体系。部分兄弟院校表现了浓厚的兴趣,并开始选派学生到书院学习;**以书院院长韩家淮为首的团队获得"黄大年式教学团队"称号**。书院院长韩家淮院士率先垂范,坚持教书、科研与育人相统一。坚持教学相长、科教融合,积极探索创新人才培养模式。2017年,团队获得"黄大年式教学团队"称号;**学科评估获佳绩,入选"双一流"建设学科名单**。以书院建设为契机,学院大力改革人才培养模式,取得了很好的效果,在全国第四轮学科评估中,我院生物学科的评估结果为A类。同时,2017年,我院生物学成功入选国家"双一流"建设学科名单;**博伊特勒书院的成立和建设,受到主流媒体的争相报道**。书院创新式的建设与发展受到国内主流媒体的争相报道。

2017年《中国教育报》对书院进行了报道,称厦大有个与众不同的本科班,班主任是诺贝尔奖得主。此外还有近十家主流媒体及十几家地方媒体相继报道或转载了书院的建设情况。书院模式培养体系为学生创造一个课后共同学习和生活的社区,让学生共同策划和参与各种各样的书院活动,从而培养具有文化视野、社会责任、沟通能力和团队精神的优秀学生。重点通过通识教育进行综合能力培养,以提高学生的人文素养,实现知行兼修。将专业导师、辅导员纳入书院当中,强调师生之间紧密共处,尤其可以发挥优秀学长团(高年级或研究生)的作用,充分尊重学生的自我管理能力。书院核心课程授课采用集开放式教学、师生互动交流于一体的教学模式,通过精心打造专业核心课程,聘请多名世界顶尖科学家授课,以全英文授课环境,创造卓越的国际化科研学习平台,为培养顶尖创新型人才提供有利环境。书院创新式的建设与发展受到国内主流媒体的争相报道。

人才培养是一个复杂的系统工程。各校的拔尖人才体系百花齐放,要建立既适合校情和院情,又符合人才成长规律的高效的拔尖人才培养体系,必须锐意进取、不断探索、深化改革、逐步完善。博伊特勒书院的成立,为促进生命科学学科发展,提升人才培养质量提供了全新的尝试,对于深化我校的综合改革也具有重要的实践意义。

经过这些年的实践与探索,依托学校和本项目经费的合理规划及使用,我们建立了拔尖人才培养体系,但仍有一系列问题有待解决:

(1)如何更好地使普通拔尖培养计划和博伊特勒书院拔尖计划有机结合,使两者不割裂,不冲突,相互依存,相互促进。

(2)人才培养如何做到多学科的交叉与融合,培养出更加全面的人才。

(3)如何将拔尖计划先进的人才培养模式融入普通培养计划中,而不是将二者区分开来,需要思考如何在不影响拔尖人才培养的情况下,扩大受益面,避免教育不公平。

(4)要改进学生学分评价机制。由于拔尖班的学生在课程和科研训练等方面的难度系数更大,而当前的主要评价机制仍然是学分和绩点,对学生的综合能力体现不足,因此仅凭学分和绩点不能对优秀的学生做出准确评估,期待找到一种更科学的评价机制。

拔尖计划的实施有了显著成效,未来如何更好地实施计划,培养出拔尖创新人才离不开不断创新与时俱进的政策机制。继续探索并建立一套"拔尖人才"培养的良性机制,并加以推广,提高国内生命科学领军人才培养的质量和效率。因此在未来的实施中,我们需要：

（1）在拔尖学生培养中要进一步促进本学科与非生物医学学科的交流合作与交叉融合。

（2）需要更多经费支持,适当增加受益面,进一步拓展国际交流,拓展学生的国际视野,提高学生的科研能力。

（3）需要注意拔尖培养计划和普通培养计划的有机衔接,突破壁垒,加强辐射效果,避免教育不公平。

（4）要不断收集学生反馈,尤其要注意追踪毕业生的反馈意见,反思培养过程中哪里可以突破,更具个性化,积极制定培养方针政策。

非书院制与书院制有机结合的"拔尖人才"培养模式的建设成效

厦门大学生命科学学院 李勤喜

作者简介

李勤喜,1995年兰州医学院(现兰州大学医学院)临床医学专业本科毕业;1998年兰州医学院(现兰州大学医学院)临床血液学硕士毕业;2001年兰州大学无机化学博士毕业;2001年至今,厦门大学生命科学学院,助理教授/副教授/教授;2017年至今任厦门大学生命科学学院副院长。

成果摘要

本项目的创新成果一是建立了拔尖学生从大一到大四稳定的培养模式;二是组建了一支稳定的国际顶尖师资队伍。具体方法包括大一学生以培养兴趣为主;大一下学期结束开始选拔优秀学生进入拔尖班,拔尖班学生单独设班进行小班化教学。大三下学期从拔尖班中选拔更优秀的同学进入书院拔尖班,由世界顶尖科学家进行全英文教学。大四推荐学生到国外一流大学做科研训练和毕业论文。书院拔尖班的师资队伍由诺贝尔医学奖得主博伊特勒先生领衔,包括多名来自美国、英国、澳大利亚和欧洲的科学院院士以及来自美国NIH、牛津大学、加州大学的著名教授,海峡两岸的院士和学者,构成了一支稳定的高端水平教学队伍。

研究课题名称

非书院制与书院制有机结合的"拔尖人才"培养模式探索

研究课题成果介绍

一、项目预期研究计划的执行情况

项目立项时间是 2018 年 2 月,但项目研究计划的实施实际上早在 2015 年就开始执行。因而到项目结题时间 2019 年 12 月底为止,本项目实际上已经顺利执行了 5 年时间。

二、成果研究内容及方法的创新程度、突出特色和主要建树

本项目最重要的创新成果有两个,一是解决了拔尖人才培养中的两个重要问题,即"什么时候拔高"和"怎样拔高"。在这方面我们的研究成果是:① 对大一学生应以培养兴趣为主。因为大一的公共课程很多,新生刚从高中阶段进入大学,对大学学习要有一个适应的过程。并且此阶段的学生对本专业的定位还不够清晰,因此本阶段不宜安排有一定难度的专业课程。因此在大一阶段只安排了"普通生物学"及"新生研讨课"两门入门专业课程。此阶段不进行拔尖学生的选拔。② 大二到大三上学期"适当拔"。大一下学期结束开始选拔优秀学生进入拔尖班,此时学生经过一年的学习,对自己的专业定位已有清晰的思路,接受能力较强。在此阶段开设 5 门专业核心课和 4 门核心选修课,均为双语教学,拔尖班学生单独设班进行小班化教学,使学生的专业知识和外语水平迅速提升。③ 大三下学期选拔顶尖学生进入博伊特勒书院后"狠劲拔"。这一阶段从拔尖班中选拔更优秀的同学进入书院拔尖班,由博伊特勒及其聘请的世界顶尖科学家进行 4 门核心课程的全英文教学,使学生的基础知识、国际视野、英文水平得到迅猛提升。④ 大四推荐学生到国外一流大学做科研训练和毕业论文,使学生的基础知识和科研能力进一步提高。

项目第二个研究成果是组建了一支稳定的国际顶尖师资队伍,在国内创造了国际一流的办学条件。书院拔尖班的师资队伍由 2011 年诺贝尔生理学或医学奖得主博伊特勒领衔,包括博伊特勒聘请的 7 名来自美国、英国、澳大利亚的科学院院士及 1 名欧洲分子生物学组织会士,及多位来自美国 NIH、牛津大学、加州大学的著名教授和海峡两岸的院士和学者。这些专家定期到我院为书院拔尖班的学生上课,构成了稳定的高端教学队伍。

三、资料收集和数据采集情况

项目收集了 2015 届至 2019 届拔尖班毕业生的名单,及其就业、升学深造

(包括出国)信息。(见表1)

表1 2015—2019届学生升学去向

序号	学院	专业	年级	姓名	升学高校
1	生命科学学院	生物技术	2015届	陈*	厦门大学
2	生命科学学院	生物科学	2015届	樊*	厦门大学
3	生命科学学院	生物科学	2015届	刘*	厦门大学
4	生命科学学院	生物科学	2015届	刘*	厦门大学
5	生命科学学院	生物技术	2015届	杨*	厦门大学
6	生命科学学院	生物科学	2015届	章*	厦门大学
7	生命科学学院	生物科学	2015届	宗*	厦门大学
8	生命科学学院	生物科学	2015届	黄*	厦门大学
9	生命科学学院	生物科学	2016届	李**	新加坡国立大学
10	生命科学学院	生物科学	2016届	汪**	厦门大学
11	生命科学学院	生物技术	2016届	王*	厦门大学
12	生命科学学院	生物技术	2016届	夏**	北京大学
13	生命科学学院	生物科学	2016届	蔡*	加拿大麦吉尔大学
14	生命科学学院	生物技术	2016届	陈**	中科院上海生命科学研究院生化与细胞所
15	生命科学学院	生物科学	2016届	陈**	乔治城大学
16	生命科学学院	生物技术	2016届	程**	上海交通大学
17	生命科学学院	生物科学	2016届	黄**	第四军医大学
18	生命科学学院	生物技术	2016届	刘**	厦门大学
19	生命科学学院	生物技术	2016届	刘**	中国科学院大学
20	生命科学学院	生物科学	2016届	彭**	复旦大学
21	生命科学学院	生物科学	2016届	吴**	厦门大学
22	生命科学学院	生物科学	2016届	徐**	厦门大学
23	生命科学学院	生物技术	2016届	杨**	中国科学院大学

续表

序号	学院	专业	年级	姓名	升学高校
24	生命科学学院	生物科学	2016届	张**	中国科学院大学
25	生命科学学院	生物技术	2016届	李**	厦门大学
26	生命科学学院	生物科学	2016届	史**	厦门大学
27	生命科学学院	生物科学	2016届	张**	厦门大学
28	生命科学学院	生物科学	2016届	曹*	厦门大学
29	生命科学学院	生物科学	2017届	车**	中国科学院大学
30	生命科学学院	生物技术	2017届	陈*	北京大学
31	生命科学学院	生物技术	2017届	陈*	厦门大学
32	生命科学学院	生物科学	2017届	陈**	复旦大学
33	生命科学学院	生物技术	2017届	范**	上海交通大学
34	生命科学学院	生物科学	2017届	方**	英国剑桥大学
35	生命科学学院	生物科学	2017届	傅**	英国剑桥大学
36	生命科学学院	生物科学	2017届	郭**	中国科学院大学
37	生命科学学院	生物技术	2017届	洪**	厦门大学
38	生命科学学院	生物技术	2017届	侯**	厦门大学
39	生命科学学院	生物科学	2017届	李**	厦门大学
40	生命科学学院	生物科学	2017届	梁*	上海交通大学
41	生命科学学院	生物科学	2017届	令**	复旦大学
42	生命科学学院	生物技术	2017届	刘**	厦门大学
43	生命科学学院	生物技术	2017届	刘**	厦门大学
44	生命科学学院	生物技术	2017届	卢**	北京大学
45	生命科学学院	生物科学	2017届	倪**	美国德州大学西南医学中心
46	生命科学学院	生物科学	2017届	孙**	中国科学院大学
47	生命科学学院	生物技术	2017届	田*	厦门大学

续表

序号	学院	专业	年级	姓名	升学高校
48	生命科学学院	生物科学	2017届	王**	北京协和医学院
49	生命科学学院	生物技术	2017届	王**	复旦大学
50	生命科学学院	生物技术	2017届	杨*	清华大学
51	生命科学学院	生物科学	2017届	张**	中国科学院昆明植物研究所
52	生命科学学院	生物科学	2017届	张**	复旦大学
53	生命科学学院	生物科学	2017届	张**	澳洲国立大学
54	生命科学学院	生物科学	2017届	章*	University of Utah
55	生命科学学院	生物科学	2017届	赵**	清华大学
56	生命科学学院	生物科学	2017届	钟**	厦门大学
57	生命科学学院	生物科学	2017届	朱**	北京大学
58	生命科学学院	生物技术	2017届	艾*	北京大学
59	生命科学学院	生物科学	2018届	查*	厦门大学
60	生命科学学院	生物技术	2018届	陈**	厦门大学
61	生命科学学院	生物科学	2018届	邓**	中国科学院神经科学研究所
62	生命科学学院	生物技术	2018届	邓*	复旦大学
63	生命科学学院	生物科学	2018届	谷**	北京大学
64	生命科学学院	生物科学	2018届	何**	哥伦比亚大学
65	生命科学学院	生物科学	2018届	胡**	厦门大学
66	生命科学学院	生物技术	2018届	胡**	复旦大学
67	生命科学学院	生物科学	2018届	黄**	清华大学
68	生命科学学院	生物科学	2018届	李**	首都医科大学
69	生命科学学院	生物科学	2018届	李*	厦门大学
70	生命科学学院	生物技术	2018届	李**	厦门大学

续表

序号	学院	专业	年级	姓名	升学高校
71	生命科学学院	生物科学	2018届	李**	厦门大学
72	生命科学学院	生物科学	2018届	李**	清华大学
73	生命科学学院	生物科学	2018届	林**	厦门大学
74	生命科学学院	生物技术	2018届	刘**	厦门大学
75	生命科学学院	生物科学	2018届	刘**	上海交通大学
76	生命科学学院	生物科学	2018届	卢**	厦门大学
77	生命科学学院	生物科学	2018届	吕**	厦门大学
78	生命科学学院	生物科学	2018届	梅**	美国洛克菲勒大学
79	生命科学学院	生物科学	2018届	念**	中国科学院生物物理所
80	生命科学学院	生物科学	2018届	乔*	厦门大学
81	生命科学学院	生物科学	2018届	瞿**	复旦大学
82	生命科学学院	生物科学	2018届	宋*	厦门大学
83	生命科学学院	生物科学	2018届	宋**	复旦大学
84	生命科学学院	生物科学	2018届	孙**	厦门大学
85	生命科学学院	生物技术	2018届	孙**	厦门大学
86	生命科学学院	生物科学	2018届	田**	厦门大学
87	生命科学学院	生物科学	2018届	邢*	厦门大学
88	生命科学学院	生物科学	2018届	杨**	清华大学
89	生命科学学院	生物科学	2018届	杨**	厦门大学
90	生命科学学院	生物科学	2018届	杨**	北京大学
91	生命科学学院	生物科学	2018届	杨**	上海生命科学研究院
92	生命科学学院	生物科学	2018届	张*	厦门大学
93	生命科学学院	生物科学	2018届	张**	北京大学医学部
94	生命科学学院	生物科学	2018届	张**	约翰霍普金斯大学
95	生命科学学院	生物科学	2018届	赵**	加利福尼亚大学欧文分校

续表

序号	学院	专业	年级	姓名	升学高校
96	生命科学学院	生物技术	2018届	周**	苏黎世联邦理工学院
97	生命科学学院	生物技术	2018届	周**	厦门大学
98	生命科学学院	生物技术	2018届	杨**	厦门大学
99	生命科学学院	生物科学	2019届	王*	清华大学
100	生命科学学院	生物科学	2019届	余**	美国达特茅斯学院
101	生命科学学院	生物科学	2019届	欧**	清华大学
102	生命科学学院	生物科学	2019届	李**	美国华盛顿大学
103	生命科学学院	生物技术	2019届	陈**	清华大学
104	生命科学学院	生物科学	2019届	汪**	厦门大学
105	生命科学学院	生物科学	2019届	林*	厦门大学
106	生命科学学院	生物技术	2019届	吴**	复旦大学
107	生命科学学院	生物科学	2019届	夏**	新加坡国立大学
108	生命科学学院	生物科学	2019届	余**	北京大学
109	生命科学学院	生物技术	2019届	黄*	上海交通大学
110	生命科学学院	生物科学	2019届	谢**	厦门大学
111	生命科学学院	生物科学	2019届	金**	中国科学院大学
112	生命科学学院	生物技术	2019届	吴**	中国科学院大学
113	生命科学学院	生物科学	2019届	陈**	中国科学院大学
114	生命科学学院	生物技术	2019届	项*	厦门大学
115	生命科学学院	生物科学	2019届	徐**	清华大学
116	生命科学学院	生物科学	2019届	吴**	北京大学
117	生命科学学院	生物科学	2019届	张**	新加坡国立大学
118	生命科学学院	生物科学	2019届	陆*	北京大学
119	生命科学学院	生物科学	2019届	袁**	厦门大学
120	生命科学学院	生物技术	2019届	李*	武汉大学

续表

序号	学院	专业	年级	姓名	升学高校
121	生命科学学院	生物科学	2019届	任**	上海交通大学
122	生命科学学院	生物技术	2019届	李**	厦门大学
123	生命科学学院	生物技术	2019届	王**	厦门大学
124	生命科学学院	生物技术	2019届	刘**	厦门大学
125	生命科学学院	生物技术	2019届	李**	美国圣路易斯华盛顿大学
126	生命科学学院	生物科学	2019届	李**	厦门大学
127	生命科学学院	生物科学	2019届	任**	中国科学院大学
128	生命科学学院	生物技术	2019届	刘*	厦门大学
129	生命科学学院	生物技术	2019届	黄*	复旦大学
130	生命科学学院	生物技术	2019届	高*	厦门大学
131	生命科学学院	生物科学	2019届	王**	复旦大学
132	生命科学学院	生物科学	2019届	朱*	厦门大学
133	生命科学学院	生物科学	2019届	赵**	同济大学
134	生命科学学院	生物科学	2019届	冯*	厦门大学
135	生命科学学院	生物技术	2019届	李**	武汉大学
136	生命科学学院	生物技术	2019届	刘**	厦门大学
137	生命科学学院	生物技术	2019届	彭*	英国利物浦大学

四、成果的学术价值和应用价值，以及社会影响和效益

本项目探索了在我国拔尖计划的基础上，以培养国际一流领军人才为目标的博伊特勒书院培养模式。该模式为国内首创，2016—2019年入选书院拔尖班的学生达76人，其中厦门大学学生46人，其他高校30人，包括中国科学技术大学10人，台湾长庚大学5人，福建师范大学5人，南开大学6人，山东大学2人，浙江大学2人，社会影响及效益显著。

五、经费支出情况

总经费 10 万元,都用于拔尖学生的培养及海外师资的聘请等。

六、成果存在的不足或欠缺,尚需深入研究的问题

拔尖人才培养计划的目标是培养生命科学领域的一流人才。而目前的培养模式在促进学科交叉及与国内兄弟院校之间的交流上仍有不足。因而本项目尚需研究的问题是如何促进拔尖学生的跨学科培养及与兄弟院校之间的交流和资源共享。

非数学专业拔尖学生数学分析课程的小班化教学模式研究

山东大学　黄宗媛

作者简介

黄宗媛,山东大学数学学院副教授,硕士研究生导师,研究方向为正倒向随机微分方程理论及其应用。长期承担拔尖学生的数学基础课程教学,作为主要完成人获国家教学成果二等奖1项,山东省教学成果特等奖2项,参与建设的"微积分"和"概率论与数理统计"分获国家一流本科课程,曾获评"基础学科拔尖学生培养计划2.0优秀教师"。

成果摘要

数学类公共课程是非数学类各专业人才培养的重要支撑,既是诸多非数学专业学生学习后继专业课程的基础,又是培养其创新能力的源泉。本课题根据非数学专业的学生特点和知识结构需求调整课程设置和课程内容,优化教学重点,以适应专业学习的需求。教学过程中,加强对基本概念和基本结论所蕴含的数学思想的渗透,注重数学理念和逻辑思维方式的解读,采用"实际问题导出—数学思想分析—数学工具解决—问题回顾"的教学模式,此外还将课程思政教育引入教学,经过多年的教学实践并对学生进行跟踪,学生均对本课程的改革给予正面评价。依托本课题的部分研究内容,负责人编写教材1部,获评国家级教学成果奖1项,发表教研论文1篇。

研究课题名称

非数学专业拔尖学生数学分析课程的小班化教学模式研究

研究课题成果介绍

一、研究背景

(一) 国家拔尖人才培养战略需求

在《国家中长期教育改革和发展规划纲要(2010—2020年)》中,关于人才培养体制改革,明确提出要更新人才培养观念,创新人才培养模式,目的是提高人才培养水平。党的二十大报告中也指出,我们要坚持教育优先发展、科技自立自强、人才引领驱动,加快建设教育强国、科技强国、人才强国,坚持为党育人、为国育才,全面提高人才自主培养质量,着力造就拔尖创新人才,聚天下英才而用之。因此,培养基础学科拔尖创新人才是国家发展的战略需求,也是高等教育的重要任务之一。

数学类公共课程是非数学类各专业人才培养的重要支撑,既是诸多非数学专业学生学习后继专业课程的基础,又是培养其创新能力的源泉。而数学分析是分析学中最古老、最基本的分支,它以微积分学和无穷级数一般理论为主要内容,并包括它们的理论基础(实数、函数和极限的基本理论)的数学学科,是我们研究物理世界及发现自然界的规律的过程中十分重要的工具。高等数学是高校理工科各专业最重要的一门基础课程,是许多后续课程必备的基础,同时也为学生进行后续深造和研究提供了保障。如何为有志于从事基础科学研究的青年学生打好基础,为人才培养保驾护航就是本课题研究的中心问题。

(二) 当前教学中面临的问题

山东大学泰山学堂成立于2010年,是"基础学科拔尖学生培养试验计划"的具体承担单位,依托数学、物理学、化学、生物学、计算机科学等5个学科良好的学科基础,旨在培养厚基融深的复合型拔尖创新人才。而物理和计算机专业属于理工科中应用数学知识最多的专业,对数学的要求较高,而被纳入基础学科拔尖人才培养计划的泰山学堂物理取向和计算机取向除一般高校专业所需要的计算技能外,还十分注重科学思维的培养和基础理论的研究,这就对学生的数学基础提出了更高的要求,尤其是近年来泰山学堂在海外名校选拔考试中的参与度和学生水平的逐渐提高,学生数学基础薄弱的问题逐渐显现。为适应新的需求,学堂调整教学计划,用数学分析课程替换原有的高等数学课程,加强学生数学基础知识的教学。

但由于数学课不属于专业课程范畴,且受到师资与条件的限制,目前国内许多高校在开展数学基础课教学时均采用40人以上班额的合堂方式授课,在教学方法上也大多采用传统的"师讲生受"模式,教师往往只是尽可能详尽地将知识点和解题技巧进行分析,无法兼顾学生的学习效果,也无法与学生进行充分的互动,针对不同学生的情况差别对待,更不利于对具有潜力的学生的发现和培养。

针对课程内容的授课方式存在的不足,本课题结合山东大学泰山学堂的授课实践,积极探索,开展一系列的教学改革和研究,初步形成了具有山大特色的非数学专业拔尖学生数学课程教学模式。

二、主要研究内容

本研究课题主要是根据非数学专业学生的特点,探索适应该专业知识要求的数学基础课程教学模式和教学方法,培养学生严密的逻辑思维能力和分析能力以及较强的计算能力,促进相关专业教学工作的顺利开展。同时通过探索小班化教学的新模式,提高学生在教学过程中的参与度,增加授课环节中师生的交流互动,激发学生的学习热情和能动性,提高教学效率,构建以学生为中心、能力培养、知识传授、素养提升为核心的教学模式,为基础学科拔尖人才的有效培养奠定了坚实的数学基础。

课题的主要研究内容聚焦于以下几个方面。

(一)完善教学目标,优化教学内容

在教学目标设定方面,针对非数学专业学生的特点,加强对基本概念和基本结论所蕴含的数学思想的渗透,注重数学理念和逻辑思维方式的解读,采用"实际问题导出—数学思想分析—数学工具解决—问题回顾"的教学模式,从熟悉的问题出发,引导学生对数学分析课程产生兴趣,培养学生的逻辑思维能力。实践证明,该种模式更符合学生特点,更容易被接受。

通过调研和参考国际国内知名高校相关专业的教学内容,根据拔尖学生的知识结构需求调整课程设置和课程内容,并结合本校拔尖计划学生自身的特点,将原有高等数学的教学内容适当提升难度,增加数学基础理论的分析证明与应用,开设非数学专业数学分析课程取代原有高等数学课程,着重培养学

生严密的数学逻辑思维方式和分析能力，同时调整教学内容和教学重点，做好增量控制，适当降低实数分割理论、傅里叶级数等部分的难度，以适应专业学习的需求。

按照现有教学内容已形成课程讲义，目前用于泰山学堂计算机取向和物理取向（2021年起增加经济学取向）数学分析课程的教学过程中。经过多年的教学实践并对学生进行跟踪，物理取向和计算机取向的学生均对本课程的改革给予正面评价。

（二）改革教学方法，提升学生的参与度和获得感

研讨式教学法源于早期的德国大学，现已成为西方发达国家高校中的一种主要教学方法。教学过程中，加强对基本概念和基本结论所蕴含的数学思想的渗透，注重数学理念和逻辑思维方式的解读，采用"实际问题导出—数学思想分析—数学工具解决—问题回顾"的教学模式，从熟悉的问题出发，将知识传授与科技发展前沿成果相结合，拓宽教学内容的广度和深度，引导学生对数学分析课程产生兴趣，培养逻辑思维能力。实践证明，该种模式更符合学生特点，更容易被接受。

教学过程中不断改革教学方法，立足于小班化教学，结合翻转课堂、PBL、MOOCs等先进的教学理念和教学手段，逐步完善研讨式教学模式。尝试多种教学手段，综合利用线上线下丰富的教学资源，增加研讨式教学和翻转教学的方式，将部分知识点交由学生讲授，学生也可以小组的形式结合自己的专业课程对数学概念和结论的应用拓展进行展示，一方面使得学生能够更加深入地理解教学内容，另一方面也使授课教师了解了学生在接受知识时的切入点，促使我们在授课过程中更好地转变教学模式和教学思路，同时也锻炼了学生的综合分析能力以及表达展示能力。此外，以现代化教学手段和在线课程、典型数学相关软件和自制简单教具等进行辅助，构架立体化的教学模式。

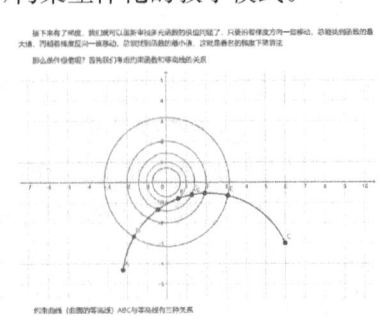

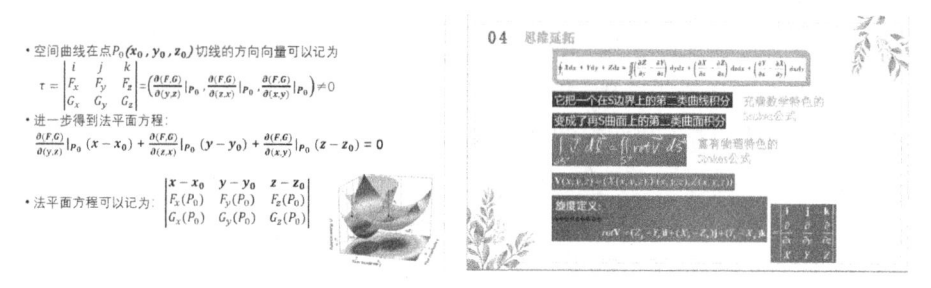

图 1　学生结合专业课程制作的课件并在课堂上分享

（三）贯彻"教—育"一体，在传授知识的过程中无声润物

"培养什么人，怎样培养人"，是教育的根本问题和永恒主题，培养拔尖人才不仅要传授知识、培养能力，更要把社会主义核心价值体系融入课程体系之中，引导学生树立正确的世界观、人生观、价值观、荣辱观，完成立德树人的根本任务。课题开展过程中积极探索，将课程思政元素渗入教学，在教学过程中适时融入数学发展史、知名数学家的小故事和我国数学领域的相关杰出成果，宣讲以山东大学彭实戈院士为代表的身边数学家的崇高爱国情怀和在国家经济社会发展过程中做出的卓越贡献，在知识传播中强调价值引领，引导学生为国奉献，实现从"要我学"到"我要学"的理念转变，做好学生成才路上的引路人，实现培养具有高度的社会责任感和社会服务意识、富有创新精神和实践探索能力的高素质、高水平拔尖人才的目标，实现知识传授—能力培养—价值塑造"三位一体"的育人理念。

三、主要成果

依托本课题的研究以及近年来在拔尖学生教学过程中的教学经历，项目负责人参与完成多项教学改革和课程建设项目，取得了一系列成果，主要包括：

（1）依托本课程的部分教学内容，参与修订山东大学"大学数学系列教材"，该教材 2021 年获评首届国家优秀教材二等奖。参与编写大学数学公共课教材一部，并担任其中《微积分 2》一册的主编，已于 2020 年由人民邮电出版社出版，目前已有数十所国内高校选用，该教材获评"中国工信出版传媒集团 2021 年优秀出版物"教材类一等奖。此外，积极参与高水平在线课程的制作，2017 年作为主要授课教师之一参与的"高等数学—微积分(1)(2)"获评首批国家精品在线开放课程。

（2）结合本项目的实施，项目负责人积极参与大学数学公共课程体系的教学改革和教学研究，在《中国大学教学》杂志发表教研论文一篇。2016年，作为参与人的项目"高等数学在线开放课程建设与教学模式改革"获山东省教育厅重点教改项目立项；2018年，作为主要完成人之一的项目"依托学科优势构建以生为本的数学公共课课程体系与创新人才培养模式"获得国家教学成果二等奖。

（3）在教学过程中，认真践行"三全育人"的教学理念，坚定立德树人的教育导向，连续两年获评泰山学堂"毕业生最喜爱的老师"，曾获山东省大学生数学竞赛优秀指导教师并于2021年获评教育部"基础学科拔尖学生培养计划"优秀教师奖。

经过近几年的教学实践并对学生进行跟踪，物理取向和计算机取向的学生均对本课程的改革给予正面评价，尤其是物理取向在与国外高水平大学联合培养本科生以及参加国际知名高校选拔考试的过程中，学生的逻辑思维能力得到提升，进一步对本课程的改革给予肯定。

本项目的研究工作已经在山东大学产生了积极的辐射和带动作用，目前控制科学与工程学院的控制工程实验班，经济学院金融数学专业等多个理科融合实验班已结合自身特点调整数学公共课程的教学内容，以数学分析课程替代原有的高等数学课程，取得了良好的教学效果。

化学专业拔尖学生科研创新能力培养

山东大学　宋其圣　张　恒　马　莹　孙大永　胡清萍
贾春江　张　斌　徐政虎　王一峰　冯圣玉

作者简介

宋其圣，山东大学首届卓越教学奖获得者，山东大学首届"最受学生欢迎的老师"，山东省高等学校首届教学名师，山东省高等学校实验教学示范中心（山东大学化学实验教学中心）主任，教育部高等学校化学课程教学指导委员会委员，中国化学会化学教育委员会委员。连续主讲化学专业主干基础课化学原理和无机化学32年，担任无机及分析化学实验主讲教师22年。从事无机化学和无机盐化学教学科研工作36年，主编高校教材4部，主持完成国家自然科学基金项目2项、省级科技攻关项目2项、国家级教研项目2项，省部级教研课题5项，获得省级教研成果一等奖2项、二等奖3项，发表科研与教学论文60余篇。国家级精品课程"无机及分析化学实验"负责人，国家级精品资源共享课"无机及分析化学实验"负责人，山东省高校一流课程负责人。

成果摘要

山东大学在化学学科拔尖学生的培养方案、培养模式、教学内容、课程建设、专用教材建设、专用实验室建设、国内外联合培养等方面进行研究与改革，特别是在实验教学上进行较大的改革，加大学生科研能力、创新思维能力的培养力度。初步创建了具有山东大学特色的化学专业拔尖学生科研创新能力培养体系，具体包括：构建了"初选笔试＋专家面试＋学长面试＋心理面试＋滚动轮转"一体化的拔尖学生选拔和过程管理机制；发挥山大厚基础、宽知识、重创新的教育特色，并结合山东儒文化发源地优势，构建完善了化学专业拔尖学生培养方案；构建了集基础化学实验＋仪器实验＋综合化学实验＋开放创新实验＋毕业论文研究于一体的立体化实验教学新体系，着重培养学生的创新思维和科研能力。

研究课题名称

化学专业拔尖学生科研创新能力培养

研究课题成果介绍

"基础学科拔尖学生培养试验计划"简称"珠峰计划"，是国家为回应"钱学森之问"而推出的一项人才培养计划，旨在培养基础学科领域的学术大师和领军人物。该计划由教育部联合中组部、财政部于2009年启动。在《国家中长期教育改革和发展规划纲要》制定原则的过程当中，教育部门对基础学科的拔尖创新人才培养做了筹备。该计划首先从数学、物理、化学、生物、计算机等5个基础学科开始试验，每年动态选拔特别优秀的学生，配备一流师资，提供一流的学习条件，创新培养方式，构筑基础科学拔尖人才培养的专门通道，国家设立专项经费，主要用于聘请一流师资，包括聘用有关学科国外高水平教师、国内一流教师授课和担任导师；提供奖学金和国际交流、科研训练等所需经费；营造一流学术环境与氛围等，努力使受该计划支持的学生成长为相关基础学科领域的领军人物。

山东大学为实施拔尖学生培养试验计划，于2010年初筹建了泰山学堂，设立了数学、物理、化学、生物、计算机五个专业取向。每年在新生报到入校后，在全校（含青岛校区和威海校区）进行宣讲，根据报名条件进行初选，通过初选者参加数学和化学笔试，再根据学生学科竞赛成绩和笔试成绩，确定参加面试选拔的学生（人数一般在40—45人），面试分三个小组，拔尖班老生面试组＋专家面试组＋心理专家面试组，根据笔试成绩和面试成绩选拔出15—18名学生，独立成班。泰山学堂综合利用国内外优质教育资源，借鉴世界一流大学的经验，汲取齐鲁文化精华，重点在培养模式、教学方法、学生遴选、制度创新等方面进行大胆的探索和实践。

化学作为一门以实验研究为主、理论研究为辅的基础学科，培养出的拔尖学生不仅从事化学研究，也从事与化学密切相关的生命、材料、能源、环境等学科的研究。目前,国内相关高校的化学拔尖学生培养方案和培养模式各不相同,对此高校每年都召开专题会议进行研讨,一致认为,在拔尖学生选拔、轮转、管理、培养模式、培养方案、学生创新思维能力培养等方面存在亟待研究解决的问题。其中,拔尖学生培养最大的问题存在于课程设置、学习模式、科研训练的内容、方法、形式、质量方面。

经过近年来的探索与实践,我们初步创建了具有山东大学特色的化学专业拔尖学生科研创新能力培养体系,具体包括:构建了"初选笔试＋专家面试＋学长面试＋心理面试＋滚动轮转"一体化的拔尖学生选拔和过程管理机制;发挥山大厚基础、宽知识、重创新的教育特色,并结合山东儒文化发源地优势,构建完善了化学专业拔尖学生培养方案;构建了集基础化学实验＋仪器实验＋综合化学实验＋开放创新实验＋毕业论文研究于一体的立体化实验教学新体系,着重培养学生的创新思维和科研能力。

一、成果研究内容及方法的创新程度、突出特色和主要建树

(一)形成了具有山东大学特色的"多种、多元、多次"的拔尖人才选拔管理机制

人才选拔是人才培养中的难题之一,要在全校一万多名新生中选拔出15名左右的拔尖学生,必须制订相对科学合理的选拔机制。经过不断优化和完善我们逐步形成了"初选笔试＋学长面试＋专家面试＋心理面试"的选拔机制。初选参考学科竞赛成绩、科技发明、高考数学成绩、外语成绩和理综成绩;笔试学科为数学和化学,主要考查学生的数学基础、逻辑思维能力、文字写作能力、综合应用能力;学长面试、专家面试和心理测试考查学生理论分析能力、随机应变能力、语言表述能力、与人交流能力、心理健康情况。通过全方位考查,最终遴选出志向远大、品德优秀、心理健康、数理基础较强、化学学习和研究兴趣浓厚的拔尖学生15—18人,组成单独的拔尖班。拔尖班在大一进大二和大二进大三期间,要进行动态调整,不适合在拔尖班学习的学生将退出,国家基地班和普通班的优秀学生经过再次遴选,有机会进入拔尖班学习,人数始终控制在18人以内。

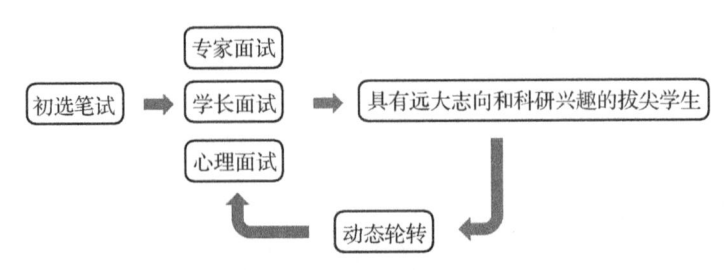

图1 具有山东大学特色的"多种、多元、多次"拔尖人才选拔方式

（二）构建了具有山东大学特色的化学专业拔尖学生培养方案

要想培养世界一流学生和未来化学及相关领域的科研领军人才，必须加强数理基础和计算机应用课程教学，加大专业基础课、专业必修课和选修课的广度、深度和难度，加强学生中国传统文化修养的教学。为此我们经过反复实践、论证、修改、完善，形成了具有山大特色的化学专业拔尖学生培养方案：

一是利用山东儒文化发源地和山东大学文史见长的优势，增设了中国优秀传统文化课程，并要求专业课教学中将"课程思政"的要素自然渗透进专业知识点中，将社会主义核心价值观和中国优秀传统文化自然融入专业课的教学中，培养有社会担当、有家国情怀的拔尖人才。

二是精简政治理论、体育等公共基础课（学分由48精简为23），加深数理基础课和计算机课程的教学（学分由19增加到34），为学生更深入地学习、理解掌握化学理论知识建立坚实的基础。

三是强化专业基础课教学（学分增加了25%），根据山东大学化学学科优势构建特色课程，如结晶化学、胶体化学、材料化学、电化学、高分子化学与物理等。

四是创建了"化时代"系列讲座，定期邀请国内外著名学者进行学术讲座，增加学生和专家面对面交流的机会，拓展学生的学科视野，了解和学习专家们终身学习、科学研究、品味生活的优良传统和思想方法。

（三）强化完善科研训练体系、着重培养创新意识：持续调整和更新综合性和开放性实验内容，着力培养学生的科研综合能力和创新思维能力

组织全院杰出人才教授，根据学科前沿发展动向结合自己最新的研究成果，重新构建涵盖无机化学、有机化学、分析化学、物理化学、高分子化学、材料化学、环境化学、生物化学、能源化学等学科的,难度高、工作量大的新型综合化学实验,全方位系统训练学生的综合实验研究能力。综合化学实验项目每年开设三十余项,年更新率在30%以上。

进一步加大了学生开放创新研究实验的力度,拔尖学生的开放创新实验一般起始于大二,有些基础好、学有余力的学生大一就进入老师的课题组进行科研训练。要求学生自愿结合,3—5人为一课题组,由组长负责,实验中心成立开放创新实验指导小组。学生经过选题、申请、答辩、评审、立项后进入开放实验室,利用课余时间、节假日在实验中心的开放实验室或指导教师的科研实验室开展研究工作。项目结束后撰写研究论文或实验报告,进行结题答辩,由学院创新实验指导小组评出一、二、三等奖,给予相应学分,并推荐部分课题申报校级及以上奖励。

图2 拔尖学生培养立体化实验体系

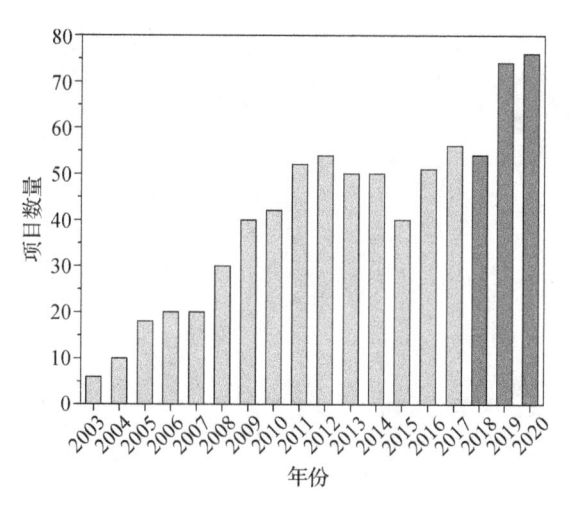

图3 每年开放创新实验项目数量

(四)交流与合作,构建国内外联合培养模式

国际化的背景下,拔尖人才一定是具有国际影响力的人才。培养拔尖创

新人才,必须引进国际优质教学资源,推进学生的国际联合培养,拓宽学生的国际视野,增强他们的国际竞争能力。自 2013 年与香港大学建立了合作关系,每年从泰山学堂化学取向和邓从豪班选拔 15 名左右优秀学生,利用暑假赴香港大学进行学习交流;自 2016 年起又与 UBC(加拿大英属哥伦比亚大学)建立了合作关系,每年从泰山学堂化学取向选拔 5 名学生赴 UBC 参加暑期学校学习交流;目前与美国杜克大学也建立了合作关系,从 2018 年起,每年选派 3—5 名学生赴杜克大学进行访学。这些国际交流不仅开阔了学生的国际视野,也丰富了学生的知识和思维方法,效果显著。

除了送出去,也引进来,自 2016 年起邀请德国 Claudia Weidenthaler 教授来校开设了全英文"X 射线晶体学和衍射方法"课程、邀请德国 Wolfgang Schmidt 教授来校开设全英文"固体材料表征方法"课程。2019 年 8 月邀请美国北得克萨斯大学 Hong Wang 教授来校开设了全英文"高等有机化学—有机酸碱"课程、邀请澳大利亚墨尔本大学 Muthupandian Ashokkumar 教授来校开设全英文"超声化学与超声加工"课程。每年邀请国内外知名学者来进行讲座或短期授课近五十人次。

图 4　学生参加香港大学暑期学校活动

图5 Claudia Weidenthaler 教授和 Wolfgang Schmidt 教授来校开设全英文"X射线晶体学和衍射方法"与"固体材料表征方法"课程

(五)建设拔尖学生专用实验室

我们构建了专门用于拔尖学生培养的专用实验室,为学生进行更加系统全面的实验训练和科学研究提供平台。专用开放实验室主要分成综合化学实验室和开放创新实验室两部分,其中开放创新实验室为主体。配备最先进的仪器设备、最优秀的管理人员和指导教师。

二、项目成效

(1) 学生创新意识培养与实践能力提升效果显著:近五年本科生以第一作者发表SCI论文31篇,参与发表论文200余篇。其中2014届毕业生徐昱以第一作者身份发表三篇SCI论文,影响因子总和大于10;2015届毕业生邓永凯在化学学科最顶尖、影响力最大的杂志JACS(《美国化学会志》)等杂志发表三篇SCI论文,总影响因子超过20;刘锦程在 $Nano\ Energy$ (IF=12.26)上发表论文;于春辉、刘锦程、王挺等同学的"基于钴基混合金属氧化物复合维纳结构的设计与储锂性能的研究"在2015年第十四届挑战杯中荣获全国二等奖。在2016年举行的第十届全国大学生化学实验邀请赛上,2013级学生姚兴奇获一等奖,孟涤及曹艺雪获二等奖,并列全国第六,创历史最佳成绩。

(2) 毕业生发展良好,获知名大学和研究机构高度评价:泰山学堂拔尖班毕业生全部保送研究生或出国留学,国家基地班80%以上学生选择出国或在国内继续深造。近几年有超过10%的毕业生进入了美国耶鲁大学、加州大学洛杉矶分校、德国马普所等世界著名高校和科研机构留学深造。

有近50%的毕业生进入北京大学、清华大学、香港中文大学、香港科技大学、香港城市大学等国内著名高校和中科院上海有机所、大连化物所、北京化学所、国家纳米科学中心等高水平科研单位进行深造。

(3) 带动了整体教育教学水平的提高,并在国内产生积极影响:在"拔尖计划"实施过程中,我们在学生培养模式改革方面做出了一系列探索,这些尝试为化学学科在拔尖学生培养方面积累了丰富的经验。通过近年来的探索实践,逐渐形成了具有山东大学特色的化学专业拔尖学生科研创新能力培养体系,相关教研成果以论文形式发表于高等理科教育杂志,并获得了2018年山东省教学成果一等奖。2020年"化学专业拔尖学生科研创新能力培养体系的建设与实践案例"被基础学科拔尖学生培养计划工作组秘书处授予"典型案例奖"。同时我们还通过承办"基础学科拔尖学生培养试验计划"化学方向交流会和全国中学生化学奥林匹克竞赛决赛暨冬令营,进一步探讨拔尖学生的选拔和培养等问题,就相关特色经验及问题进行交流与示范推广。

基础学科(弘毅学堂计算机)拔尖人才培养创新与实践

武汉大学　王丽娜

作者简介

王丽娜,1964年10月生,女,博士,二级教授、博士生导师。教育部重点实验室主任,国务院政府特殊津贴获得者。全国信息隐藏专家委员会成员,CCF高级会员,CCF信息安全与保密专委会、中国密码学会会员。主要研究方向是多媒体信息隐藏、隐写分析理论和技术、网络安全、云安全及人工智能安全。

成果摘要

本课题专注于学生科研素质培养模式的探索和实践,形成了武汉大学"基础学科(弘毅学堂计算机)拔尖人才培养创新与实践"教学成果:制定了弘毅学堂计算机班的培养目标和培养计划;以能力培养为核心,创建了立体化的拔尖人才综合培养体系;建设了一流的拔尖人才培养教师团队;最后全面落实了以能力培养为主的拔尖人才层次化科研素质培养环境。成果创新性地创建了拔尖人才培养体系,重构课程体系,全面落实拔尖学生学术能力培养和以能力培养为主的拔尖人才层次化科研素质培养环境,并且创建了与国际高端人才培养模式接轨的拔尖人才培养环境。最后,成果应用推广情况优异,取得了多项教学成果,提高了学生能力,促进了教学研究。

研究课题成果介绍

一、成果研究内容及方法的创新程度、突出特色和主要建树

围绕"学生的科研素质偏低""高等教育中教师的教学、科研过程缺乏对学

生能力培养的方法和动力"问题,课题组根据计算机学科的特点,学习世界一流大学计算机学科人才培养方法,学院经过多年大胆的探索、创新与总结,形成了武汉大学"基础学科(弘毅学堂计算机)拔尖人才培养创新与实践"教学成果。

1. 确立了拔尖人才培养目标

计算机学科拔尖创新人才培养工作以"弘毅学堂"计算机班为试验田,经过多年的教学实践与交流,明确提出了专业培养目标,即培养掌握扎实的计算机学科专业基础知识,具备良好的实践技能,受过系统的科学研究训练,具有国际竞争力的计算机学科拔尖学生。

2. 制定了拔尖人才教学培养方案

在研究了国家相关文件精神后,明确了计算机学科拔尖创新人才的培养需求,参照国内外一流计算机学科的培养方案,结合学院特色,在计算机科学、信息安全、软件工程等学科领域制定了以研究方向为主线的课程体系,重构了以计算机系统为核心的课程模块,形成了重学术能力培养的计算机学科拔尖人才教学培养方案。部分课改成果在计算机科学与技术、信息安全、物联网专业推广应用,并由后来转调到网络安全学院的骨干教师推广到了的网络安全学院继续实施。

3. 创建了立体化的拔尖人才综合培养体系

拔尖人才培养环环相扣,从人才选拔,到培养模式构建,到师资队伍打造,再到人才培养服务体系的建立,最后到考评机制的制定,形成了一个完整的紧扣能力培养的人才培养链。建立了科学的人才选拔考核机制与动态调整体制,形成了以学院特色专业研究方向为驱动的小班化教学培养模式,组建了一流师资团队和多层次的科研素质培养环境,搭建了为拔尖人才培养服务的架构体系,制定了人才跟踪制度,形成了以世界名校访学制和邀请外籍专家授课相结合的国际视野教学特色。

4. 培养了符合拔尖人才培养目标的一流教师团队

针对弘毅学堂计算机班的培养目标,打造了一只精干有力的教学团队,组建了学业导师、专业导师和班级导师相辅相成的导师团队。教学团队由业务精湛教学经验丰富的教授或副教授组成,传授完整的知识体系。学业导师指导学生研究方向的课程体系搭建和国际视野的拓展,形成了学业指导制。科研能力强的学业导师与学生"一对一"互选,指导学生研究能力的提升,形成了专业引领制。班级导师指导学生人生观的形成,服务于人才培养体系,形成了人格培养制。

二、成果的学术价值和应用价值

在项目实践过程中,项目组收集、整理了学院历年计算机专业人才培养积累的数据,并且通过"问卷星"等工具在应届拔尖班(弘毅学堂计算机班)中进行数据采集。在拔尖班(弘毅学堂计算机班)的人才培养中,通过与往届数据的对比,与毕业班级学生访谈,每年专人去用人单位回访毕业生,每一届授课教师研讨会的问题收集等,将采集的数据进行分析、对比并作为新培养方案的制订依据,以期制订更合理、科学的人才培养方案,并落实在每一届学生的教学培养过程中。

项目的实施,促使计算机学科人才培养过程中的许多工作方法的改进和提升。

1. 紧跟国家拔尖人才需求,科学制定拔尖人才培养方案

探索出科学制订培养方案的"六步工作法"。

(1) 社会调查。综合用人单位专家学者等对拔尖人才的需求意见。

(2) 目标导向。按照"跟踪国际一流、培养研究大师"的目标对国内外一流高校计算机专业培养方案进行对比分析。

(3) 确立网格。结合拔尖特色分别制定知识领域和知识单元,细化出每个知识单元的知识点和实践能力,并描述知识单元间的关系,构建知识单元网格。

(4) 形成体系。制定覆盖知识单元网格的课程体系和实践教学体系。

(5) 制订方案。根据课程体系和实践教学体系制定专业培养方案。

(6) 撰写大纲。根据知识体系和能力体系撰写课程大纲,规划专业教材。

以这种方法制定的培养方案专业知识更加系统化、课程更成体系,学校特色更加鲜明,课程大纲撰写更规范。

2. 引入先进教学理念,重构课程体系,全面提升专业能力素养

引入先进教学理念,分别对课程群建设、实践教学建设、知识重构、学生创新能力培养等多方面做了深入的研究工作,探讨和总结出一系列行之有效的拔尖人才课程教学方法和教学思路。

3. 全面构建国际化培养环境

成立了"弘毅学堂"海外教学指导委员会，聘请海外校友牵线搭桥，协助坚持每年聘请外籍教授授课，每年开展二十余场外籍专家讲座。积极与国外计算机一流大学合作，已与英国邓迪大学、美国密苏里大学等签订了联合培养协议；鼓励海外归国的青年人才担任一对一专业导师，指导学生日常的学习和科研工作。

4. 以科研竞赛和国家级平台引领拔尖人才科研素质培养

对学生的专业科研实践，要求每年一个新台阶：一年级参加一个创新项目研究，二年级申报一个国家级创新实验项目，三年级参加至少一项科研学术竞赛，四年级去国内外知名企业或高校实习。学生参与 ACM 比赛和信息安全大赛已蔚然成风。竞赛获奖，极大地提高了学生的成就感、专业认知度和科研热情。学院四个国家级平台的各类实验室为学生全天开放，提供实验所需的各类设备和仪器。这些措施保证了拔尖人才创新能力的全面培养。

三、成果的创新性

项目成果的创新，从拔尖班（弘毅学堂计算机班）开始，影响了整个计算机学科人才培养的理念和具体方法。

1. 创建了拔尖人才培养体系，并在计算机学科全面推广

确立了以研究方向为驱动的培养模式，通过一对一的专业导师制予以实施；构建了多层次的科研素质培养环境；以世界名校访学制拓宽专业视野；外籍专家授课给予学生先进的学术思维引导；建立了科学的人才选拔考核机制与动态调整体制。除名校访学制外，均已在计算机学院普通班级推广，并随着课题组负责人、部分主要成员转调到网络安全学院后，也推广到网络安全学院，惠及武汉大学计算机学科全部本科生。

2. 重构课程体系，全面落实拔尖学生学术能力培养

以提高创新能力和系统能力为导向；引进 CMU 的课程内容，大力融合进现有硬件课程；在课程教学中引导、启发学生的自主思维、批判性思维；在小组项目培养学生的团队合作精神；在课堂报告中培养学生的表达能力。一系列的课程教学方法的改革使学生的基本学术能力全面得到提升。

3. 全面落实以能力培养为主的拔尖人才层次化科研素质培养环境

探索计算机学科拔尖人才科研素质的培养方法与途径，将培养学生的科

研素质作为拔尖计划人才培养的核心,以科技竞赛为牵引,以基地为平台,搭建了从学生自主科研、导师科研团队到国家级基地科研项目的多层次的科研实践环境,组织学生参加学科竞赛、纵向科研、横向工程化项目,使学生在科研兴趣发现与发展、科学研究方法的掌握、工程化动手能力提升等多角度得到全面锻炼,为毕业后的去向做好了全面准备。

4. 创建了与国际高端人才培养模式接轨的拔尖人才培养环境

课程教学除了采用名校原版教材,还引进美国 ABET 工程认证专家、南加州大学的外籍教授给学生授课,并要求学院青年教师跟班听课、辅导。该举措的实施,将国际上先进的教学理念引入,让学生真实感受到原汁原味的美国大学课堂教学理念和学术研究的前沿,既为学生提供了国际化的培养环境,也为学院青年教师的成长提供了良好条件。

四、成果的推广应用效果

1. 引领示范作用凸显,教学成果丰硕

本成果应用于计算机学院全部本科教学,并进一步推广到了网络安全学院,取得了丰硕成果。获批国家级线下一流课程 1 门:微机系统与接口技术;国家精品资源共享课 3 门:密码学、微机系统与接口技术、编译原理;教育部—微软精品课程 2 门:软件工程、高级语言程序设计;省级精品课程 1 门:计算机网络与通信原理;校级精品课程 2 门:计算机操作系统、信息隐藏技术。

获国家级教学名师 1 人,湖北省教学名师 1 人,"杰出青年基金"获得者 2 人,国家青年千人计划 1 人,5 人入选"新世纪百千万人才工程",国务院学科评议组成员 1 人。武汉大学青年教师教学竞赛一等奖 1 人。

2. 新培养模式,激发学生潜能

ACM 大赛每届都有数十人获奖,学生参与的各项科研项目每年都有上百项,仅 2020 年毕业的 2016 级拔尖班(弘毅学堂计算机)的学生在校本科学习期间就有 5 人次发表了学术论文,7 人次申请了专利。弘毅学堂计算机班学生的专业能力普遍高于学院普通班,在学科竞赛、业余科研、学术交流上表现活跃,在计算机领域有一定的影响力,历届毕业生都受到国内外高校和企业的关注。这一培养模式也引起部分高校的关注,还有高校专门来学院取经学习。

3. 国际视野人才,大势所趋

名校访学制,带领学生到计算机专业世界一流高校参观、听课、交流,一流的教学与学术氛围、与著名学者面对面沟通交流，世界一流 IT 企业的研发环境，激发了学生们进入国际先进学术环境深造的信心，得到武汉大学弘毅学堂的认可，目前在全校五个基础学科的弘毅学堂全面实施。教育部 2016 年计算机科学"基础学科拔尖学生培养试验计划"研讨会上，这一做法也得到了与会各兄弟院校的一致认可。

4. 课程体系重构，惠及众多人才

以系统能力培养为核心，优化调整了弘毅学堂硬件课程体系，帮助学生建立了计算机系统完整概念，能够综合运用多个跨课程的概念解决实际问题。这套硬件体系在学院计算机科学与技术、信息安全、物联网各专业普通班级全面推广，并在后来组建的国家网络安全学院进一步实施并开花结果，全面提高了武汉大学计算机及相关学科人才培养质量。据不完全统计，2018—2020 年网络安全学院就有 28 个学生小组在全国竞赛中获得一、二、三等奖。

5. 以点带面，促进教学研究

近 3 年获批校级教学研究项目 14 项、省级教学研究项目 3 项、国家级教学研究项目 1 项。

生物学拔尖创新人才培养模式改革研究与实践

武汉大学　谢志雄

作者简介

谢志雄，武汉大学生命科学学院教授，博士生导师，弘毅学堂生物学科责任教授。国家精品资源共享课生命科学导论（通识课）负责人。先后获国家级教学成果奖二等奖2项、湖北省优秀教学成果一等奖6项。2021—2026全国微生物学会常务理事，微生物教学工作委员会主任委员。

成果摘要

通过对武汉大学弘毅学堂生物学班、国际班和生物学及生物科学与技术基地班五届学生培养相关数据的分析，结合对兄弟高校生物学拔尖人才培养模式和课程体系等的比较研究，较系统地对武汉大学生物学科拔尖人才的培养方案、课程体系和评价标准与方式等方面的得失进行了梳理，为探索适合本校生物学拔尖创新人才培养的模式，通过其示范和引领作用，促进学院生物科学人才整体培养质量的提升提供了参考。

研究课题名称

生物学拔尖创新人才培养模式改革研究与实践

研究课题成果介绍

武汉大学不断进行生物学创新人才培养模式的改革与实践。1993年获准建立国家理科基础科学研究与教学人才培养基地，2002年获准建立国家生命科学与技术人才培养基地,2005年开始设置国际班;2010年入选"基础学科拔尖学生培养试验计划",借鉴国际班的办学经验开办"弘毅学堂生物学班"(弘毅班)。本课题主要通过比较分析弘毅班、国际班和基地班2010—2014级五届学生基本培养情况,结合国内兄弟院校拔尖人才培养经验,为不断优化生物学拔尖人才培养模式提供参考信息。

一、拔尖创新人才培养模式

弘毅班学生培养目标是充分利用学院学科、科研、人才培养优势,吸引热爱生命科学的优秀本科生,参与生命科学学习与研究,通过在国内外一流实验室的继续深造,逐步成长为生命科学及相关领域的领军人物。

(一)培养模式比较分析

1. 遴选滚动培养

弘毅班从全校当年高考理科大类各专业新生中选拔学生,要求报名学生高考成绩优秀,或在全国高中数学、物理、化学、生物学竞赛联赛中获奖。遴选方式为笔试和全英文面试,笔试主要考核学生学科特长;面试主要考查学生科学思维能力、对生命科学理论与技术的认识、分析问题和解决问题的能力,以及英语听、说能力。入选学生60%—70%曾在全国中学生生物竞赛中获奖。同期国际班从生命科学学院当年录取的基地班新生中遴选学生,只进行全英文综合素质面试。

弘毅班和国际班同学在一、二年级学习过程中,如未完成学分累积在11分及以上,转入基地班学习;空出名额,从基地班同学中择优遴选补充。

2. 培养模式比较

经比较发现,弘毅班、国际班和上海交通大学致远学院、南开大学伯苓班以及浙江大学求是班的培养模式相差不大。均注重通过开设各种小班研讨课,培养学生的批判性思维;通过暑期短期出国访学、中长期境外毕业设计等形式开拓学生国际视野;通过各种文化活动进行情操熏陶,实现全方位育人。

弘毅班和国际班办学资源相通,差别较小,同时科学研究训练、专业文献研读等弘毅荣誉课程,国际班和基地班同学也可以选修,如专业文献研读是弘毅班指定选修的小班研读课程,限20人以内,国际班和基地班学生可以选修,人数限定20—30人。国际班没有以班级为单位的国内外知名科研院所、高校的访问交流计划和文化陶冶活动,但是提供了各类交流活动供学生自由申请、遴选。整体而言,两个班教学资源没有显著差异,弘毅班部分资源为统一安排,而国际班学生为自由选择申请。

(二) 课程体系和教学计划比较

弘毅班课程设置和教学计划借鉴了国际班的课程体系,专业核心平台课程全部选用优秀国际原版教材,采取全英文小班授课,加强讨论式教学,注重培养学生独立自主学习和独立思考能力,提升学生英语交流水平。为给学生提供更多发展规划的空间,对部分教学内容进行整合,压缩整体学分要求,但选择性地增加专业课程及实验实践内容,如专业文献研读、多层次的科研训练等。

通过比较弘毅班和兄弟院校拔尖班课程学分要求(表1),可以发现弘毅班和国际班总学分要求为130学分,低于兄弟院校拔尖班的145—150学分。与致远学院和求是班比较,主要在专业基础和专业必修方面学分要求低14.5—22.5学分;与伯苓班相比,主要在专业必修和选修课程方面要求较低。

弘毅班和国际班除通识必修和专业选修课程相差2学分外,其他基本一致;与基地班相比,主要是通识基础课和专业选修课程学分差别较大。与兄弟院校拔尖班课程设置相比,通识必修大致相当,弘毅班和国际班英语要求9学分,高于其他班;专业基础课程,弘毅班和国际班主要是高等数学和物理学分与难度要求远低于兄弟院校,但是开设了物理化学;专业必修和选修课程,伯苓班要求最高,除专业核心平台课程及实验外,对专业导读课和动植物生理学等课程也做了要求。此外,均开设了学分不等的科学研究训练课程,求是班还有5个学分的个性化课程,不做任何修读的限定。

表1 学院不同班级和兄弟学校拔尖班学分要求比较

	弘毅班		国际班		基地班		致远学院		伯苓班		求是班	
	学分	比例%	学分	比例%	学分	比例%	学分	比例%	学分	比例%	学分	比例%
通识必修	22	16.92	20	15.38	26	17.33	25	17.24	25	16.67	23	15.33
通识选修	12	9.23	12	9.23	12	8.00	2	1.38	19	12.67	8	5.33
专业基础	31.5	24.23	31.5	24.23	31.5	21.00	46	31.72	35	23.33	43	28.67
专业必修	34	26.15	34	26.15	34	22.67	42	28.97	38	25.33	37	24.67

续表

	弘毅班		国际班		基地班		致远学院		伯苓班		求是班	
	学分	比例%	学分	比例%	学分	比例%	学分	比例%	学分	比例%	学分	比例%
专业选修	19.5	15.00	21.5	16.54	35.5	23.67	24	16.55	25	16.67	20	13.33
实践	11	8.46	11	8.46	11	7.33	6	4.14	8	5.33	14	9.33
个性化课程											5	3.33
	130		130		150		145		150		150	

注：课程分类基于自身的理解，和原学院分类不完全一致。

(三) 强化科研训练

拔尖计划专项经费支持，弘毅班学生在实验实践教学方面获得更多资源。在强化基本实验技能训练基础上，强调培养学生科学思维能力和研究式学习，将专业实验课、专业基础实验课、科学研究训练有机结合，建立多层次、开放式实验教学模式。为培养拔尖人才创新能力，学院充分发掘自身特色和优势，科研支持教学，科研融入教学，引导学生将"学"与"研"相结合，构建了四年一体化科研创新能力训练的体系。

(四) 国内外交流学习

1. 名家讲座

为了使学生了解现代生命科学与技术的发展动态与趋势，明确专业发展规划，先后邀请美国科学院院士 Baker 教授、美国科学院院士王晓东教授、首届国家教学名师中山大学王金发教授，学院校友中国科学院水生生物研究所桂建芳院士、杜克大学中国科学院外籍院士王小凡教授，以及本院舒红兵院士等国内外知名专家学者为弘毅班学生作专题讲座或座谈，就生命科学不同领域、生物技术的应用、杰出学者的成长历程、如何上好大学等专题进行交流，激发了学生科学探究热情，帮助学生明确了专业发展方向。

2. 访学交流

在拔尖人才计划的资助下，组织丰富多彩的国内外交流、游学活动。定期组织弘毅班学生赴北京、上海等地科研院所及兄弟高校参观交流学习，实地参观考察华大基因研究院、东阳光集团生物药业研究院等生物产业研发基地,了解生物产业现状和发展趋势;安排学生以随堂听课、师生座谈等形式在香港大学、香港中文大学和香港理工大学等亚洲知名学府进行访学交流。国际班和基地班由于没有专项经费支持,主要通过个人申请学校、学院等国际交流奖学金的形式进行境外交流。此外,为了陶冶艺术情操,学院不定期组织弘毅班学生观看音乐会等活动。

二、培养成效比较

(一)学业课程学习

弘毅班是从全校新生中,按学生学科特长和综合素质进行遴选、组建而成,学生整体综合素质、学习能力高和专业发展规划较为明确,因此,在校期间学业成绩整体上好于其他班同学(表2)。

表2 学院不同班级GPA比较

GPA/年级	2010	2011	2012	2013	2014	平均值	SD
弘毅班	3.49	3.59	3.60	3.44	3.53	3.53	0.06
国际班	3.39	3.53	3.30	2.89	3.37	3.30	0.22
基地班	3.27	3.34	3.29	3.34	3.28	3.30	0.03
均值	3.38	3.49	3.40	3.22	3.39		

在近五届湖北省优秀学士学位论文中(每学院每年限报5或6篇),弘毅班同学一般占2—3篇,人数比例远高于其他班级。

(二)科研创新能力

在四年一体化科研创新能力培养方案中,弘毅班学生入学伊始,即为在全国生物学联赛决赛中获奖学生一对一指定学术导师,开放科研实验室,提供科研实践机会;二年级组织部分科研实验室设立实验室开放项目,供学生自由选择,在此基础上,组织学生申报国家和省级大学生创新创业项目;三年级,系统进行"四段式"科学研究训练,提升学生科学思维、研究创新能力;四年级,依托国家留学基金管理委员会优秀本科生国际交流项目,优先选派和资助弘毅班学生赴国外知名大学进行8—10个月的科研实习,近年学院平均每年派出的10名学生中,5—8名为弘毅班学生。

良好的科研训练环境,为弘毅班学生进行科研训练提供了便利,弘毅班学生业余科研参与度要高于其他班同学,弘毅班学生在主持业余科研项目和科学研究训练成绩方面明显好于其他班同学(表3、表4)。

表3　2010—2014级本科生主持业余科研项目情况比较

项目负责人/年级	2010 人数	占班级人数比例%	2011 人数	占班级人数比例%	2012 人数	占班级人数比例%	2013 人数	占班级人数比例%	2014 人数	占班级人数比例%
弘毅班	11	55.00	9	47.37	11	57.89	11	55.00	11	55.00
国际班	12	44.44	10	40.00	9	36.00	14	53.85	15	50.00
基地班	33	28.70	22	23.16	36	34.62	38	40.00	27	27.00
小计	56	34.57	41	29.50	56	37.83	63	44.68	53	35.33

近五届弘毅班学生一半以上主持过大学生业余科研项目,比例较基地班同学高50%左右。

表4　2010—2014级本科生科学研究训练成绩比较

科训成绩/年级	2010	2011	2012	2013	2014	平均值	SD
弘毅班	87.20	89.11	88.42	84.15	86.25	87.03	1.74
国际班	87.15	86.92	86.09	84.52	86.30	86.20	0.92
基地班	88.10	86.49	86.38	84.87	83.26	85.82	1.64
均值	87.48	87.51	86.96	84.51	85.27		

2010—2014级五届弘毅班学生科学研究训练成绩整体好于国际班学生,国际班学生高于基地班学生。本科生参与发表学术论文,弘毅班学生占25%以上,学院所获湖北省大学生生物实验技能大赛一等奖中1/3由弘毅班学生取得。

(三)国际交流能力

国内外交流学习机会多,国际视野养成好。弘毅班专业核心平台课程及部分专业基础课与专业选修课程,由在国外长期学习工作的回国教师或外籍教师全英文授课,因此,弘毅班学生英语交流能力好。2014级高国铭同学大一期间即开始参加iGEM竞赛,二、三年级参加短期访学交流,四年级获得优本项目资助,赴美进行 8 个月的实习,2018 年毕业时获得 10 所美国高校全额奖学金,最后选择赴美国密歇根大学安娜堡分校继续深造。

(四)毕业生去向

2010—2014 级五届国际班、弘毅班和基地班毕业生的去向统计数据见表 5。从相关数据比较分析可以发现,弘毅班整体深造率最高,国际班次之,而基地班学生国内深造人数比例最高,因此,整体深造率差距,主要是在出国出境学生比例上,基地班要远低于弘毅班和国际班,符合对三者培养目标的定位。

表 5 2010—2014 级毕业去向统计表

年级/班级	出国出境人数	比例 %	国内深造人数	比例 %	深造比例 %	就业人数	比例 %	总人数
弘毅班									
2010	5	25.00	12	60.00	85.00	3	15.00	20
2011	10	52.64	9	47.36	100.00	0	0.00	19
2012	10	52.63	7	36.84	89.47	2	10.63	19
2013	8	40.00	8	40.00	80.00	4	20.00	20
2014	8	40.00	9	45.00	85.00	3	15.00	20
小计	41	42.05	45	45.84	87.89	12	12.13	98
国际班									
2010	18	66.67	7	25.93	92.60	2	7.40	27
2011	11	44.00	10	40.00	84.00	4	16.00	25
2012	14	56.00	5	20.00	76.00	6	24.00	25
2013	5	19.23	13	50.00	69.23	8	30.77	26
2014	11	36.67	19	63.33	100.00	0	0.00	30
小计	59	44.51	54	39.85	84.37	20	15.63	133

续表

年级/班级	基地班							
	出国出境人数	比例%	国内深造人数	比例%	深造比例%	就业人数	比例%	总人数
2010	22	19.13	62	53.91	73.04	31	26.96	115
2011	28	29.47	53	55.79	85.26	14	14.74	95
2012	20	19.23	66	63.46	82.69	18	17.31	104
2013	19	20.00	58	61.05	81.05	18	18.95	95
2014	24	24.00	60	60.00	84.00	16	16.00	100
小计	113	22.37	299	58.84	81.21	97	18.79	509

年级/班级	全年级							
	出国出境人数	比例%	国内深造人数	比例%	深造比例%	就业人数	比例%	总人数
2010	45	27.78	81	50.00	77.78	36	22.22	162
2011	49	35.25	72	51.80	87.05	18	12.95	139
2012	44	29.73	78	52.70	82.43	26	17.57	148
2013	32	22.70	79	56.03	78.73	30	21.28	141
2014	43	28.67	88	58.67	87.34	19	12.67	150
小计	213	28.83	398	53.84	82.67	129	17.34	740

与兄弟院校致远学院相比较，弘毅班出国比例稍低、国内深造比例稍高，整体深造比例相当，但致远学院学生具有扎实的数理基础，对部分学生从事交叉学科领域发展有利。

三、拔尖创新人才培养关键要素分析

（一）人才培养环境条件发挥重要作用

国际班和弘毅班培养目标较多相重，弘毅班制订培养方案时，主要借鉴了国际班的课程体系，同时参考了其他兄弟院校拔尖人才培养的管理模式。通过五届学生的数据初步比较分析，可以发现弘毅班与国际班相差不大，但相关

数据明显高于基地班学生。总体上,弘毅班和国际班的定位、培养目标和培养模式基本一致,但是由于弘毅班得到更多的教学资源投入,在一流师资聘请、国内境外交流、科学研究训练资源和人文素养培养等方面得到更多支持,所以在学业水平、科研创新能力和毕业出国出境深造等数据方面,弘毅班好于国际班,两者更明显好于基地班。说明拔尖创新人才培养环境条件起到了重要作用。

(二) 合理的课程体系有助于拔尖人才培养

通识教育课程的有机整合和专业选修课程的大幅度压缩,为学生自主学习、自我规划和国内外交流学习提供了时间。生物学核心平台课程要求使用最新的原版教材,施行全英文授课,少数选修课通过聘请外教等形式进行全英文授课,通过各类短期访学、竞赛或长期实习等各类项目,弘毅班学生在校期间有机会至少赴境外交流一次等举措,有效培养了学生国际化视野。弘毅班学生出国出境深造率高,得益于此。

(三) 一体化科研训练体系有助于创新能力培养

弘毅班学生的遴选方式,使得弘毅班中大多数学生较同年级学生生物学科特长明显,学科特长过于明显有时是一把双刃剑。2013 级弘毅班数据较其他年级差的主要原因是,该班少数在全国生物学竞赛决赛获奖学生,在进入大学学习期间缺乏"新鲜感",学习动力不足,影响了后续专业发展。基于 2013 级的经验教训,从 2014 级起,从一年级开始针对不同学生,安排学术导师,依据学生自身能力适时进行科学研究训练,情况发生明显改观,学生科研兴趣和能力得到有效提升。

四、问题与思考

通过比较分析可以发现,在现有评价体系下,对拔尖创新人才培养起关键作用的是优秀的师资、良好的科研训练条件和国际交流条件。

(一) 如何有效评价拔尖人才培养质量

在 GPA、深造率、出国率、科研成果以外,还有什么是拔尖创新人才培养的必要评价参数? 在专业能力以外,家国情怀、社会责任等也是必须要考量的素养。二十年后,培养的拔尖创新人才应该能挑起国家、社会寄予的厚望,不辜负国家的大量资源投入。拔尖创新人才成长需要时间,如何建立当下有效的评价指标体系,不断完善拔尖创新人才培养模式,需建立长期跟踪与及时反馈机制。

（二）建立更完善的遴选流动机制

从多方面评价看，弘毅班、国际班学生之间差异没有达到极显著水平，两者培养方案差异不大，但是各方面投入差异显著，而且这两个班与基地班同学的培养情况相比，也没有达到全方位显著提升的预期，究其原因，主要有以下几方面的问题：

（1）学生专业意愿或者规划不明确，学习动力不足。

新生参与弘毅班和国际班遴选，部分同学对其培养目标并没有深入了解，不乏"为了遴选而遴选，以证明自己优秀"的学生。

（2）课程设置与其他专业相差较大，不易流动。

由于一、二年级课程设置与其他专业相差较大，如果不能在前两学年及时流动，需要补修的通识教育课程和专业选修课程过多，实际上为这些同学设置了很高的流动门槛。针对这些问题，学院和学校连续进行了遴选流动机制的试点改革。2015级，弘毅班和国际班混合编班，动态调整，即每学年结束时，依据学生学习情况和规划动态调整弘毅班人员；2016级、2017级，弘毅学堂数理化生大理科招生，二年级后再分专业方向；2018级，拟将弘毅班和国际班混合编班模式，纳入弘毅学堂大理科招生培养试点。这些改革举措，尝试在保证退出学生顺利完成学业的前提下，完善滚动机制，为有意愿、有能力在基础学科发展的同学提供更好的发展环境。

（三）培养方案的优化，强化数理基础

通过比较弘毅班和其他院校拔尖创新人才培养方案，弘毅班最大的短板是数理基础要求太低，更多强调专业的能力训练和生命科学方向的科学研究能力。致远学院提出需要坚实的数理基础，数学分析和线性代数课程与数学方向相同，物理学引论与物理学方向相同，化学原理与化学方向相同，整体理科基础教学内容和难度远高于弘毅和国际班的要求，为学生更长远的发展打下了基础、拓展了空间。

从用人单位对学生的评价和毕业学生的反馈中可以了解到，原有弘毅班培养方案使学生在研究生阶段学习早期，很容易"上手"，但数理基础薄弱，不仅阻碍了学生在交叉学科领域的发展，对其更深入地思考科学问题也是一大限制。2016年开始实施的大理科招生，"1+3"培养模式，即一年级进行大理科大类培养，二年级后再进行分专业培养，这种情况会得到改善。

本科生科研兴趣培养研究

中山大学　陈　敏　姚正安　姚道新　巢　晖　张　雁

作者简介

陈敏，汕头大学副校长，中山大学教授，国家"万人计划"教学名师，广东省"特支计划"教学名师，第十届国家督学，全国师德标兵，全国宝钢优秀教师奖获得者，霍英东教育基金会教育教学奖获得者。教育部物理类专业教学指导委员会秘书长，教育部高等学校教学信息化与教学方法创新指导委员会委员。曾任中山大学教务部主任、国家高等教育质量常态监测数据中心主任、高等教育研究院院长、逸仙学院执行院长。

成果摘要

基础科学研究的发展，关键是人才。培养造就一批具有国际水平的战略科技人才、服务国家创新体系建设是高校的一项长期任务。兴趣是最好的老师，是奠定之后长足发展的基石，兴趣可以进一步升华为志趣、志向，对学术的敬畏与不断追求能够使学生甘愿投身于基础科学研究。本项目探索建立以"兴趣—志趣—志向—影响力"四个阶段为导向的科研兴趣培养系统，建立起科学规范的本科生科研兴趣培养体系，研究成果形成国家级教学成果二等奖，后续促成中山大学拔尖计划2.0全面开花。

根据教育部《基础学科拔尖学生培养试验计划实施办法》，秉承"旨在培养志在长期从事基础科学研究的学术型人才，进而提升我国原始创新能力"的目标，各高校对科研训练愈加重视，积极探索适合本校学生发展的培养模式，取得了丰硕的成果。

然而，在探索和实践中也存在一定的问题。研究表明，首届拔尖计划毕业生群体中,有近4成偏离了基础学科方向。曾任清华大学副校长的袁驷坦言:"学基础学科的学生真正搞研究的不多,学数学的大多从事金融证券,学物理的爱进外企。"当然,"拔尖计划"首届毕业生去向调查属于短期统计分析,仅凭这一点是无法全面评价拔尖计划的实施效果的。

正值拔尖计划2.0推出之际,探索研究如何更加有效吸引优秀人才选择基础学科,并保持其投身学术的定力,成为至关重要的问题。本项目探索建立以"兴趣—志趣—志向—影响力"四个阶段为导向的科研兴趣培养系统,建立起科学规范的本科生科研兴趣培养体系,旨在形成引领全国的示范模式,推动人才培养模式向纵深发展。

图1 国家级教学成果奖证书

一、拔尖计划高校的一些通行做法

各校对学生科研兴趣培养重视有加,融入具体的培养实施方案中。在包括学生选拔、个性化培养、课程体系建设等方面各具特色。

(一)学生选拔方面

北大元培学院提出在学生的选拔中要对学生的学术兴趣、创新精神和发展潜质等方面进行综合考察,并据此实行动态的选拔,即每年根据学生的学习兴趣与表现以及学术发展潜力等方面的综合因素进行适当调整。"元培计划"只按文理两大类招生,学生入学不分专业,实行在教学计划和导师指导下根据自己的能力和志趣自由选课学分制和自主选择专业制度。这些改革措施主要针对学生过早进入专业学习导致知识面偏窄、大多数中学生在还没有真正了解专业情况之前，就盲目选择专业导致学习兴趣降低等弊端。

浙江大学竺可桢学院求是科学班提出的选拔要求是以学生的科学素养、志向为原则，致力于选拔对某一基础学科有浓厚学习兴趣、具有较强培养潜力并有志于深入学习的优秀学生。兰州大学萃英学院除了拿出部分名额通过自主招生从高中生中直接选拔外，新生中的选拔过程更加注重志向、兴趣和能力，设计有兴趣与能力的专门测试。南开大学的"伯苓班"则是以专家组面试学生的科研兴趣、创新潜质、精神面貌等方面来进行全面评估。

此外，南京大学在选拔中，专业兴趣作为其中的重要衡量指标。上海交通大学致远学院，四川大学吴玉章学院、同济大学、复旦大学的望道计划、厦门大学均在选拔上注重考察学生的综合能力、学术兴趣和发展潜质。中国科学技术大学文理复合英才班还在招生简章中明确列出合作意向院校及实习基地，以此激发学生的兴趣。

（二）个性化培养方面

在选课、选专业、选导师等环节，各单位都有自己的特点。清华大学根据学生专业兴趣、学习特点及其个性和特长匹配导师，设立首席教授制。南京大学给学生提供分类的三条个性化发展路径，发掘并培养学生的专业兴趣。北大元培学院认为在本科学习阶段要打好基础，培养兴趣，根据学生的特点因材施教，开展个性化培养。

兰州大学萃英学院在课程设置中努力扩大学生自主选择的空间，学生可以自主选择专业、导师。北京师范大学—励耘学院，学生可针对自己的兴趣，跨学校、跨院系、跨专业、跨年级修读课程，以及修读高级研修课程等。

（三）课程体系建设方面

北京师范大学—励耘学院通过重构课程体系，强化相关学科基础，设置学科前沿和研究方法课程，拓展学生学术视野，激发学生学术兴趣。北京大学把专业课程分了6个层级，建立起多层次课程体系，以满足"计划"项目学生自身发展的需求。吉林大学唐敖庆班通过优化课程体系，将通识教育、基础教育与专业教育相结合，在培养方案中设置了多层次的课程平台以及专业性的特色课程群落。

上海交通大学致远学院，要求学生至少选修一个其他专业的导论性课程。

兰州大学萃英学院则采取"3＋1"(3年国内1年国外)的模式,要求学生在国际一流大学修读一年。

(四)氛围营造方面

南开大学的"伯苓班"专门设计了基于小班授课的TEAL教室,用以提高学生的学习兴趣和效率。山东大学泰山学堂在住宿学院制、游学制和导师制基础上,开辟教授接待室。北京大学通过设置网上预约系统,加强师生沟通交流。复旦大学培养过程中通过六个平台的建设,激发学生参与科学研究的兴趣和热情。清华大学通过建立学习者"社区"和科学研究"乐园",每周固定举办学堂班会,激发学生的学术兴趣和学术理想。

二、"逸仙模式"下的本科生科研兴趣培养体系

2012年,根据国家发展战略,本着"为社会福,为邦家光"的人才培养定位,中山大学成立逸仙学院,旨在让有潜质的拔尖学生能更好地"冒"出来,给天才留空间。"逸仙模式"面向基础科学领域,目标是培养具备交叉学科知识结构、有较强的创新精神与创新潜能,有望成为相关领域领军人物的研究型人才。通过不断探索,逐渐建立起从选拔到以"兴趣—志趣—志向—影响力"四个阶段为导向的全方位、多角度的科研兴趣培养系统。

(一)设立指标,科学鉴才

通过梳理国内外拔尖人才遴选与评价方法,分析当代大学生特点,研制了包括价值导向、人格品质、心理素质、兴趣志向、自主学习能力、创新潜能、批判性思维、沟通与团队合作能力等八个维度的遴选标准。遴选方式从以入学高考成绩为主,转变为一年后以学生学习能力及基础学科研究兴趣为主。选拔指标与兴趣衡量指标相结合,从初选到复试都注重科研兴趣的考查,如报名条件要求对相关学科、专业有浓厚的兴趣;面试环节专家测评主要考查项则包括专业兴趣。

为了验证选拔模式的可靠性,2012年,学院对2011级刚遴选出来的61名实验班学生进行了卡特尔16种人格测试。61名学生表现出了成功者的特征:天资聪敏、好强固执、独立积极,具备想象能力和创新精神。同时表现出了高分者的共性:自视甚高、团队合作性不强、缺乏冒险敢为的干劲。这个测试验证了选拔模式的可靠性,有利于发现拔尖苗子,同时也为人才培养模式提供数据支持,更有利于实施个性化培养。

(二) 科研兴趣培养的体系化建设

让学生保持从事基础学科研究的兴趣与学习的动力,需要不断激励、引导。逸仙学院以"兴趣—志趣—志向—影响力"为导向,最大限度调动起学生对科研的兴趣,并把兴趣转化成学习研究的动力,在参与科研训练过程中将兴趣发展为志向,建立起从事基础科学研究的信心与能力,并对其他同学形成积极的辐射与影响力。

第一阶段:科研兴趣的激发。通过让学生接触了解国家重点发展战略、本学科发展前沿,鼓励学生探索未知的领域,激发学生的好奇心和想象力。第二阶段:科研兴趣的提升,重视知识积累与能力培养,将学生的科研兴趣转化为对科学不懈的追求与动力,形成科研志趣。第三阶段:科研兴趣的促进与加深,通过参与一系列交叉课题等科研实践,将科研志趣发展为从事基础科学研究的科研志向。第四阶段:科研兴趣的养成,通过前面循序渐进的科研兴趣培养体系,鼓励拔尖计划学生继续深造,成长为相关基础科学领域的领军人物并逐步跻身国际一流科学家队伍,对其他同学形成辐射影响力,带动项目的可持续发展。

1. 第一阶段:科研兴趣的激发,引导为主

低年级学生刚刚开始接触基础课程,对科研还没有一定的了解,通过举办系列讲座、设置通识课程等,引导学生多看、多听,让学生了解国家重点战略需求,知道自己可以做什么、需要做什么,激发学生把学术志向与服务国家战略需求结合在一起;了解基础科学发展及其在高技术和实际生产中应用的前沿与总体趋势,以适应科学技术的发展,和将来从事基础科学研究工作,或应用研发工作的需要,知道前人已经做了什么,自己还可以朝着哪些方向去发展,对哪些方面比较感兴趣,激发学生的学习热情。

2. 第二阶段:科研兴趣的提升,并转化成科研志趣

第二阶段主要根据学生兴趣,注重知识积累与能力培养,使科研兴趣转化为科研志趣。

(1) 培养方案个性化,实行一人一方案

逸仙学子实行个性化培养,为每名学生设置"四个一":一人一培养方案、"一对一"导师制、一年一评价,提供一次国际交流的机会。每名学生拥有自己的个性化培养方案,导师根据学生的专业兴趣、发展潜能及综合能力,指导学生度身定制个性化的培养方案,并根据其学习情况对培养方案进行动态的调

整，引导学生发展专业志趣和创新思维能力。

(2) 全程导师制，一对一配备导师

实行全程导师制，为学生一对一配备导师，全过程引导学生学术发展。导师强化对拔尖学生的学术熏陶，关心学生的德、智、体全面发展，帮助学生加强专业学习和发展规划的引导，通过进课题、进团队，尽早介入科研训练，引导学生投身基础科学研究；举办午餐会，师生齐聚畅谈学术理想。坚持"优秀科学家培养优秀学生"的师徒式做法，让学生耳濡目染，坚定自己的科研兴趣，形成科研志趣。

(3) 课堂教学的两个三分之一

课程采用启发式、讨论式、探究式等研究性教学方法，教学方面实施两个"1/3"特色的小班化教学，促进学生探究性学习。两个"1/3"做法，即非互动教学时间不超过1/3、每门课程跨学科选修人数不低于1/3。教师与学生互动研讨，能够充分发挥学生主体作用，引导学生自主思考课程的基本问题和核心概念，培养学生专题调研、表述和学术讨论的能力；每门课程1/3选课学生为跨学科选修学生，能够鼓励本科生接触不同学科，形成实质性的学科交叉互动。

逸仙学院部分专属课程也聘请国外一流专家学者短期授课，拓宽学生的国际化视野；另外还开设"理论物理国际班"与"基础数学国际班"，引进法国巴黎高等师范学校的教育理念，聘请相关领域顶尖科学家驻校授课；六年来，逸仙学院聘请国际知名教授驻校授课共68人次。

(4) 营造浓厚的学术氛围

人是环境的产物，浓厚的学术氛围无疑可以培养学生的学术兴趣。逸仙学院于每年开展学术交流周，让参加过国内外高校课程学习、暑期学校、科研实习、竞赛、会议和社会实践的学生参照正式国际学术会议标准，以PPT口头报告和POST海报展示形式，开展经验的分享、知识的交流、智慧的碰撞，通过"分享"让更多的学生开拓视野，促进不同学科学生之间的交流，感受研究的乐趣。

图2 一年一度的学术交流周

3. 第三阶段：科研兴趣的促进与加深，发展为科研志向

绝知此事要躬行。第三阶段以科研实践为主，鼓励学生参与导师研究课题或申请国家科研项目，兼顾国际化，树立学生正确的科研志向。

(1) 科研实践

开放国家重点实验室、教育部重点实验室、开放实验室、国家实验教学示范中心等，鼓励学生早进课题、早进实验室、早进团队，注重学科交叉，为学生的实验实践教学、科研训练和创新活动提供有力的支持。

(2) 国际化培养

搭建多元化的国际学术交流平台。分期分批将学生送到国外一流大学学习或实训，进入一流实验室接触科学前沿，如欧洲核子中心等科研机构，拓展学生学术视野；积极组织学生参与各类暑期学校，如非线性偏微分方程暑期讲习班、"粒子物理、核物理与天体物理"拔尖计划暑期学校等；2012—2017 年之间，学生境内外交流达 275 人次。

4. 科研兴趣的养成，形成积极的辐射和影响力

通过递进式的兴趣培养模式，促使学生树立明确的目标，学生自然会选择继续深造，而走进名校，贴近前沿的科研领域带来的成就感又再生其科研动力。同时对其他同学形成辐射影响力，带动项目的可持续发展。

图 3　推荐学生到大科学项目开展学习和研究

通过兴趣—志趣—志向的递进培养,学院毕业生质量明显提升。三年138名毕业生,深造率为100%,69位就读于国内顶尖高校,69人就读于境外名校,如耶鲁大学、加州大学伯克利分校、京都灵长类动物研究所、哥伦比亚大学、约翰斯·霍普金斯大学等,并已开始展露出交叉学科新苗。

三、总结

本项目通过对本科生科研兴趣培养的研究,在总结其他高校科研兴趣培养方法和经验的基础上,探索本科生科研兴趣培养规律,建立了一套本科生科研兴趣培养与科研能力探索的示范模式,即以"兴趣—志趣—志向—影响力"四个阶段为导向的科研兴趣培养系统。经过系统培养的学生科研思维与创新实践能力、学科知识的竞技水平、国际学术交流能力与综合素质等显著提高。逸仙模式对全国高校人才培养起到引领作用,带动了人才培养模式向纵深发展,逐步明晰当今时代优秀人才培养质量的动态指标,推动全国人才培养质量的进一步提高。该项目后续引导拔尖计划培养中,以学生发展为核心,建立学术志向和品位,为中山大学拔尖计划全面开花打下基础。

中山大学数学拔尖实验班小班教学探讨

中山大学　姚正安

作者简介

姚正安，中山大学教授，省特支计划领军人才，粤港澳国家应用数学中心主任，省数学教指委主任、数学会理事长、科协常委，中国工业与应用数学会常务理事、国家教材委委员。研究方向为偏微分方程、计算机与通信。主持科技部重点研发、国自科重点、面上多项。获省科学技术二等奖、省教学成果一等奖、国家教学成果奖，获宝钢优秀教师奖。

成果摘要

本项目以本科数学与应用数学专业教学大纲与教学内容为基础，兼顾硕士、博士研究生的教学内容，以现代数学科学的研究与应用为指导，在中山大学数学学院探索了一种数学拔尖人才实验班小班教学模式。这种模式通过选拔优秀本科学生组成实验小班，遴选由国内外、校内外知名教授学者组成的教学与导师队伍，精选代表主流数学发展的基础课程，采用"翻转式""渐进发展式""服务应用式"的教学模式，逐步引导学生学会学习、学会思考、学会协作、主动创新。教学实践结果表明，在这种模式的教学之下，学生不仅学习掌握了扎实的现代数学基础理论与方法，接受了严格的数学思维训练，还了解了部分现代数学的发展前沿，锻炼了学生科学研究及数学表达的能力。

研究课题名称

中山大学数学拔尖实验班小班教学探讨

研究课题成果介绍

中山大学数学学院通过几十年的沉淀与积累，逐步形成"厚基础、宽口径、励研创、超一流"的本科培养理念，在数学学科拔尖创新型人才的培养上探索出一套行之有效的培养模式——拔尖实验班小班人才培养模式。

一、中山大学数学拔尖实验班小班教学特色与创新

（一）教学特色

中山大学数学学院拔尖实验班小班人才培养模式，立足于培养基础学科的拔尖创新型人才，形成"翻转式""渐进发展式""攻关突破式""应用服务式"等一系列特点，具有鲜明的中山大学数学学院本硕人才培养特色。

"翻转式" 是指翻转课堂的教学模式，由学生在课前或课外观看教师的视频讲解，自主学习，教师不再占用课堂时间来讲授知识，课堂变成了老师与学生之间和学生与学生之间互动的场所，包括答疑解惑、合作探究、完成学业等，从而达到更好的教育效果。**"渐进发展式"** 是指注重人才培养的可持续性，从低年级本科生一直到高年级研究生，对不同阶段，不同层次的学生提出相适应的培养要求，制定相适应的培养目标，使所有的学生得到充分的发展。**"攻关突破式"** 是指在培养人才的过程中，注重夯实基础知识的同时，也让有能力的学生参加一些"专精特新"优秀企业行业项目，为企业行业的科技攻关提供理论与技术支持，也有助于学生科研能力的提升。**"应用服务式"** 是指学院在制定拔尖创新型人才培养方案时，充分考虑到地方经济建设和支柱产业发展的需要，合理设置专业课程，这样既能解决学生的就业问题，也能使之学以致用。

因此，在实施过程中，强调教师除了对教学大纲进行介绍和对学生的讲学进行点评外，还应把握整体的教学节奏，对教学内容进行设计，如提出学生讨论研究的内容、对翻转课堂的教学形式进行设计，可以以课件和实验课的形式开展教学。翻转课堂由学生主讲，自由发挥，按照不同的标准要求自己，教师负责把控课堂内容，教师在课堂上把控课程整体的节奏，引导学生跟着教学大纲的方向走；学生则需要预先模拟试讲，选择需要的教材并抄写相应的板书，内容上在教学大纲的基础上进行发散和研讨。

（二）创新之处

（1）在基础里强调基础，重点强调分析、代数、几何三个方向，授课形式主要是以学生作为讲课主体，教师当场指导；授课前，要求学生查阅大量相关资

料和文献,深入探究讲授知识。

(2) 实验班实施班中班,组中组,以 2—3 人为小组,以长补短,互相帮助学习。

(3) 扩大视野,组织学生参加研究生暑期班;到境外或国内著名高校短期访学和联合培养。

(4) 聘请一批国际知名数学家担任核心课程主讲:如徐超江教授(法国鲁昂大学)、吴家宏教授(美国俄克拉荷马州立大学)、熊捷教授(美国田纳西大学、澳门大学)、李卫平教授(香港科技大学)、潘荣华教授(美国佐治亚理工学院)、徐峰教授(美国加州大学 Riverside 分校)等。

(5) 安排长江学者、杰青、青千、优青等教授担任"学术导师",让"拔尖计划"学生自行选择。选定后,由学术导师指导进行一些基本的学术研究,拓展拔尖学生的学习空间,让学生参加导师组的讨论班。

(6) 以围绕中山大学"通识教育、大类培养、复合创新"的本科教育理念和培养具有国际视野、满足国家与社会需求的高素质复合型拔尖创新人才为总体目标,并为培养具有创新潜质、全球视野的基础数学拔尖创新人才建立"基础数学国际班"。"基础数学国际班"实行优生优培,因材施教的教学模式,探索建立与世界接轨的拔尖人才成长体系,培养具有创新精神、全球视野的科研型领军人才。

二、中山大学数学拔尖实验班小班教学实践

中山大学数学学院坚持"厚基础、宽口径、励研创、超一流"的本科培养理念,在本科教学中,实行分层次培养,设置普通班、基地班、拔尖班以及强基班。在培养模式上,本科一、二年级实行大类培养,夯实基础;本科三年级学生分流到数学与应用数学、统计学两个专业;本科四年级与研究生混成培养。部分本科三年级学生参加研究生讨论班,部分本科四年级学生进入应用团队做项目。本项目旨在探索数学拔尖实验班小班教学,采用"7+8"模式,以强大的数学教师团队作为学生的学术导师,合理安排每阶段的课程学习,培养了一批拔尖创新型人才。

(一) "7+8"模式

本项目在中山大学数学学院拔尖实验班小班教学实践中,采用"7+8"模式,即拔尖实验班小班的 15 名学生,7 人为基础数学方向,8 人为应用数学方

向,在培养方案上侧重点不同。设计"专业＋专属"的个性化人才培养方案。课程结构由各专业的主干课程模块和基地的核心专属课程模块构成,在强调总学分不增加的原则下,核心专属课程的选修及原专业课程的调整,需在导师指导下完成。专业主干课程模块保证专业教育的完整性,并实施两个"1/3"做法,即非互动教学时间不超过 1/3、每门课程跨学科选修人数不低于 1/3。实行全程导师制。安排教授担任"学术导师"与"拔尖计划"学生双向选择确定。学术导师指导基本的学术研究,拓展拔尖学生的学习空间,让学生参加导师组的讨论班,针对学生个性化发展需求,制定专业学习计划,引导他们聚焦重大科学问题。

1. 基础数学方向

基础数学组有姚正安教授、陈兵龙教授、胡建勋教授等,开设课程有:现代偏微分方程、交换代数、代数拓扑、几何、代数、代数表示论、高等傅立叶分析。具体从三方面夯实基础:

(1) 分析学。

分析学主要学习现代偏微分方程等基础课程,选用 L.C.Evans 编写的教材,由具有深厚专业知识和丰富教学经验的姚正安教授和朱熹平教授主讲,本科二、三年级学生或者低年级研究生参与。其中基础部分由老师讲授,如 Banach(巴拿赫)空间、Sobolev(索伯列夫)空间等;关于偏微分方程理论等内容,如二阶椭圆、二阶双曲、二阶抛物型方程等,以研讨的方式,由学生主讲。

(2) 代数学。

代数学主要学习抽象代数等基础课程,由胡建勋教授主讲,本科二、三年级学生或者低年级研究生参与。其中基础理论部分由老师讲授,如群、环、域、格、模等;交换代数基础理论等内容,以研讨的方式,由学生主讲。

(3) 几何与拓扑学。

几何与拓扑学主要学习曲面曲线论基础理论,由陈兵龙教授主讲,本科二、三年级学生或者低年级研究生参与。其中曲线基础等部分由老师讲授,如曲线的曲率、挠率,曲面的一次、二次基本齐式等;关于流形的正则性、曲率的连续性等,以研讨的方式,由学生主讲。

2. 应用数学方向

应用数学组有戴道清教授、冯国灿教授、杨力华教授等,开设课程有:矩阵分析、统计学习原理、应用数学前沿、统计推断与最优化计算、现代优化算法、现代机器学习算法及应用、现代统计方法、机器学习中的优化方法。由于应用数学方向的时代性，即应用数学需求会随着时间推移和社会的需求发展而变化，因此，每年的课程内容都会根据需求作相应的调整。具体如下：

（1）小波分析及其应用，由戴道清教授和杨力华教授主讲；

（2）矩阵代数及其应用，由许跃生教授和张海樟教授主讲；

（3）模式识别及其应用，由冯国灿教授主讲；

（4）量子调控，由周天寿教授主讲；

（5）随机分析，由任佳刚教授主讲；

（6）随机控制，由郭先平教授主讲。

上述培养方案无论是在基础数学还是应用数学方面，都已经培养出许多优秀的硕士、博士生，其中很多学生都成为该领域的骨干或者是高层次复合型人才。

3. 学术导师名单（按姓氏拼音排序）

毕宁、陈兵龙、崔尚斌、戴道清、戴欣荣、冯国灿、郭先平、胡建勋、黄煜、黄辉、贾保国、姜正禄、李长征、刘立新、罗俊、任佳刚、宋亮、王其如、王向阳、王学钦、冼军、颜立新、杨力华、姚正安、殷朝阳、赵育求、周天寿、朱熹平。

（二）2015—2020 年数学拔尖实验班课程安排

（2015 年 9 月—2016 年 1 月）

年级	课程名称	任课教师	职称
2012 级	几何	陈兵龙	教授
2012 级	应用数学前沿	许跃生	教授
2013 级	机器学习中的优化方法	冯国灿	教授
2013 级	代数	胡建勋	教授
2012—2013 级	高等傅立叶分析	徐超江	教授
2012—2013 级	高等傅立叶分析	徐超江	教授
2012—2013 级	代数表示论	Marc Rosso	教授
2012—2013 级	Polynomial Invariants of Knots	Douglas Anderson	教授
2014 级	现代偏微分方程	姚正安	教授
2014 级	现代统计方法	刘岩妍/王学钦	教授

（2016 年 2 月—2016 年 6 月）

年级	课程名称	任课教师	职称
2013 级	机器学习专题论文选读	冯国灿	教授
	几何	陈兵龙	教授
2014 级	统计学习原理	王学钦	教授
	代数	胡建勋	教授
2015 级	概率论及其应用	任佳刚	教授
	现代偏微分方程	姚正安	教授
2013—2014 级	随机过程选讲	熊捷	教授

（2016 年 9 月—2017 年 1 月）

年级	课程名称	任课教师	职称
2013 级	机器学习专题论文选读	冯国灿	教授
	几何	陈兵龙	教授
2014 级	统计学习原理	王学钦	教授
	代数	胡建勋	教授
2015 级	概率论及其应用	任佳刚	教授
	现代偏微分方程	姚正安	教授
2013—2014 级	随机过程选讲	熊捷	教授

（2017 年 2 月—7 月）

年级	课程名称	任课教师	职称
2015 级	现代偏微分方程	姚正安	教授
	概率论及其应用	任佳刚	教授
2014、2015 级	代数	胡建勋	教授
	统计学习理论	王学钦	教授
	Introduction to Algebraic Geometry	李卫平	教授
	统计学习前沿	杨灿	教师
	Some topics on Compressible Euler equations and Compressible Navier-Stokes equations	潘荣华	教授

续表

年级	课程名称	任课教师	职称
2013 级	几何	陈兵龙	教授
	机器学习专题论文选讲	冯国灿	教授

（2017 年 9 月—2018 年 1 月）

年级	课程名称	任课教师	职称
2014 级	几何	陈兵龙	教授
	时空分析	王学钦/黄辉	教授
2015 级	交换代数	胡建勋	教授
	随机过程及其应用	郭先平	教授
2016 级	Fourier 分析及其应用	颜立新	教授
	现代偏微分方程	姚正安/黄景炽	教授/讲师
2014—2015 级	复杂数据案例分析	吴喜之	教授
	算子代数	徐峰	教授

（2018 年 2 月—7 月）

年级	课程名称	任课教师	职称
2016 级	矩阵分析及其应用	颜立新	教授
	Fourier 分析及其应用	颜立新	教授
	偏微分方程选讲	姚正安	教授
	现代偏微分方程	姚正安	教授
2015 级	交换代数选讲	胡建勋	教授
	同调代数	胡建勋	教授
	随机微分方程	郭先平	教授
	随机过程及其应用	郭先平	教授
2014 级	拓扑	陈兵龙	教授
	几何	陈兵龙	教授

续表

年级	课程名称	任课教师	职称
	时空分析 II	黄辉	教授
	深度学习	王学钦	教授

(2018 年 9 月—2019 年 1 月)

年级	课程名称	任课教师	职称
2015 级	随机模型及其应用	周天寿	教授
2015 级	几何 I	陈兵龙	教授
2016 级	应用调和分析	戴欣荣	教授
2016 级	交换代数	胡建勋	教授
2017 级	现代偏微分方程 I	姚正安	教授
2017 级	矩阵分析	杨力华	教授

(2019 年 2 月—7 月)

年级	课程名称	任课教师	职称
2017 级	现代偏微分方程 II	姚正安	教授
2017 级	偏微分方程选讲	姚正安	教授
2017 级	高等分析	戴道清	教授
2017 级	应用与计算分析	戴道清	教授
2016 级	应用调和分析	戴欣荣	教授
2016 级	同调代数	胡建勋	教授
2015、2016 级	Topics in Compressible Fluid Mechanics	潘荣华	教授

(2019 年 8 月—2020 年 1 月)

年级	课程名称	任课教师	职称
2017、2016 级	学习理论及其应用	冼军	教授
2017、2016 级	最优化理论	冯国灿	教授

（三）主要中外参考文献

1. *Partial Differential Equations*，L.C.Evans.

2. *All of Statistics*，L. Wasserman，Springer，2004（中译本:《现代数学译丛》，科学出版社，2008）.

3. *The Elements of Statistical Learning：Data Mining，Inference，and Prediction*，T. Hastie，R. Tibshirani，J. Friedman，2nd ed.，Springer，2009（第1—4，7章）.

4. *Introduction to Commutative Algebra*，M. Atiyah，I. Macdonald，Addison-Wesley Publishing Company，1969.

5. *Commutative Algebra With A View Toward Algebraic Geometry*，D. Eisenbud，GTM 150，Springer 2004.

6. *Basic Homological Algebra*，M. Scott Osborne，GTM 196，Springer，2000.

7. *A Course in Homological Algebra*，2nd Edition，P. J. Hilton，U. Stammbach，GTM 4，Springer，1997.

8. *Statistics for Spatial Data*，Noel A.C. Cressie，1991.

9. *An Algebraic Introduction to Complex Projective Geomery*，Christian Peskine，1996.

10. *Stochastic Differential Equations-An Introduction with Applications*，Sixth Edition，2003.5.

11. *Fourier Analysis An Introduction*，Elias M.Stein，Rami Shakarchi，2002.8.

12. *Matrix Analysis*，Roger A.Horn；Charles R.Johnson，2013.

三、数学学科拔尖实验班小班人才培养及获奖情况

（一）2014—2016级实验班学生导师分配情况及毕业读研去向

课题组每年组织选拔优秀本科生进入实验班学习，并安排长江学者、杰青、青千、优青等教授担任"学术导师"，让"拔尖计划"学生自行选择，且每个年度组织考核。项目执行周期内，共毕业三届实验班本科生，2014级实验班于2018年6月毕业，2015级实验班于2019年6月毕业，2016级实验班于2020年6月毕业，三年共毕业43位实验班本科生，深造率100%，其中国内读研14位，占32.6%；境外/国外读研29位，占67.4%。

具体情况见下表：

2014 级实验班

姓名	导师	毕业去向
何邦宁	姚正安	北京大学
王君儒	戴欣荣	南开大学
李政阳	郭先平	清华大学
张锦鹏	戴道清	清华大学
李冠宇	胡建勋	康奈尔大学
覃尧钧	冼军	哥伦比亚大学
李浩然	颜立新	马里兰大学帕克分校
姚力丁	杨力华	威斯康星大学麦迪逊分校
徐韩萍	王学钦	新加坡国立大学
陈锋杰	周天寿	华盛顿大学
俞鹏辉	赵育林	普渡大学
崔灿	朱熹平	普渡大学

2015 级实验班

姓名	导师	毕业去向
邓思宁	姚正安	哥伦比亚大学
杜金鸿	杨力华	芝加哥大学
郭君雨	戴道清	美国加州大学洛杉矶分校
何韫璁	任佳刚	中山大学
罗宝嘉	戴道清	清华大学
沈敏行	戴欣荣	中山大学
苏蔚琳	王其如	清华大学
吴嘉铭	戴欣荣	香港中文大学
吴钰琳	毕宁	纽约大学
张弛	郭先平	耶鲁大学

续表

姓名	导师	毕业去向
张旭辉	姜正禄	清华大学
甄耀明	胡建勋	香港城市大学
付星宇	王学钦	香港科技大学
何福铿	冯国灿	中山大学

2016 级实验班

姓名	导师	毕业去向
周启文	崔尚斌	中山大学
韩玉轩	崔尚斌	香港科技大学
张驰	李长征	加州理工学院
戴铭翰	王向阳	美国哥伦比亚大学
盖思思	黄煜	卡内基梅隆大学
何丹	王其如	中山大学
胡悦	王学钦	耶鲁大学
刘思阳	颜立新	南加州大学
毛深	姚正安	香港中文大学
谭桔	胡建勋	波士顿大学
田乐琪	冯国灿	迈阿密大学
吴开希	郭先平	纽约大学
谢崇山	冼军	香港科技大学
姚键	杨力华	复旦大学
张亦	宋亮	中国科学院
冼卓志	殷朝阳	香港科技大学
祝俊浩	冯国灿	加拿大多伦多大学

(二) 2016—2018 年实验班学生发表论文及获奖情况

2016—2018 年学生学业成效：

1. 发表论文

姓名	论文题目	刊物	年份	卷码/页码
张奕堃	Bayesian Network Structure Learning: The Two-Step Clustering-Based Algorithm	Proceedings of the Thirty-Second AAAI Conference on Artificial Intelligence (AAAI-18)	2018	(8183—8184)

2. 获奖情况

年份	获奖名称	等级	姓名
2016—2018 年	全国大学生数学竞赛数学类广东省	一等奖	陈恒准、余鑫、罗宝嘉、何福铿、李冠宇
2016 年	全国大学生数学竞赛数学类	一等奖	陈锋杰
2017 年	全国大学生数学建模大赛	二等奖	杜金鸿、付星宇
2016—2018 年	全国大学生数学建模大赛广东省	一等奖	罗宝嘉、何福铿、李浩然、崔灿
2016—2018 年	全国大学生数学建模大赛广东省	二等奖	王淳茵、苏蔚琳、陈伟航、李政阳
2017 年	美国大学生数学建模大赛	S 奖	何福铿
2017—2018 年	美国大学生数学建模大赛	Honorable Mention	邓思宁、苏蔚琳、田乐琪、罗宝嘉、戴铭翰、张弛、杜金鸿、何福铿、甄耀明、李冠宇、陈伟航、李政阳
2016—2017 年	美国大学生数学建模大赛	Meritorious Winner	郭君雨、杜金鸿、徐寒萍、姚力丁、陈锋杰
2016 年	国际遗传工程机器大赛决赛（SYSU-Software 代表队）	金奖	陈锋杰

(三) 项目相关的获奖情况

(1) "理科基础科学拔尖人才培养'逸仙模式'的探索与实践"获得 2018 年

高等教育国家级教学成果二等奖,项目负责人姚正安教授系该成果第二完成人。

（2）"基础科学拔尖创新人才培养'逸仙模式'的探索与实践"获得 2018 年广东省教学成果一等奖,项目负责人姚正安教授系该成果第二完成人。

序号	成果名称	完成人	完成单位
101	理科基础科学拔尖人才培养"逸仙模式"的探索与实践	陈敏、姚正安、张雁、姚道新、巢晖、李志兵、赵福利、王其如、杨东华、陈慧、李玉芝	中山大学

（3）项目负责人姚正安教授获得 2018 年度宝钢优秀教师奖。

四、中山大学数学拔尖实验班小班教学的学术和应用价值

从 2014—2016 级实验班毕业生的情况来看,43 位毕业生全部继续读研深造,其中国内读研 14 位,占 32.6%;境外/国外读研 29 位,占 67.4%。深造的国内外知名高校包括:美国耶鲁大学、美国普渡大学、美国哥伦比亚大学、美国康奈尔大学、新加坡国立大学、美国波士顿大学、美国迈阿密大学、美国纽约大学、加拿大多伦多大学、香港中文大学、香港科技大学等,毕业生以扎实的学术基础和积极刻苦的钻研精神受到国内外同行的一致好评,在数学界取得很好的声誉。因此,中山大学数学拔尖实验班小班教学成果的应用价值很高,应积极推广数学拔尖实验班小班教学模式。

强化使命驱动的基础学科拔尖学生价值塑造路径研究

四川大学 张红伟

作者简介

张红伟，四川大学经济学院教授、博士生导师，国家"万人计划"教学名师，国务院政府特殊津贴专家，四川省学术和技术带头人，四川省教书育人名师，"天府万人计划"天府名师，宝钢教育奖优秀教师特等奖获得者，两次荣获教育部榜样高校教务处长，任教育部经济学教学指导委员会委员，教育部高等学校教学信息化与教学方法创新工作指导委员会委员，中国宏观经济管理教育学会副会长，四川宏观经济学会副会长。

成果摘要

由四川大学张红伟教授主持完成的"强化使命驱动的基础学科拔尖学生价值塑造路径研究"课题，以"构建使命驱动的价值塑造路径"为目标，依托积淀十年的"探究式—小班化"教学和"全过程考核—非标准答案"考试改革以及其他国家级教学成果特等奖成果内容，创建一个价值塑造综合体——玉章书院，构建"宏观—中观—微观"实施模式，构筑"课程引领—大师引导—书院浸润—文化涵育—实践强化"全方位拔尖学生价值塑造体系，培养一批政治觉悟高、思想信念坚定的拔尖学生。在央视新闻联播《弘扬抗美援朝精神，实现中华民族伟大复兴——大型纪录片〈英雄儿女〉感动激励广大观众》节目中，"江姐班"（生命科学拔尖班）学生杨子霆代表川大学子表达了勇做能担当民族复兴大任的时代新人的决心。

研究课题名称

强化使命驱动的基础学科拔尖学生价值塑造路径研究

研究课题成果介绍

落实立德树人根本任务，关乎培养合格的社会主义建设者与接班人。寓价值观引导于人才培养全过程，是人才培养的应有之义，更是必备内容。价值塑造已经成为高校人才培养的重要环节。对基于国家战略发展而实施的"基础学科拔尖学生培养计划"（简称"拔尖计划"）而言，进一步强化价值塑造和使命驱动，事关人才培养，更关乎教育的现代化和国家的创新发展，非常重要！

"拔尖计划"致力于培养一批勇攀科学高峰、推动科学文化发展的卓越自然科学家、社会科学家、医学科学家。不同的时间、空间、对象给价值塑造赋予了不同的含义，不同类型学生的价值塑造路径也应有所差异。相关研究显示，"拔尖计划"学生有着较为突出的学习及心理特征：成就动机强、求知欲强、学习能力强、执行能力强；但同时，他们敏感脆弱、自我中心、得失感突出、害怕犯错。这批学生尽管出类拔萃，然而责任感和抗压能力并没有较普通学生更强。心理学研究证明，只有强烈的动机、强大的抗挫折能力才能铸就坚强的毅力，才能支撑拔尖学生成为勇攀科学高峰的基础学科领军人物。因此，对于拔尖人才的价值观塑造，应进一步从使命驱动的角度入手。强化使命驱动，引导拔尖学生关注国家战略需求、人类未来发展、思想文化创新和基础学科前沿，激发他们为中华民族伟大复兴、为人类命运共同体而奋斗的强大斗志，应成为拔尖学生价值塑造的主要内容。

一、项目预期研究计划的执行情况

根据计划，本研究以理论研究和调查结果指导基础学科拔尖学生价值观塑造，进而为培养"担当民族复兴大任的时代新人"提出可行方案，形成多方配合的、行之有效的、强化使命驱动的基础学科拔尖学生培养路径，将价值观塑造融入基础学科拔尖学生培养的全过程。面向时代呼唤、国家需求、拔尖学生自身特征，学院从学校宏观，书院、学院中观，导师、班主任微观的层面，构建了"课程引领—大师引导—书院浸润—文化涵育—实践强化"的探索路径、强化使命驱动的全方位拔尖学生价值塑造体系。

（一）从"拔尖计划 1.0"时期学校推行"全课程核心价值观建设"，到"拔尖计划 2.0"全面推进课程思政，价值塑造与课程建设水乳交融

学校于 2015 年出台了《四川大学关于"全课程核心价值观建设"的实施意见》，坚持用思想政治教育、社会主义核心价值观统领课程建设。2017 年设置了"思想政治教育专题研究项目"，支持教师在思想政治理论课、公共课、专业课课程中开展课程思政及培育与践行社会主义核心价值观的理论与实践研究，共有 235 项项目获得立项，参与教师达 1100 余人次，极大地提高了老师们对于课程思政的认识水平与实践能力。将老师们的课程思政相关理论及实践研究整理成论文，结集出版，2013—2018 年共有 6 部论文集出版问世，其中 2018 年出版了《立德树人——四川大学全课程核心价值观建设的思考与探索》。2019 年，汇聚全校智慧形成《四川大学新时代本科教育改革与发展指导意见》（川大教〔2019〕249 号），制定《四川大学思政课课堂教学质量提升实施方案》和《四川大学深化课程思政建设实施方案》。学校于 2019 年成立思政研究中心，体系化、建构式地推进课程思政。汇聚多学科专家共同打造"习近平新时代中国特色社会主义概论"，并纳入必修课修读。2019 年组织开展第一批课程思政榜样课程选树工作，共有 479 门次课程被认定为课程思政榜样课程，28 门次课程被认定为思政标杆课程。多渠道搭建课程思政交流平台，发挥课程思政榜样示范带头作用。坚持在新教师"双证"上讲台培训、班主任培训、助教培训和"教师发展定制服务进学院"等系列活动中，设置专门的板块，强化师德师风、强调教书与育人并重。召开"以学为中心的教育——课程思政理念与实践"研讨会，搭建全国性研究、交流平台，与来自全国 27 个省市自治区 109 所学校的 420 余名老师一道，就挖掘和发挥所有课程的思政内涵和育人特色，探索"课程思政"理论、实践与保障机制，分享交流相关思路、案例和经验。

（二）实施"首席专家负责制"及玉章书院"驻院导师制"，切实发挥大师引导作用

实施"首席专家负责制"，强化大师主持、学术主导、行政全力保障，实现课程体系设计、培养模式建构、学术环境氛围营造、教改思路与途径创新等全方位升级。深度落实"双导师制"（"学业导师"＋"科研导师"、"国内导师"＋"国外导师"），由导师和学生双向自由选择确定。建立导师遴选与淘汰机制，选拔出有真才实学的大师级导师。确保对学生指导到位，真正让学生"转身即可遇见大师"。

学校魏于全院士、李安民院士、王玉忠院士、詹石窗、曹顺庆、霍巍三位杰出教授均担任各学科拔尖计划的首席专家,领衔人才培养工作。如霍巍首席在开学典礼上提醒学生要追求卓越、学会读书、独立思考、善于交流;詹石窗首席以遵守规范的重要性为引言,以如何"温养有道"为结语,从"撞天婚"带来的启示,如何夯实学科基础,如何发现问题、拓展思路,为学生们阐述学术规范与论著写作的几点感想;曹顺庆首席为学生开启第一课"如何成为拔尖人才"。大师们言谈中精辟的见解、严密的逻辑、深刻的哲理,往往让学生感觉"有滋有味"。大师们对学科前沿的独到见解能激发学生对科学的热情,让他们感觉到创新和研究的快乐。大师们还可以给学生们传授"科学品位",传递科学价值观,即应该知道在科学研究中什么重要什么不重要,哪些研究方向可以选择。大师与学生间的双向交流让学生有一种对科学的"现场参与感",从而激发更多的思维"火花"。

实施"驻院导师制",打造全天候的导师言传身教浸润环境,打造师生碰撞交流的交叉学科学习共同体和共享公共空间,更好地实现导师"育人"的目标,深刻地影响学生的人生观、价值观、世界观,培养学生的"软实力",使学生具有家国情怀、世界胸怀、健全人格、健康体格。驻院导师在书院对学生进行"个性启导""学涯指导""专业向导""科研教导""实践辅导""事业引导"。仅以2020—2021学年秋季学期为例,35名来自不同学科的驻院导师进驻玉章书院,与同学们面对面交流383场,全方位传道、授业、解惑。

(三)立足强化使命、修身立德、人格养成、知识拓展和能力提升,设立玉章书院,在全方位浸润中实现价值塑造

2019年9月,学校设立"玉章书院",成为学校拔尖学生培养新的里程碑。书院目前融合了"基础学科拔尖学生培养计划""强基计划""创新人才综合培养计划"的学生,形成跨70余个专业、本科四个年级的跨学科学习社区;书院开展升级版"科学、哲学与人生"研讨课、驻院导师跨学科指导、"玉章科技月""荣誉学生学术论坛""Have Fun—我的学科真有意思"课业展示、"玉章思享"等多维多面多层次的师生分享、实践实训、学术交流活动,为学生价值塑造、跨学科学习、学术研究实现"加油、换挡",期待"超车、领跑"。

为全力奠定自然科学"中国力量"和哲学社会科学"中国学派"的基础,"科学、哲学与人生"研讨课2.0版于2019年秋季全新落地玉章书院,采用大班讲授、小班研讨的教学方式,营造浓厚学术氛围、搭建书院学生素质教育及交流新平台,致力于培养学生热爱科学、感悟研究的精神。

"玉章科技月"中"荣誉学生学术论坛"是玉章书院大力推进荣誉学生研究性学习，培养创新创业能力，构建学科交叉融合的科研创新团队，完善科研成果孵育机制的重要载体。而"玉章科技月"的"Have Fun——我的学科真有意思"课业展示活动则是书院为增强学生跨学科背景，深化文、理、工、医各学科拔尖人才交流互动而实施的特色学术活动。

"玉章思享"读书沙龙是玉章书院为营造学生学术交流氛围，促进书院学子养成阅读通识经典习惯而设立的常驻性活动。书院充分发挥学生的组织能力和领导能力，由高年级学生牵头组织沙龙活动，为全体学生搭建一个跨学科、跨年级的读书分享和交流平台。

为团结玉章书院学生，敦促学生自我教育、自我管理、自我服务和自我监督，在书院学生中特设"玉章书院学生管理协会"，促进学生在德、智、体、美、劳方面得以全面发展，努力成为优秀的社会主义建设者和接班人，从而培养具有川大精神、中国责任和国际视野的玉章书院学生。

（四）以百廿历史和学科综合优势强化通识教育，涵育家国情怀塑造健全人格

学校充分发挥120余年办学历史所积淀的深厚人文底蕴优势和学科门类齐全的综合性优势，汇聚多学科专家共同打造"习近平新时代中国特色社会主义思想"必修课程，扎实推进习近平思想"三进"；持续推进"五大模块"通识课程建设，全力实施有川大特色、有中国温度、有社会影响力的"百门通识核心课程建设计划"，首批建设的31门核心课程已于2020年秋季学期开课，课程整合校内外优质资源，跨学科组建团队，学术性、挑战度与趣味性兼具，润物无声地将价值引领有机融入课程，提升学生文化自信、科学精神。"拔尖计划"学生根据个人兴趣进行选读，选修"命运共同体：全球化的机遇、挑战与未来""智人的觉醒：生命科学与人类命运""四海承风：中国文化的世界传播与互动"等科学探索与生命教育、国际事务与全球视野类课程。

在发挥"六馆一廊（校史馆、历史文化博物馆、自然博物馆、艺术馆、医学博物馆、口腔博物馆和历史文化长廊）"育人效能之外，近年来重点打造了"一馆一班两剧"（江姐纪念馆、江姐荣誉班和《江姐在川大》《待放》舞台剧）为代表的川大红色文化品牌，并以"8秒正能量""红动1小时""五彩石"等思政课程主题实践活动品牌为载体，把红色基因、革命精神融入实践和教学活动，通过图片、文献、视频等形式向革命英雄校友如朱德、张澜、江姐等国家先烈学习，引导学

生坚定理想信念。通过与建川博物馆、朱德故居、吴玉章故居、邓小平故里等场馆共建，打造一大批四川大学"拔尖计划2.0"大学生红色教育基地，实现拔尖学生红色教育全覆盖，从而以川大红色革命文化培育学生家国情怀，以川大悠久历史文化培育学生的人文情怀。

（五）通过社会实践联通社会与学校、理论与现实、个人与大众，让学生在实践中学习、感悟

"拔尖计划"开展"新德育"提升计划，以"立德树人"为根本，开展"霖露计划"——基于社区志愿服务的责任教育活动。通过社区服务交流实训，让拔尖学生参与社区管理和建设，指导学生关爱社会、关爱他人从身边做起，以小事情促成大格局，培养学生牢固的社会责任意识。向"英才计划"中学生积极开展重点实验室Openday活动，不出校门也能进行"社会实践"。通过拔尖学生的深入参与，让其初步了解了专业的情况和学院的大致科研方向，拓宽同学们的专业视野，激发专业兴趣，提升创新意识。各拔尖计划学院组织学生广泛参与"弘扬江姐精神，传承红色文化"暑期社会实践活动，生物科学拔尖班（江姐班）师生代表前往自贡市大安区开展江姐故里之行参观学习活动。"江姐班"的师生们作为新时代江姐精神的接班人，革命先烈坚如磐石的理想信念成为价值观塑造的力量源泉，激励着拔尖学生成为为社会做贡献、为国家谋发展、为时代担责任的先行者。

二、成果研究内容及方法的创新程度、突出特色和主要建树

学校"拔尖计划2.0"构建了"一个保障、两个驱动、三个平台、五个特色"的人才培养体系，形成了立足于学校实际情况，针对拔尖学生的全方位价值塑造体系。学校宏观层面基于积淀十年的"探究式—小班化"教学和"全过程考核—非标准答案"考试改革成果强力推进全课程思政，特色通识核心课程和校园文化建设以深厚底蕴筑牢价值根基，引领拔尖学生通晓中华传统文化、激发爱国热情、树立担负中华民族伟大复兴大任的使命感。中观层面由交叉融通的跨学科平台—玉章书院和各专业学院着手，进行学科前沿浸润，通过不同学科的思维碰撞，激发学生对科学、哲学与人生的深入思考，将兴趣增强为志趣、升华为志向。导师、班主任、辅导员从微观层面对学生进行个性化、更有针对性的思想教育。集全校之力的多维多观价值塑造体系形成了链接学校与学院、课程与活动、群体与个体的"灌溉网"，全方位强化家国情怀、增强责任感、

使命感,滋养学生健康成长。

研究成果突出了研究角度创新,目前关于拔尖学生的研究更多倾向于拔尖学生能力培养,而我们针对拔尖学生的特征,把"价值塑造"放在第一位。我们提出了首先要解决学生"怎么想、怎么悟"问题的工作方针,而不是通常的"怎么学"。我们坚信思想信念坚定、使命感强烈的学生好比根基稳固的树苗,必将成长为参天大树。研究成果同时体现了研究途径创新,研究内容体现了科学性、整体性,以"一盘棋"的思维,把大学当作一个进行价值塑造的"有机体"。各个部分各司其职,同时也渗透融合,对学生进行全方位、全过程的思想浸润、价值塑造。

本研究成果的突出特色和主要建树有以下三点。第一,从"全课程核心价值观"的坚实基础持续发展升级到"全课程思政"。制定相关制度,推进有效举措,保障实施成效。2015年,在全国率先制定《四川大学关于"全课程核心价值观建设"的实施意见》。2019年,学校开展历时大半年的"新时代本科教育改革与发展大讨论",形成《四川大学新时代本科教育改革与发展指导意见》(川大教〔2019〕249号)、《四川大学思政课课堂教学质量提升实施方案》和《四川大学深化课程思政建设实施方案》。通过深入开展研究、实践和交流,明确任务,选树榜样,强化课程思政长效机制。第二,打造玉章书院—跨学科价值塑造综合体。玉章书院在时间上形成了全方位价值浸润,在空间上与校园、教室无缝衔接。不同专业的大师、名家的近距离传授,不同学科同学一起耳濡目染,构筑了一幅全学科领域的宏伟愿景,让学生能跳出自身学科思维,形成"大视野""大格局"。第三,将江姐精神融入"拔尖计划"。为让江姐精神在川大代代相传,2018年,学校将生命科学学院(前身为江姐在川大学习时的农学院)2018级生物科学基础学科拔尖人才试验班设为"江姐班",把江姐精神的传承融入"拔尖计划"学生的价值塑造,在全校发挥了示范引领作用。班级现有16名同学,均为入校之后经笔试面试二次选拔后的优秀学生,有3人获得过国家级奖项,有5人获得过省级的竞赛奖项,目前班级中符合年龄并已发展为预备党员的有4人,全班同学均递交了入党申请书。

三、成果的学术价值和应用价值,以及社会影响和效益

本研究对拔尖人才的培养研究贡献了理论价值,提出了以使命驱动为抓手进行价值塑造的培养思路。此研究立意于国家目前培养拔尖创新人才、提高创新能力的战略意义,深刻分析了拔尖人才培养的现状及特征,体现了理论高度与理论深度。同时,探索路径科学化、立体化,融通性强,创新性强,为高

校进行拔尖人才培养、价值塑造等方面的工作提供了现实依据，具有参考价值及推广意义。

以率先在拔尖学生培养中实施的"探究式—小班化"教学改革、全过程学业评价—非标准答案考试等扎实工作为基础，学校"以课堂教学改革为突破口的一流本科教育川大实践"赢得了2018年国家级教学成果特等奖。特别是自2018年新时代本科教学工作会在学校召开后，学校的本科教育改革工作受到高教同行的热切关注。学校高频接待高校参观调研，努力树立学校窗口形象，提升学校教育改革的示范性与影响力。国家教育行政学院第56期高校中青年干部培训班、四川省高校中青年干部培训班代表来校学习本科教育改革经验，北京大学、国防科技大学、南京理工大学、中国人民解放军陆军指挥学院等700余所兄弟院校人员来校参观学习、探讨和交流。与此同时，学校"拔尖计划"各实施单位也广泛受邀就拔尖人才培养工作做报告十余场。

学校在历经2019年"新时代本科教育改革与发展大讨论"后，调整了本科人才培养目标，增加了具有"崇高理想信念"，且放在第一位。学校新时代本科教育人才培养目标为：秉承"海纳百川，有容乃大"校训，致力于促进人的全面发展，培养具有崇高理想信念、深厚人文底蕴、扎实专业知识、强烈创新意识、宽广国际视野的国家栋梁和社会精英。

学校拔尖学生政治觉悟高、思想信念坚定。2020年10月24日，央视新闻联播以《弘扬抗美援朝精神，实现中华民族伟大复兴——大型纪录片〈英雄儿女〉感动激励广大观众》为题，报道了广大群众观看纪录片后的心声。报道中，学校"江姐班"学生杨子霆代表川大学子说道："我感到非常感动，作为一名预备党员，我感受到了肩上沉甸甸的责任，我一定会用双手去创造自己的未来，成为一个能担当民族复兴大任的时代新人！"学校生命科学拔尖班学生在香港某大学交流学习时怒撕"港独"海报，以流利英语吊打"港独"。拔尖班学生长期给学生做家教，到敬老院为老年人送温暖，历史拔尖班学生开展"口述史"科研，为文化的传承和延续贡献着自身力量。这一切展示了拔尖学生维护祖国尊严、关爱社会民生的一面。

学校以拔尖学生价值塑造为"一面镜""一面旗"，推动全校人才培养工作，提高人才培养质量。拔尖学生通过厚植家国情怀、投入学科前沿、深入社会实践，树立旗帜，成为模范，让学校学子领略到出类拔萃的学生的风采。全校学子以此为镜，反观自身，奋发而为，充分挖掘自身潜力，形成"人人力争拔尖"的良好氛围。

中外拔尖人才创新学习行为比较研究
——基于中、美、新加坡三国的比较

西安交通大学　梅　红

作者简介

梅红，教授，博士生导师，现任西安交通大学公管学院教授、社科处副处长，主要专注于高等教育教学改革方面的研究。近年来，已主持完成纵向科研项目20余项，其中国家自科基金3项，社科基金1项，教育部重点项目2项。已发表学术论文50余篇，其中CSSCI检索、英文论文近40余篇，参编图书12部，出版专著2部。

成果摘要

目前我国存在人力资源体量大、人才创新能力不足的问题，与发达国家差距较大，创新型人才培养任重道远。2009—2016年间我国出台了一系列创新人才培养政策，鼓励高校实施教育改革、尝试灵活多样的创新型人才培养活动，以期通过试点改革在培养创新型人才方面有所突破。基于此背景，本项目追踪"基础学科拔尖人才培养试验计划"，从教育目标引导和学生参与两大视角出发探索高校培养创新型人才改革的路径，拓展了拔尖创新人才培养的研究视角；基于陕西省八所高校1060份调研数据，验证了个体创新行为、多样性经历、目标定向等量表；对拔尖计划的实施成效进行了对比，分析发现入选拔尖计划的学生在目标定向、学术多样性经历、个体创新行为等方面存在显著优势；同时也发现，拔尖计划学生存在计划内教学安排饱满、社交多样性经历匮乏的现状，这些研究对凝练国家教育教学改革经验、深化创新人才培养、提升国家人才竞争力具有重要理论与实践意义。依托该项目，课题组撰写并发表学术论文 9 篇，其中 CSSCI 论文 7 篇，专著收录论文 1 篇，出版图书 1 部。

研究课题名称

中外拔尖人才创新学习行为比较研究——基于中、美、新加坡三国的比较

研究课题成果介绍

进入 21 世纪以来，创新成为社会发展的主要驱动力，推动创新成为提升国家竞争力的核心问题。美国、新加坡等国家作为世界公认的"创新强国"历来重视创新人才培养并形成了相对成熟的教育经验。目前我国人力资源体量大、人才创新能力不足等问题还比较突出，创新型人才培养任重道远。近年来，我国陆续出台系列创新人才培养政策，鼓励高校实施教育改革、尝试灵活多样的创新型人才培养活动，以期通过试点改革在培养创新型人才方面有所突破。

本项目首先对美国、新加坡的创新人才培养现状进行梳理总结；其次对国内包括西安交通大学在内的首次入选"基础学科拔尖学生培养试验计划"的 11 所高校的情况进行对比分析；最后针对中国大学生创新行为现状实施了调研，以 2015 年 8 月至 2016 年 8 月八所高校问卷数据为例进行了影响关系验证。

一、国内外高校创新人才培养现状

（一）国外创新人才培养现状

美国高校十分重视创新人才培养，早在 20 世纪 20 年代就开启了荣誉教育的探索。荣誉教育的目标在于选拔出能力卓越和志存高远的学生，为这些学生提供挑战自我的学术机会，让他们能够最大程度发挥自我的潜能，提升其创新创造能力、领导能力以及自信心等。时至今日，美国形成了一个中心、三个结合的独具特色的人才培养方式：以学生个体为中心，人文社科与科学相结合，教学与研究之间相结合，课内与课外相结合。表 1 显示了华盛顿大学等高校的荣誉教育培养模式。

表 1　美国荣誉教育培养模式举例分析

学校	培养方式	生源	培养目标	特点分析
华盛顿大学	个性化的课程设置；丰富的资源支持；体验式活动	入学新生、在校生和转校生	培养领导力、终身学习能力、全球意识和科研能力	设置多样化的目标和课程，为学生提供多种类的学习体验和个性化、综合化的指导，在多样化的交流活动和课外活动中提升学生能力
克拉克荣誉学院	入学第一年都要选修五门基础性的历史和人文课程；高年级学生参与跨学科的学习和交流；严格的毕业考核制度		培养有志向于取得更高学术成就的学生	
密歇根州立大学	个性化的学术课程和研究项目；丰富的学术氛围和创新型学习环境；提供学术研究机会和院荣誉学生导师指导；支持海外留学；丰富的社团活动和创新活动		培养学术精英	

新加坡同样重视人才资源的重要性，在 20 世纪 80 年代开始实施"天才教育计划"，选拔基础教育阶段优秀学生，以高等院校和科研机构的教授、科学家为导师支持科学导师计划和科学研究计划，培养能力超常学生的科学探索能力。在长期人才培养中积累了很多经验：在基础教育阶段就有意识开始培养拔尖创新人才；针对不同的智力超常学生采用不同方式进行科学选拔；学生和导师之间无缝对接，学习和研究相得益彰；高等院校和科研机构以责任形式积极参与其中；为学生提供良好平台，促进拔尖创新人才的发展等。

由此可见，国外创新人才培养主要表现为以下特色：

第一，与先进的教育理念紧密结合，在国家创新教育改革总体设计下，不同学校结合自身特色尝试了多样化的探索和实践活动。

第二，鼓励学生进行跨学科学习交流，使其接触到不同类型的知识。在多样化的课程体系中拓展知识面、开阔视野，提高学生的主动性和创新意识。

第三，为学生呈现了更丰富的教学方式、提供了多样化的实践场所，对提升学生的学习兴趣和学习能力，培养学生的动手能力和独立意识发挥积极作用。

第四,营造自由、宽松的学术氛围,尊重学生的意愿,注重个性化培养,鼓励学生自由思考,激发学生的参与意识和探索精神。

(二)国内创新人才培养现状

随着经济飞速发展,社会对创新人才的需求量日益增加,我国积极实施"基础学科拔尖学生培养试验计划"等创新人才培养计划,注重德育教育和创新人才多元化的培养,同时整合各种优势资源,为拔尖创新人才提供较好的学习条件,旨在提升我国创新人才的综合能力。在此背景下,不同高校通过设立荣誉学院、实施人才培养专项计划等方式开展创新人才培养工作,各校拔尖创新人才培养模式存在差异,但都注重培养学生的批判性思维能力、创新能力和实践能力等,通过专业知识的培养、跨学科学习、参与实践活动等激发学生创新潜力、拓展国际视野。

通过对国内外的创新人才培养模式分析发现,创新能力培养已经成为高校人才培养目标的重要构成部分。在人才培养过程中,教育目标起到重要的引导作用,从较多注重升学率、就业率转变为更加关注学生综合素质能力的提升对提高创新能力至关重要。同时,当前的各类教育改革已经开始从过多关注知识灌输过渡为强调多元化、国际化的培养形式,旨在通过接触多样性的文化和知识促进学生的自身发展。

二、大学生创新行为现状分析

数据主要来源于课题组于2015年8月至2016年8月期间在陕西省西安交通大学、西安电子科技大学、西安外事学院等8所高校进行的"中国大学生认知与创造力发展测评问卷"的调查数据。实际抽样的样本量为1098份,回收有效问卷1060份,问卷有效率为96.54%。

(一)效度和信度分析

目标定向量表、多样化开放度量表、大学生创新行为量表信度均在0.840—0.900之间,说明问卷具有很好的内部一致性,符合问卷设计要求。运用探索性因子分析方法对目标定向进行分析发现,题项"我更愿意做有把握、能做好的事情"和"我希望在做某事前就有足够的信心做好它"因子归属不明,删除后,量表共包含14个题项,KMO值为0.900,降维分析后两个因素的解释方差分别为36.639%、13.168%,累计解释方差为49.807%,萃取的两个因子仍命名为学习目标定向、绩效目标定向。

表 2　目标定向的因素分析结果

因素	题目	负荷
学习目标定向	有机会承担具有挑战性的任务很重要	0.713
	有难度的任务更能激起我的斗志	0.713
	我更乐意做能学到新知识的任务	0.771
	学习新东西的机会对我来说很重要	0.748
	面临有难度的任务,我会尽力去做	0.741
	在以前经验的基础上,我会尽可能提高自己	0.740
	拓展能力的机会很重要	0.759
	我喜欢尝试不同方法解决困难	0.536
绩效目标定向	我乐意承担不会出差错的任务	0.590
	我最喜爱的事就是我能做得最好的事	0.561
	他人关于我能否做好某事的评价很重要	0.578
	如果我做事不出任何差错,我会觉得自己是聪明的	0.734
	我喜欢做那些我以前做得好的事	0.681
	如果我在某些事上比其他大多数人做得更好,我会觉得自己是聪明的	0.690

项目	因素	
	学习目标定向	绩效目标定向
特征值	5.129	1.843
解释的方差(%)	36.639	13.168
累积解释的方差(%)	36.639	49.807
KMO 值	0.900	

运用探索性因子分析方法对多样化开放度进行分析发现,共有 1 个特征值大于 1 的因子,验证了多样化开放度的单维构成,该量表的方差解释率为 52.528%,KMO 值为 0.876。

表 3　多样化开放度的因素分析结果

题　目	负荷
我喜欢与不同思想和价值观的人一起讨论	0.725
大学教育的真正宗旨在于介绍不同的价值观	0.685
我喜欢和不同价值观的人交流,这能使我更好地理解自己	0.769
向不同文化背景的人学习是大学教育的重要部分	0.765
我喜欢上那些对个人信念和价值观有挑战性的课程	0.696
我最喜欢上那些能促进我从不同角度思考的课程	0.720
与不同背景(如:种族、民族、性取向等)的人增进了解是大学教育的重要部分	0.709

大学生创新行为的探索性因子分析结果表明,共有 1 个特征值大于 1 的因子,验证大学生创新行为的单维构成,该量表的方差解释率为 47.009%,KMO 值为 0.941。

表 4　大学生创新行为的因素分析结果

题　目	负荷
我会寻找机会改善现有的学习方式、方法	0.695
我会关注学习、生活中不常出现的问题	0.653
我会产生解决问题的新想法或方案	0.716
为了更深入地了解问题,我会多角度去分析	0.731
我会反思新想法或方案,以解决之前未被解决的问题	0.700
我会去评估新想法的优缺点	0.688
我会尝试说服他人了解新想法或方案的重要性	0.621
我会推进新想法,使其有机会被实施	0.697
我会冒险支持新想法	0.596
我会尝试可能对学习有益的改变	0.667
我会在运用新想法的过程中找出其缺点	0.738
我会尝试将新方法运用到日常学习和生活中	0.710

(二) 样本基本情况分析

对调研对象的人口学统计信息进行描述分析，包含：拔尖计划参与情况、性别、学校、专业、年级、家庭所在地、家庭收入、父亲受教育程度、母亲受教育程度、课外活动参与情况等，具体情况如表 5 所示。

表 5　变量的基本情况分析

项目	分类	人数	百分比(%)
拔尖计划参与情况	是	118	11.1
	否	942	88.9
性别	女	391	36.9
	男	669	63.1
学校	211 和 985 院校	272	25.7
	普通院校	560	52.8
	民办及独立院校	228	21.5
专业	经管类	51	4.8
	人文社科类	115	10.8
	理科类	249	23.5
	工程类	645	60.8
年级	低年级	229	21.6
	高年级	831	78.4
家庭所在地	农村或乡镇	532	50.2
	县城	249	23.5
	县级以上大中型城市	279	26.3
家庭收入	较高收入	133	12.5
	中等收入	471	44.4
	较低收入	456	43.0
父亲受教育程度	受教育程度低	438	41.3
	中等教育程度	336	31.7
	受教育程度高	286	27.0

续表

项目	分类	人数	百分比(%)
母亲受教育程度	受教育程度低	546	51.5
	中等教育程度	304	28.7
	受教育程度高	210	19.8
参加课外活动	经常参加	180	17.0
	不经常参加	880	83.0

(三) 不同类别学生差异性分析

表6数据分析结果可见,拔尖计划学生和普通学生在目标定向总分、学习目标定向、多样化开放度和创新行为上都有显著差异。拔尖计划学生在目标定向总分及学习目标定向得分上都显著高于普通学生,且多样化开放度和创新行为也显著高于普通学生。拔尖计划学生和普通学生在绩效目标定向上没有显著差异。

表6 目标定向、多样化开放度和大学生创新行为的差异分析

变量	拔尖计划学生 均值	拔尖计划学生 标准差	普通学生 均值	普通学生 标准差	T值
目标定向	3.95	0.497	3.73	0.597	4.421***
学习目标定向	4.26	0.601	3.91	0.696	5.858***
绩效目标定向	3.55	0.678	3.50	0.706	0.671
多样化开放度	3.94	0.730	3.72	0.733	3.079**
大学生创新行为	3.91	0.573	3.59	0.633	5.164***

注:*** $p<0.001$,** $p<0.01$,* $p<0.05$。

(四) 目标定向对大学生创新行为的回归分析

研究将拔尖计划参与情况、性别、学校等因素作为控制变量,研究目标定向对大学生创新行为的影响(表7)。学习目标定向正向影响大学生创新行为,多样化开放度在学习目标定向和大学生创新行为中存在中介效应,而绩效目标定向对大学生创新行为的影响不显著。此外,性别、家庭收入、父亲受教育程度和参加课外活动情况对大学生创新行为产生显著影响。

表7 目标定向对大学生创新行为的回归分析

自变量	大学生创新行为		
	模型1	模型2	模型3
拔尖计划参与情况(否=0)	0.102*	0.032	0.032
性别(女=0)	0.010	0.048	0.056*
学校(民办及独立院校=0)			
211和985院校	0.017	0.022	0.026
普通院校	-0.119**	-0.080*	-0.060
专业(人文社科类=0)			
经管类	-0.006	-0.038	-0.051
理科类	0.074	0.028	0.007
工程类	0.097	-0.011	-0.035
年级(高年级=0)	0.025	-0.051	-0.058
家庭所在地(农村或乡镇=0)			
县城	-0.036	-0.007	0.002
县级以上大中型城市	-0.102*	-0.056	-0.047
家庭收入(较低收入=0)			
较高收入	0.002	0.005	0.014
中等收入	-0.094**	-0.073*	-0.065*
父亲受教育程度(低=0)			
中等受教育程度	0.091*	0.090**	0.064*
受教育程度高	0.115*	0.123**	0.112**
母亲受教育程度(低=0)			
中等受教育程度	-0.015	-0.037	-0.029
受教育程度高	-0.024	-0.031	-0.020
参加课外活动(不经常=0)	0.131***	0.072**	0.053*
学习目标定向		0.524***	0.372***

续表

自变量	大学生创新行为		
	模型1	模型2	模型3
绩效目标定向		0.039	0.031
多样化开放度			0.330***
F 值	4.701***	29.038***	38.929***
R^2	0.071	0.335	0.417
ΔR^2	0.071	0.264	0.082

*** $p<0.001$,** $p<0.01$,* $p<0.05$。

三、主要研究结论

第一,近年来通过实施创新创业教育等改革举措,我国大学生的个体创新行为情况整体较好,参与拔尖计划学生的个体创新行为明显优于普通在校大学生。数据显示,参与拔尖计划学生和普通在校大学生创新行为均值都处于中等偏上的水平,说明在国家鼓励创新创业的大背景下,我国创新人才培养已经初见成效,大学生创新能力得到了一定程度的提升。

第二,参与拔尖计划情况、学校类型、家庭所在地、家庭收入、父亲受教育程度以及参加课外活动情况不同,大学生创新行为会存在一定差异。具体情况为:拔尖计划学生的创新行为明显高于普通学生,普通院校学生的创新行为低于民办院校及独立院校,家庭所在地为农村或乡镇的大学生的创新行为高于家庭所在地为县级以上大中型城市的学生,较低收入家庭的大学生比中等收入家庭大学生的创新行为更强,父亲受教育程度高和中等受教育程度的大学生的创新行为要显著高于父亲受教育程度低的大学生,积极参加课外活动有助于个体创新行为提升。

第三,学习目标定向对大学生创新行为有显著影响,绩效目标定向对大学生创新行为影响不显著。具有学习目标定向的大学生更乐意为实现自我能力提升投入更多的精力,更倾向于在新环境、新任务中积极应对,通过不断努力解决困难;而持绩效目标定向的大学生在学习、工作中,更多关注自己的学业成绩或者绩效,对与成绩提高无直接关系的活动,常常表现出冷漠、甚至畏惧的情绪,回避面对可能承受挑战、更高风险的事情,常将成功归结于运气。

第四，多样化开放度在目标定向和大学生创新行为中存在中介效应，表明大学生创新行为的提升受多样化开放度的影响。通常来说，持学习目标定向的个体更乐于以开放的态度面对学习生活中的各项挑战，更倾向于去接触不同思想、价值观的人，学习多元化的知识、文化，乐于挑战自身的价值观和信念，在与不同文化背景和兴趣的人的交流过程中获得满足，使其不断突破自身原有的知识边界，拓展自身的视野，完成创新过程中量变的积累到质变的飞跃，也更有利于个体创新行为的提升。

第五，对拔尖计划学生的分析中发现，拔尖计划学生在目标定向得分上显著高于普通学生，且多样化开放度和创新行为也显著高于普通学生。一方面是因为入选拔尖计划的学生经过层层选拔，基础较好，在思维能力和逻辑判断能力方面比较突出。另一方面，学校对该计划高度重视，为拔尖计划学生定制了专门的培养方案与培养计划，入选学生拥有更多的国际交流、社会实践机会，有更好的学术交流的平台，这些因素对提升大学生创新能力起到了明显促进作用。

四、政策建议

鼓励因材施教，定制个性化培养方案。创新是一个持续的过程，是实现各种生产要素之间的优化组合的重要形式，需要针对不同类型、不同阶段的学生因地制宜、制定差异化的培养计划。例如结合学校类型、年级差异，完善分阶段的创新人才培养计划，增强大学生的创新能力。此外，还可以考虑根据学生专业特征探索各具特色的培养环节，例如理科类的学生具有较强的思辨能力，可以更多关注基础学科领域的教改创新，工科类学生反思能力、归纳能力较强，可以重点改革创新实践环节的训练，文科类学生发散思维以及想象力比较强，可以通过各类服务实践环节渗透创新能力培养。

课堂内外结合，鼓励学生参与课外活动。课外活动是大学生与他人进行沟通、交流的重要方式，也是其拓宽视野，获取新知识的重要途径。首先，应进一步鼓励学生参与竞赛活动，锻炼大学生的洞察力、想象力、团队协作能力以及沟通交流能力；其次，进一步拓展校企合作，利用实践基地为学生参与企业实习、参加社会锻炼提供平台；再次，积极鼓励各类社团、学生组织的发展，为学生提供良好指导。

淡化成绩考核，注重综合素质能力培养。学校教育需要合理设置目标，为大学生提供适当的帮助，帮助其树立科学的、可持续的学习目标，鼓励学生积极参加具有挑战性的各类课外活动,关注对学生能力的培养和训练,强调综合素质的提升。在学校教学活动的组织实施过程中,高校还应逐步淡化目前常采用的分数评价,尝试采用多样化、开放式的考试问卷,推广运用合格评价或等级评价等考核结果,促使学生从过度关注考试结果转变为更加投入和享受学习过程,从过度关注知识记忆转变为更加注重提升学习能力和创新能力。

营建良好环境,激发学生创新潜能释放。营造尊重多元文化、鼓励自由探索、倡导个性化发展的良好校园氛围,使学生在平等包容的学习环境中,接触来自不同国家和地区的多元文化。让学生在尊重与被尊重的发展环境中认识自我、规划自我、完善自我,激励他们以更加积极、开放的心态参与各种不同类型的校园活动,在不同价值观和不同思想观念碰撞中产生新的想法、获得新的知识、提升新的技能。

推广教改经验,推动创新人才广泛涌现。高校在创新人才培养改革方面已经探索出一些成熟的经验,例如夯实学生专业基础,设置特色课程;培养学生科研兴趣,引导学生关注前沿问题;为学生提供国际交流与学习的机会;注重个性化培养等举措都对学生创新能力提升发挥了积极作用。未来应进一步推广拔尖计划的成功经验,通过完善人才培养计划、设置多样化的课程和加强国际交流等举措,促进高校大学生创新能力的普遍提升。

(以上内容主要来自报告:梅红,司如雨,伍箴秀,王璇.大学生创新行为调查:现状与影响因素研究[M]//西安交通大学中国管理问题研究中心.2017中国社会管理发展报告,北京:科学出版社)

研究主要观点和详细过程可参见以下成果:

[1] 梅红,任之光,冯国娟,杨森,胡寿平.创新支持是否改变了在校大学生的创新行为?[J].复旦教育论坛,2015,13(6):26-32.

[2] 梅红,任之光,宋晓平.高等教育特区建设与制度创新的实践与启示[J].西安交通大学学报,2016,36(4):105-110.

[3] 梅红,任之光,王静静,杨森,胡寿平.目标定向、多样性经历对个体创新行为的影响:基于陕西省8所高校的实证研究[J].复旦教育论坛,2017,15(4):62-68.

[4] 梅红,司如雨,王娟.大学生多样性经历与批判性思维倾向的关系研究[J].东北大学学报,2018,7(4):413-418.

[5] 梅红.非学术多样性经历如何影响学生创新发展?[J].国家教育行政学院学报,2019,259(7):52-56.

[6] 任之光,梅红.双创背景下高校教育教学改革探索研究[J].中国高教研究,2017(1):86-90.

[7] 梅红,任之光,宋倩楠,王静静,杜娟.开心农场进校园:新加坡花园式服务学习理念及实践剖析[J].世界教育信息,2017,30(7):35-40+53.

[8] 席光,贾毅华,梅红,谢志峰.关于人文社会科学学科建设的初步思考[J].西安交通大学学报,2016,36(5):106-111.

[9] 杨森,梅红,王娟.聚力腾飞育英才:第2版[M].西安交通大学出版社,2018.

拔尖学生社会责任领导力塑造：价值、构成及评估

西安交通大学　梅　红

作者简介

梅红，教授，博士生导师，现任西安交通大学公管学院教授、社科处副处长，主要专注于高等教育教学改革方面的研究。近年来，已主持完成纵向科研项目20余项，其中国家自科基金3项，社科基金1项，教育部重点项目2项。已发表学术论文50余篇，其中CSSCI检索、英文论文40余篇，参编图书12部，出版专著2部。

成果摘要

在"立德树人"的教育要求下，探讨中国大学生社会责任领导力的概念内涵、构成维度、测量模型及整体现状，对落实立德树人教育目标具有重要意义。依据样本数据分析可见：首先，构建"立德树人"情境下的社会责任领导力模型，发展测量量表、明确构成维度。通过对陕西省八校样本的研究发现，大学生社会责任领导力由"创新变革、自我意识、知行合一、协商合作、多元包容、公民责任"六个维度构成。其次，研究生的社会责任领导力水平低于在校大学生，研究生教育落实立德树人根本任务刻不容缓，思想政治教育课程改革创新迫在眉睫。最后，不同性别、学校类型、学科背景及成绩水平的学生，社会责任领导力水平及各维度存在不同程度的差异。

研究课题名称

拔尖学生社会责任领导力塑造：价值、构成及评估

研究课题成果介绍

一、研究背景

2018年8月,习近平总书记指出,要坚持把"立德树人"作为根本任务,并将其融入思想道德教育、文化知识教育、社会实践教育各环节,贯穿于学校的学科体系、教学体系、教材体系、管理体系。研究者也提出了要构建高层次人才"三维四度五育"的评价要求,以"立德树人"为核心,加强学生理想信念、爱国主义、思想品德、综合素养等方面的总体考查。随着国家和社会对人才综合素质要求的提升,高等教育承担着落实"立德树人"教育目标,培养有责任、有担当的青年人才的重要使命,塑造并提升大学生的社会责任领导力成为亟待解决的重要问题。因此,聚焦大学生教育"立德树人"中"德"的核心体现以及测评,对于贯彻立德树人教育目标,提高大学生道德水平,培养德才兼备的高层次人才具有重要价值和意义。

在此背景下,本研究参考并汲取国内外领导力、胜任力等相关实践经验与研究成果,结合新时代人才培养需求,发展形成适用于中国情境的"社会责任领导力"的概念内涵、探索新时代背景下社会责任领导力的构成维度与测量模型,揭示我国大学生尤其是拔尖人才的社会责任领导力现状和基本特征,为践行"立德树人"教育任务提出参考建议。

二、社会责任领导力国内外研究述评

20世纪末期,针对美国社会内外部面临的多重发展压力,加州大学研究者海伦·阿斯汀(Astin Helen S.)和亚历山大·阿斯汀(Alexander W. Astin)提出了"领导力的社会变革模型"(Social Change Model of Leadership,见图1),该模型认为所有的学生都是未来社会的潜在领导者,激发他们参与社会变革、引领社会发展的潜力,主要应从以"变革"为核心的八个方面去实现,这八个方面可以进一步划分为三个层次,分别是个体价值(Individual Values)、团队价值(Group Values)和社会价值(Society Values)的发展,具体体现为个体在自我意识(Consciousness)、言行一致(Congruence)、承诺(Commitment)、协同合作(Collaboration)、共同目标(Common purpose)、以礼相争(Controversy with Civility)、公民责任(Citizenship)等方面的成长与发展。在该模型基础上,研究者进一步提出"社会责任领导力"(Socially Responsible Leadership)的概念,

指出大学阶段对提升学生的社会责任领导力至关重要,这一过程强调实现变革的目的性、合作取向,并以价值观为基础,体现出积极引领社会改变的显著特征。随着研究深入,社会责任领导力的概念内涵不断拓展。

社会责任领导力量表(Socially Responsible Leadership Scale,SRLS)最早由马里兰大学的查西·特里(Tracy Tyree)开发形成,与社会变革模型相对应,这一量表由八个维度103个题项构成,八个维度包括:自我意识、言行一致、承诺、协同合作、共同目标、以礼相争、公民责任与变革。此后,杜甘(Dugan)在保持原量表信效度的基础上将其修订为包含68个题项的第二版量表(Socially Responsible Leadership Scale Revised 2,SRLS-R2),该量表得到了更广泛的推广与使用。而台湾学者朱朝煌结合本地教育特征对量表进行修订,形成46题项的中文版量表,并对台湾大学生进行了测量,此后,该量表在美国得到广泛使用。在维度划分上,目前学者们多采用八个维度的划分方法,也有学者在不同情境下,对量表进行了新的维度探索,提出六维等不同的划分方法。

图1 领导力的社会变革模型

目前，学者们关于社会责任领导力这一研究领域的主要成果涵盖两类：一类是运用文本分析方法对国外社会责任领导力相关研究进行梳理与介绍，另一类则采用实证方法，借鉴国外量表分析中国大学生社会责任领导力的现状及影响因素。已有研究表明，当代教育管理机构和社会开始更加关注大学生领导力的发展，但当前研究仍以借用国外量表为主，尚未充分探讨中国传统文化情境及新时代"立德树人"目标要求等时代特色。基于此，本研究将在借鉴前述学者研究成果基础上，着力探索符合中国学生的社会责任领导力概念内涵与维度构成，进而对学生社会责任领导力水平进行测评。

三、社会责任领导力量表构成与验证

（一）概念及维度发展

伴随着多元文化日益交融和全球化的发展，社会对青年人才的成熟认知与驾驭能力的要求越来越高，领导力、胜任力、全球领导力等概念逐渐受到广泛关注。这些概念都强调"青年领袖"所必备的优秀品行和价值观，关注个体引领社会变革、通过认知和素养的提升促进社会积极发展的行为表现。但是，上述概念也与社会责任领导力存在明显差异，本研究梳理了三者之间的差异，如表1所示。领导力和胜任力的研究受众范围更小，从维度划分和概念侧重上来看，领导力主要从自我认知、品德修养、创新能力、沟通协作能力等方面体现，胜任力则更多关注个体的知识、动机水平和思维状态，而社会责任领导力更突出为了社会变革和"共善"目标，作为社会公民应当具备的责任担当。

表1 相关概念差异分析

	领导力	胜任力/全球胜任力	社会责任领导力
研究对象	处于领导职位的人	组织员工、部分精英学生	全体学生
维度划分	自我认知、品德修养、创新能力、沟通协调合作	知识、动机、自我了解、人际沟通合作、开放思维、全球意识、道德与责任	自我意识、言行一致、承诺、共同目标、以礼相争、协同合作、公民责任、变革
侧重点	团队协作及影响力	个体面对挑战的能力及素养	应对社会变革的责任担当

延续领导力、胜任力的概念内涵，当代中国大学生的"社会责任领导力"是指：通过树立共同目标，发展并提升自我认知，以开放的国际视野和创新意识

肩负社会责任、参与社会发展，建立良好的沟通合作，实现积极社会变革的过程。结合中国文化和教育情境，本研究将当代中国大学生的"社会责任领导力"定义为：通过树立共同目标，发展并提升自我认知，以开放的国际视野和创新意识肩负社会责任、参与社会发展，建立良好沟通合作，实现积极社会变革的过程。结合中国传统文化中"和而不同""天下兴亡，匹夫有责"等思想、当代中国社会主义核心价值观以及新时代需求，研究提炼形成以"创新变革"为核心，包含"自我意识、知行合一、协商合作、多元包容、公民责任"的社会责任领导力六维模型(图2)。

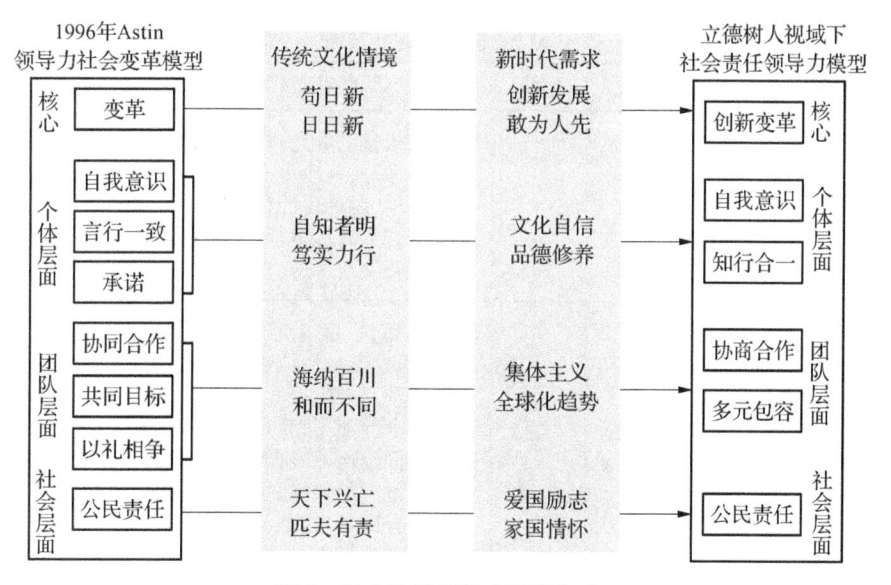

图2 社会责任领导力模型构成

（二）数据收集及分析

本研究基于社会责任领导力量表（SRL-R2）进一步纳入了测评学生"国际视野、开放包容、创新能力"等方面的内容，选择国际成熟量表中相关题项进行补充，包含费特斯（Fuertes）等人开发的"普遍-多样性"（Universality-Diversity）量表、斯科特（Scott）等人开发的"个体创新行为"（Individual Innovative Behavior）量表中的相关题项。面向西安交通大学、西安电子科技大学、陕西科技大学等八所高校的研究生及本科生发放问卷1721份，共计有效问卷1680份，问卷有效率为97.62%。在量表开发和验证过程中，本研究首先对数据进行探索性因子分析，形成测评维度；再次进行验证性因子分析，检验并修正维度构成；最后对量表维度和题项进行信效度检验，确定测评量表。

1. 探索性因子分析

研究采用 SPSS17.0 对数据进行主成分分析，依次删除因子载荷低于 0.4 及因子维度归属不明的题项后，量表共保留 40 个题项（见表 2），KMO 值为 0.976，内部一致性系数为 0.965，降维后所得六个因素的累计解释方差为 59.77%。依据题项内容，六个因子分别被命名为"知行合一、多元包容、创新变革、协商合作、自我意识、公民责任"。

表 2 因子载荷及题项

因子	载荷区间	项数	题 项
知行合一	0.546—0.702	8	我会承担自己应允过的责任；我是个真诚的人；我言出必行；我注重自己应承担的责任；真诚对我来说很容易；我的行为反映了我的信念；我是个能做好分内之事的人；对我来说，坚守信念行事很重要
多元包容	0.654—0.723	8	与他人相处，我乐于了解他/她与我的异同之处；我愿意参加能认识不同背景、民族或国家朋友的活动；我愿意加入能结识不同背景、民族或国家朋友的圈子；我乐于学习多元文化；了解他人的不同经历，能帮我更好地分析自己的问题；了解与他人的差异，能增进彼此的友谊；了解与他人的异同后，我能更好地理解他们；残疾人能教会我其他地方学不到的东西
创新变革	0.576—0.694	8	我会产生解决问题的新想法；我会尝试将新想法运用到日常学习和生活中；学习中，我会尝试运用新的技巧或方法；我会在运用新想法的过程中找出其缺点；我会产生一些创新的主意或想法；我会去评估新想法的优缺点；我会反思新想法或方案，以解决之前未被解决的问题；我会尝试可能对学习有益的改变
协商合作	0.428—0.661	5	我重视他人的不同观点；听取不同意见能拓展我的思路；我很乐于接受他人的意见；我乐于听取别人的观点；不同的观点可以产生出最佳答案

续表

因子	载荷区间	项数	题 项
自我意识	0.504—0.704	6	我了解自己的性格(个性);我很了解自己;我有能力在所在团体中做出不同凡响的事情;我能清晰表达自己的观点;我乐于表达自己的观点;我能描述出自己与他人的相似点
公民责任	0.407—0.559	5	我乐意为别人争取权利;我乐于帮助处于困境中的人;过有精神追求的生活对我而言很重要;促进种族、民族间的相互理解对我很重要;我愿意腾出时间为别人做重要的事情

2. 验证性因子分析

研究进一步采用 AMOS22.0 对上述维度进行验证,一阶模型和二阶模型在绝对适配度、增值适配度、简约适配度三个方面的拟合性均较好,达到了判断标准,相比而言,二阶模型的整体拟合度更高,适用性更好。

进一步对模型的信效度进行检验。效度检验中,收敛效度用于测量同一维度题项之间的相关度,结果显示,无论是一阶或是二阶模型,每个题项的因子载荷均介于 0.623 至 0.884 之间,满足收敛效度大于 0.5 的要求,且通过显著性检验。信度检验反映了数据的可靠程度,六个因子的信度系数介于 0.787 至 0.907 间,均符合大于 0.6 的要求,表明量表的信度较好。综上可见,量表符合中国教育文化情境,适用于当代中国学生群体,图 2 提出的研究生社会责任领导力模型得到验证。

四、研究现状

(一) 样本基本信息

根据上文研讨形成的量表,对数据结果进行分析可见,在被调查的学生中,男生 1078 人,占 64.17%,女生 602 人,占 35.83%;研究生 675 人,占 40.18%,本科生 1005 人,占 59.82%;西安交通大学、西安电子科技大学为重点院校,占 53.10%。收集到的数据信息还包括学科背景及成绩水平。其中,工学背景的学生比例最高,占 66.73%,学生成绩水平在中等及以上的比例最高,为 78.75%。

(二) 大学生社会责任领导力现状及差异性分析

描述统计分析可知(如表3),被调查研究生的社会责任领导力处于中等水平,均值为3.78,分维度而言,"多元包容"维度得分最高,表明多数研究生都能秉持开放包容的心态正确对待多元价值观与文化,"自我意识"得分最低,表明研究生对自我的认知状态普遍较弱,此外"创新变革"得分也较低,说明研究生的开创精神和创新能力还有待提升。本科生的社会责任领导力水平高于研究生,均值为3.96,而且,本科生的社会责任领导力水平及各维度得分都高于研究生。差异性分析可见,随着学业阶段的提升,除"自我意识"维度没有显著差别外,社会责任领导力的其他维度均出现明显下降,其中研究生的"创新变革、协商合作、多元包容"情况更差,这一研究发现也说明当前高校加强"爱国、励志、求真、力行"教育的迫切性。

表3 大学生社会责任领导力现状

学业阶段	总体情况	自我意识	知行合一	多元包容	协商合作	公民责任	创新变革
研究生($N=675$)	3.78	3.64	3.89	3.90	3.81	3.76	3.68
本科生($N=1005$)	3.96	3.76	4.07	4.01	4.03	3.92	3.96
T值	-6.06*	-3.63	-5.49***	-3.04***	-6.39***	-4.68**	-8.34***

注:* 表示 $p<0.05$;** 表示 $p<0.01$;*** 表示 $p<0.001$。

进一步针对重点院校与普通院校学生的数据进行差异性检验可见(表4),重点院校学生得分更高,其中,"创新变革、协商合作、知行合一"三个维度差异最显著;从性别视角来看,女生在"多元包容、协商合作"维度方面显著好于男生;不同学科分组下的大学生在"公民责任、多元包容、创新变革"三个维度上存在显著差异,其中人文社科类学生的"公民责任"和"多元包容"得分最高,理学类学生的"创新变革"得分最高;从学生成绩分组来看,成绩越好的学生,社会责任领导力得分越高,且在"知行合一、公民责任、创新变革"等维度表现更佳。

表4 社会责任领导力及各维度的差异性检验

项目	总体情况	自我意识	知行合一	多元包容	协商合作	公民责任	创新变革
学校类型							
重点($N=892$)	3.97	3.77	4.10	4.03	4.06	3.91	3.96
其他($N=788$)	3.72	3.60	3.80	3.86	3.73	3.73	3.60
T值	9.03***	5.23*	9.01***	4.97***	9.78***	5.61***	11.03***
性别							
男($N=1078$)	3.84	3.71	3.95	3.91	3.89	3.80	3.81
女($N=602$)	3.87	3.65	3.97	4.02	3.92	3.86	3.77
T值	−0.79**	1.62	−0.59*	−3.19*	−0.96**	−1.83	1.17*
学科背景							
工学($N=1121$)	3.84	3.68	3.95	3.93	3.90	3.83	3.77
理学($N=281$)	3.86	3.70	4.01	3.93	3.91	3.76	3.84
人文($N=278$)	3.88	3.71	3.96	4.02	3.90	3.87	3.83
F值	0.51	0.41	0.98	1.79*	0.05	2.02**	1.47*
成绩水平							
低($N=357$)	3.78	3.66	3.87	3.88	3.83	3.73	3.69
中($N=694$)	3.85	3.66	3.95	3.94	3.91	3.85	3.80
高($N=629$)	3.90	3.73	4.02	4.00	3.93	3.86	3.84
F值	4.95*	2.58	5.65*	3.34*	2.65*	5.18*	5.16*

注：* 表示 $p<0.05$；** 表示 $p<0.01$；*** 表示 $p<0.001$。

五、结论与展望

第一，针对当前研究生教育现状，构建"立德树人"情境下的社会责任领导力模型，发展测量量表、明确构成维度。伴随着日趋激烈的国际竞争，提升人才的社会责任领导力逐渐受到各国教育界的重视。国内教育界和研究者近年来更加关注高层次人才的综合素养，强调"立德树人"教育目标的实现，但在教育设计和效果评估上，仍较多沿用国外量表。本研究结合当前高校的育人目标，通过对八校样本的研究，从"自我意识、知行合一、协商合作、多元包容、公民责任、创新变革"六个维度明确社会责任领导力的构成维度，结论对践行研究生"立德树人"教育目标具有重要理论价值与实践意义。

第二，数据显示，大学生社会责任领导力的发展不均衡。调研显示，中国大学生的社会责任领导力处于中等水平，研究生的社会责任领导力与本科生存在显著差距，且本科生的社会责任领导力水平各维度得分都高于研究生，研究生的社会责任领导力在多个方面表现不佳。因受到社会不良风气、利己主义观念的影响，部分研究生会以自我利益为中心，过度追逐科研成果和奖学金，或将更多精力关注于未来的工作发展、福利待遇等，而对自身应承担的社会责任认识不足、重视不够，在校期间也较少参与公益奉献类的实践活动，导致其价值观念出现偏差，社会责任领导力未能得到有效提升。

第三，结合中国大学生教育特点，改进教育环节、落实立德树人根本任务刻不容缓。一方面，高校要积极进行思政课程改革创新，丰富课程内容，创新教学方法，更多吸纳案例教学、情景教学、互动教学等创新教学方式；另一方面，关注研究生与导师之间的积极互动，在开展科研项目、进行实践调研、组织课题例会等师生交流环节中，加深师生的情感交流、融入教师的德行示范、感染学生的道德情操，通过春风化雨的方式，影响并增强学生的社会责任、家国情怀、社会担当。

第四，不同类型的大学生社会责任领导力具有明显差异。与普通院校相比，重点院校学生的社会责任领导力更强，特别是"创新变革、协商合作"能力的差别最为明显；女生在"多元包容"和"公民责任"方面的表现好于男生；不同学科背景下学生的社会责任领导力发展各有侧重；成绩好的学生在社会责任领导力各方面均表现更好。因此，高校应注重学生的综合素质培养，创设丰富的实践平台，引导学生全面发展，通过分析重点院校与其他院校培养途径差异，借鉴并推广有益的教育举措，同时针对学生的性别与学科特点，分类施教。

研究主要观点和详细过程可参见以下成果：

[1] 梅红,吴尚凌,程洁,王娟,杨森.立德树人视域下研究生社会责任领导力构成及现状研究[J].财经高教研究,2020(4):21-35.

[2] Hong Mei, Ching-Hung Lee, Yuanyuan Xiang. Entrepreneurship Education and Students' Entrepreneurial Intention in Higher Education[J]. Education Sciences, 2020.10, 257.(ISSN 2227-7102)

[3] Barry Bai a, Bin Shen b, Hong Mei (2020) Hong Kong primary students' self-regulated writing strategy use: Influences of gender, writing proficiency, and grade level, Studies in Educational Evaluation, 65: 1 - 11. (ISSN 0191 - 491X) (Science Citation Index Expanded(科学引文索引扩展))